MONUMENT DE L'ÉCRIT SUR LES CHOSES DIVINES, ETC. DE M. FRIEDRICH HEINRICH JACOBI ET DE L'ACCUSATION QUI Y EST FAITE D'ATHÉISME MENSONGER ET EXPRESSÉMENT TROMPEUR

DU MÊME TRADUCTEUR
À LA MÊME LIBRAIRIE

Friedrich H. JACOBI, *Des choses divines et de leur révélation,* introduit, traduit et annoté par P. Cerutti, 2008, 256 pages.

Friedrich H. JACOBI, *Sur l'entreprise du criticisme de ramener la raison à l'entendement* suivi de la *Lettre à Fichte,* introduit, traduit et annoté par P. Cerutti, 2009, 192 pages.

Friedrich W. J. SCHELLING, *Du rapport des arts plastiques avec la nature et autres textes,* introduit, traduit et annoté par P. Cerutti, 2010, 177 pages.

TEXTES & COMMENTAIRES

Directeur : Jean-François COURTINE

F. W. J. SCHELLING

MONUMENT DE L'ÉCRIT SUR LES CHOSES DIVINES, ETC. DE M. FRIEDRICH HEINRICH JACOBI

ET DE L'ACCUSATION QUI Y EST FAITE D'ATHÉISME MENSONGER ET EXPRESSEMENT TROMPEUR

suivi de

Victor COUSIN

Sur les choses divines (1811)

Friedrich SCHLEGEL

Sur le Woldemar (1796) et *Sur Jacobi* (1822)

Textes introduits, traduits et annotés par

Patrick CERUTTI

PARIS

LIBRAIRIE PHILOSOPHIQUE J. VRIN

6, place de la Sorbonne, V[e]

2012

Imprimé en France

ISSN 1291-9683
ISBN 978-2-7116-2423-2

www.vrin.fr

PRÉSENTATION

> C'était un homme fringant et élancé qui avait dû être beau dans sa jeunesse. Il m'apparut davantage comme un homme agréable de la haute société que comme un savant. Son maintien avait quelque chose de distingué, presque de diplomatique et les traits de son visage étaient extrêmement expressifs. Une sorte de grâce accompagnait chacun de ses gestes. Sa mise était très soignée et coquette; on eût dit qu'il y accordait une trop grande attention, vu son âge et sa fonction. Et il est vrai qu'à mon arrivée, il m'accueillit avec joie; quant à moi, je m'approchai de lui, incapable de réprimer une émotion teintée de mélancolie. Ce qui la provoquait était, je l'avoue, de la compassion, mêlée pourtant de respect aussi : un esprit noble qui a dû porter les souffrances et les maux du temps, me disais-je [1].

Des différents portraits qui nous ont été transmis de Jacobi, celui que nous en donne le *Naturphilosoph* danois Henrik Steffens, est sans doute le plus fidèle. Loin des images déformées et outrancières que nous en renvoyèrent Goethe, Schelling ou même Schlegel, il présente l'image d'un homme policé, aimable et attachant.

Comment un penseur aussi diplomate et courtois, comment le premier libéral allemand a-t-il pu alors à ce point cristalliser autour de lui les oppositions et les haines? Sans doute à cause de la position qu'il eut à occuper dans les débats de son temps: Jacobi fut en effet, toutes proportions gardées, le Sartre de son époque, au sens où il ne fut étranger à aucun des grandes controverses intellectuelles qui accompagnèrent l'essor de l'idéalisme allemand.

Il fut ainsi l'objet de quelques unes des plus violentes polémiques littéraires et philosophiques qui marquèrent la fin du XVIIIe siècle, depuis la crucifixion d'Ettersburg, du nom du parc où Goethe cloua le *Woldemar* à

1. H. Steffens, *Was ich erlebte*, Breslau, Joseph und Max Komp, 1843, Bd. VIII, p. 387.

un arbre, jusqu'à la querelle des *Choses divines*, dont nous traduisons ici la pièce maîtresse, la fameuse recension que Schlegel donna du roman en 1796 constituant à la fois le point d'orgue et l'élaboration intellectuelle la plus aboutie de cette série de débats.

S'il est vrai que « l'amour de la vérité est la véritable éthicité de la pensée »[1], Jacobi, nous dit Schlegel, fait preuve d'une immoralité théorique qui l'assimile à un sophiste. Schelling n'aura de cesse de surenchérir et de couvrir d'opprobres son adversaire pour le repousser, lui qui se donnait pour un philosophe de profession, hors du champ philosophique. Il usera pour ce faire d'un ton rageur et vindicatif dont, à notre connaissance, on ne trouve d'exemples que chez le Descartes de la querelle d'Utrecht (« vous, qui déshonorez votre religion et votre profession… »).

« Lui avec moi ou bien moi avec lui : nous nous présenterons ensemble devant le tribunal de la postérité ». Ces mots, qui ouvrent le *Monument de l'écrit Sur les choses divines, etc. de M. Friedrich Heinrich Jacobi et de l'accusation qui y est faite d'athéisme mensonger et expressément trompeur*, indiquent à quel point Schelling, le dernier grand penseur de l'idéalisme allemand, a lié son sort à celui de Jacobi. Ils montrent surtout combien il s'est attaché à lui *personnellement*. La philosophie, même la plus idéaliste, peut être aussi une affaire d'hommes, une question de personnes.

Cet ouvrage est le dernier que Schelling ait fait paraître. Il constitue une réplique au livre que Jacobi avait publié en 1811 *Des choses divines et de leur révélation*. En allemand, il porte le titre de *Denkmal* (*Denkmal der Schrift den göttlichen Dingen des Herrn Friedrich Heinrich Jacobi*), mais, comme le remarque Bouterwek, loin d'avoir érigé un monument à la gloire de son devancier, Schelling a bien plutôt dressé un pilori et son propos est si outrancier et virulent que Jacobi aurait pu y trouver matière à procès[2].

Rares sont les polémiques qui, autant que la querelle des choses divines, ont mis aussi directement aux prises deux individualités philosophiques. Il n'est dès lors pas surprenant que nos deux philosophes aient sinon théorisé, du moins expressément revendiqué cette manière de faire. « Toute querelle menée au service de la vérité, écrivait Schelling au début de sa carrière littéraire, est une chose bonne et méritoire et une chance pour

1. *Cf.* plus loin la recension du *Woldemar*, *KFSA* II, 74.

2. Schelling a reçu le livre de Jacobi le 16 novembre 1811, quelques jours donc après sa parution (cf. *Philosophische Entwürfe und Tagebücher 1809-1813*, L. Knatz (hrsg), H. J. Sandkühler, M. Schraven, Hamburg, Meiner, 1994, p. 66). Pour le jugement de Bouterwek, cf. « Rezension von Schellings Denkmal », *Göttingische gelehrte Anzeigen*, Göttingen, 4 mai 1812, Bd. II, p. 714.

la science même ». Qu'il n'y ait pas de place pour une voie moyenne entre le oui et le non, le vrai et le non vrai, n'a en soi rien de dommageable car sans la polémique, la philosophie ne serait qu'un marais stagnant[1]. Cette idée était reprise quelques années plus tard : « c'est de nos jours un honneur et une bonne chose que d'avoir des ennemis et des adversaires »[2]. Quant à Jacobi, il revendiquait, précisément dans les *Choses divines*, le droit à l'intolérance.

Sur ce point, cependant, la position de Jacobi était moins tranchée et assurément plus riche que celle de son adversaire. L'auteur des *Choses divines* avait en effet eu constamment le souci de ne pas mettre en question dans son texte la personne de son adversaire et il avait réservé à sa correspondance les épithètes les plus dures (Schelling est le « roi des fous », le « malfaiteur suprême »[3]) et si Fries n'hésitait pas à dire de Schelling, au lendemain de la parution de son pamphlet contre Fichte, qu'il était un être immoral, un ennemi de la vertu[4], lui-même sut se garder de le faire. Il put même avouer plusieurs fois éprouver devant l'œuvre de son jeune collègue, comme devant celles de Fichte et de Hegel, une forme d'inquiétante familiarité : les systèmes idéalistes, par nature les plus opposés à sa pensée, lui apparurent souvent comme les fruits de sa propre œuvre et, à la fin de sa vie, il cherchait encore à comprendre comment sa philosophie de la croyance, tout entière vouée à la critique de la théologie rationnelle et de l'idéalisme, avait pu à ce point inspirer ses adversaires. Comment le premier contempteur du nihilisme avait-il pu en être aussi l'un des principaux inspirateurs[5] ?

Malgré ces précautions, nous aurions tendance à formuler le principe qui guide nos auteurs de la manière la plus lapidaire qui soit, en disant que pour eux, *le livre, c'est l'homme*. On aurait bien sûr le plus grand mal à trouver principe herméneutique plus grossier et contestable et pourtant c'est lui que l'on verrait à l'œuvre dans tout essai critique si les

1. *Über die Jenaische Allgemeine Literaturzeitung* (1800), *Friedrich Wilhelm Joseph von Schellings sämmtliche Werke*, K.F.A. Schelling (hrsg), Stuttgart/Augsburg, Cotta, Bd. I-XIV, 1856-61 [dorénavant abrégé en : SW], III, 650 et 652.

2. *Über das absolute Identitäts-System und sein Verhältnis zu dem neuesten (Reinholdischen) Dualismus*, SW V, 19.

3. Pour ces deux jugements, *cf.* J.F. Fries, *Aus seinem handschriftlichen Nachlasse*, E. Henke (hrsg), Leipzig, F.A. Brochlaus, 1867, p. 317.

4. *Ibid.*, p. 311.

5. *Cf.* par exemple la lettre à Fries du 2 avril 1812, *ibid.*, p. 323 : le *David Hume* « est particulièrement important pour l'influence qu'il a exercée. Il est de fait qu'on y trouve les germes que Fichte et Schelling ont développés ensuite ».

convenances ne nous le dissimulaient derrière un vernis méthodologique. Comment éviter que la recension d'une œuvre ne soit en même temps celle d'un homme? Cette question s'est maintes fois présentée dans la carrière philosophique de Jacobi, soit qu'il ait nommément pris à partie des philosophes soit qu'il ait été attaqué par eux.

Aussi, avant de nous intéresser au *Monument* en tant que tel, nous devons dire quelques mots de l'écrit auquel le livre se réfère le plus volontiers et qui en constitue en quelque sorte l'arrière-plan, à savoir la recension assez féroce du *Woldemar* qu'avait fait paraître Schlegel quelques années plus tôt, et de l'attaque *ad personam* qu'elle contenait. Un des traits les plus surprenants du *Denkmal* est en effet qu'aux fins de la polémique, Schelling, d'habitude peu enclin à chercher des soutiens, s'attache cette fois à gagner Kant à sa cause, rend hommage à Hegel (« un profond critique »!) cinq ans après la *Phénoménologie de l'esprit* et s'efforce d'enrôler derrière lui ce Friedrich Schlegel qui, dans son livre sur la langue et la sagesse des Indiens, l'accusait de panthéisme et se voyait en retour reprocher d'être manichéen [1].

Or la méthode mise en œuvre par Schlegel sous le nom de caractéristique et qui trouve dans la recension du roman philosophique de Jacobi sa plus belle application, faisait dire non sans raison à Mme de Staël que les frères Schlegel étaient les « pères de la critique allemande ». Cette démarche consistait à la fois en une « résolution d'une équation critique », en une « présentation d'une expérience philologique » et en une « enquête littéraire » [2]; mais ce qui la rendait particulièrement neuve était que la caractéristique n'y prenait pas la forme d'une critique historique ou génétique, mais d'une herméneutique immanente.

La caractéristique, en tout cas telle que Schlegel en formait l'idée, devait regarder son objet, que ce soit un livre ou un système, comme un tout au repos et indécomposable dont il convenait de mettre au jour la force formatrice, la *bildende Kraft*. Il s'agissait de connaître le tout pour comprendre chacune des parties de manière à en isoler le principe générateur. À partir de là, la critique était possible, à une double condition : la connaissance de la totalité et la « discrimination de l'inauthentique », autrement dit la polémique [3]. La valeur d'une philosophie se mesurait donc

1. *Cf.* la lettre à Schubert du 11 mars 1809, *Aus Schellings Leben. In Briefen*, G.L. Plitt (hrsg), Leipzig, G. Hirzel, 1869-1870, Bd. II, p. 154 : puisque Schlegel admet l'existence d'un principe essentiellement et originairement mauvais, il va bien au-delà du principe du christianisme et se dirige vers le manichéisme.

2. *Fragmente*, *KFSA* II, 241.

3. *Lessings Gedanken und Meinungen* (1804), *KFSA* III, 58.

à deux critères : son absolue cohérence interne et la réfutation de tous les autres systèmes et c'est en vertu de cette « totalité polémique » que Schlegel refusait le titre de philosophe aussi bien à Forster, dont la doctrine n'était pas systématique, qu'à Jacobi, dont la pensée n'était pas autonome. Critiquer, c'était alors, nous disait-on, juger l'œuvre par rapport à la tendance qui l'habite, la comparer à son propre idéal (lequel n'est pas nécessairement celui de l'auteur), confronter son esprit et sa lettre[1]. La critique avait donc un sens "transcendantal" si l'on entend par là ce qui touche à l'harmonie ou à la séparation de l'idéal et du réel[2]. En un mot, il s'agissait de la regarder comme quelque chose d'infini et d'absolu, comme une individualité. Face à elle, l'œuvre critique revendiquait une égale autonomie et une égale individualité : « la diascevase de la recension de *Woldemar*, écrivait Schlegel en 1797, devrait devenir une œuvre unique en son genre. Une œuvre de l'arbitraire absolu qui se fonde pourtant sur une nécessité absolue ». Il complétait : « la diascevase n'est pas transcendante et peut se justifier »[3].

Cependant, à y regarder de près, la recension du *Woldemar* se signalait par un relatif abandon des principes poétologiques développés dans l'*Athenäum* au profit d'une démarche plus directement biographique. Il s'agissait en vérité de

> comparer entre elles les œuvres et la vie d'un grand homme, et d'en former un tout en remontant autant que possible à leur principe commun [...], de chercher comment cette individualité s'est constituée, comment le monde extérieur l'a modifiée, de noter ses variations, de découvrir ses anomalies[4].

Du génie, nous disait-on, était nécessaire pour sonder les profondeurs d'un grand esprit, car *critiquer* un auteur, c'est, en le comprenant mieux qu'il ne s'est compris lui-même, le porter à la puissance supérieure[5].

Schlegel admettait cependant que « rien n'est plus difficile que de reconstruire, de percevoir et de caractériser la pensée d'autrui jusque dans les singularités les plus fines de sa totalité »[6]. Mais il renonçait pas pour autant à ce projet et prenait même prétexte de la difficulté à unifier le propos de Jacobi pour s'en prendre à lui personnellement. Puisque le roman n'a pas plus d'unité poétique que d'unité philosophique, puisque sa

1. *Fragmente zur Literatur und Poesie* (1797), *KFSA* XVI, 179.
2. *Athenäums - Fragmente*, *KFSA* II, 169 et 204.
3. Pour ces deux dernières références, voir respectivement *Philosophische Fragmente* (1797), *KFSA* XVIII, 55 et le *Zur Philologie*, *KFSA* XVI, 78.
4. Lettre à A. W. Schlegel du 26 août 1791, *KFSA* XXIII, 22.
5. *Fragmente zur Literatur und Poesie* (1797), *KFSA* XVI, 168.
6. *Lessings Gedanken und Meinungen* (1804), *KFSA* III, 60.

seule unité est une unité subjective et que son immoralité de fond l'empêche d'atteindre un niveau d'unité supérieur à l'unité purement individuelle et psychologique de l'auteur, il nous est permis de chercher à rendre compte à travers lui de l'esprit d'une vie individuelle. La "Friedrich-Heinrich-*Jacobité*", si elle ne peut être conçue philosophiquement se doit d'être *caractérisée*.

Alors qu'il est possible de réduire toutes les pensées de Spinoza ou de Fichte à une unique pensée centrale, puisque, chez eux, la forme est pleinement le reflet du contenu, qu'elle est l'expression immédiate du point médian unique et indivisible de la totalité, des penseurs comme Kant et Jacobi n'ont pas de tendance ou bien une tendance entièrement fausse, si bien que l'on peut même s'interroger sur leur intention d'ensemble. « Ici la tendance prime tout » : et pourtant elle est si artificiellement enveloppée et cachée « qu'elle ne se laisse rapporter qu'à ce qui n'a absolument aucune réalité pour le philosophe ». On ne peut comprendre de telles natures qu'en trouvant l'intention centrale de leurs œuvres « dans le tissu complexe des intentions concomitantes qu'elles ont d'ordinaire à profusion »[1]. Mais, si l'on en reste à la lettre de la doctrine, il est pour ainsi dire impossible de déterminer ce qu'est la philosophie de Jacobi : « à condition de tirer quelques expressions de leur contexte, on trouve en lui sans aucun mal tous les systèmes que l'on veut »[2]. Même sa haine du spinozisme n'est pas proprement philosophique, tant elle paraît être la rançon de l'impuissance et relever de la crainte, autrement dit d'un besoin simplement empirique[3].

Si donc il est vrai que le philosophe présuppose que la vérité existe et se laisse conduire par elle, Jacobi est bel et bien un sophiste, qui se laisse guider par ce qu'il veut trouver. C'est un « sophiste mystique », un « ennemi de la raison », qui fait d'elle le jouet de notre subjectivité[4]. Quand bien même la raison nous donne effectivement accès à l'idée de l'infini, celle-ci, prise isolément, demeure stérile et l'élan rationnel ne peut manquer de nous précipiter dans la subjectivité. Or la subjectivité de Jacobi est une subjectivité tourmentée, l'aspiration à l'infini, l' « élan continu vers l'absolu » qui anime ses romans[5], se traduisant par une perpétuelle

1. Conclusion de 1801 de l'*Essai sur Lessing* (1797), *KFSA* II, 413 (trad. fr. *Critique et herméneutique dans le premier romantisme allemand*, D. Thouard (éd.), Villeneuve d'Ascq, Presses Universitaires du Septentrion, 1996, p. 165).

2. Voir plus loin *KFSA* II, 75.

3. *Philosophische Fragmente* (1796), *KFSA* XVIII, 7. Cette analyse est reprise en *KFSA* II, 413. Nous confrontons ici ces deux textes.

4. Respectivement *Philosophische Fragmente* (1796), *KFSA* XVIII, 6 et lettre à A.W. Schlegel du 17 novembre 1793, *KFSA* XXIII, 158.

5. *Kritische Fragmente*, *KFSA* II, 156.

oscillation entre l'enthousiasme et le désespoir, la fermeture sur soi et l'abandon, la présomption et l'humilité.

Jacobi est par conséquent un individu purement antithétique, qui n'est jamais autant polémique qu'envers lui-même. Nul n'a jamais éprouvé aussi cruellement sa négation de soi à chaque instant et l'*angoisse* apparaît comme un des traits principaux de son caractère, en même temps que la mollesse et une frivolité absolue. Dans ces conditions, qu'il écrive est tout autant philosophique que non-philosophique (*aphilosophisch*), car, s'il avait eu une philosophie, il n'aurait pu s'agir que d'un scepticisme absolu. Puisqu'il hésite entre la théorie et la pratique, entre la mystique et l'empirie, « il est contraint d'osciller sans fin et de se détruire lui-même ». Dans tous ses écrits, il tourne dans ce cercle, de telle sorte qu'aucun de ses livres n'a vraiment de fin. Sa pensée valant essentiellement pour sa partie polémique, il est la preuve vivante que la polémique s'anéantit elle-même. Aucune critique ne peut lui faire le moindre tort puisqu'il est lui-même polémique *au sens absolu*. Par là, il nous engage simplement à élever notre critique à un niveau supérieur d'élaboration (« sa polémique est nature, la mienne art et liberté »). Son exemple est instructif en tant qu'il nous montre où mènent le manque de critique et une synthèse incomplète : « il faut appeler ces choses-là par leur nom » [1].

Ainsi, comme Humboldt a été le premier à le remarquer, il s'agissait moins, à travers des notations de cette sorte, de faire la recension d'un livre que d'un homme :

> la particularité déplaisante de ce Schlegel est qu'il ne s'arrête pas à une œuvre isolée, ni même à l'œuvre totale d'un écrivain, mais veut toujours rendre compte aussi de l'homme tout entier. Dans la recension du *Woldemar*, il use de ce procédé jusqu'au dégoût et à l'écœurement, comme il l'a fait d'ailleurs dans d'autres publications, à un moindre degré toutefois, avec Schiller (dans la recension de l'*Almanach* de 1796) et, contre son avis, dans son éloge de Goethe. En soi, cette méthode, employée à propos, serait assurément très recommandable. Il est si rare, en effet, que l'écrivain de génie lui-même puisse se manifester complètement dans un seul ouvrage. Aussi faut-il chercher ici un de ses traits, et là un autre, pour les trouver tous à la perfection, et pouvoir reconstituer toute sa figure vivante ! Mais cette méthode demande un autre caractère chez le critique. La crainte de se tromper doit le rendre circonspect et modeste, le respect du

1. *Philosophische Fragmente* (1797), *KFSA* XVIII, 55.

sujet qu'il étudie doit lui imposer la réserve et la délicatesse. On trouve malheureusement chez Schlegel presque tout le contraire [1].

Et il est vrai que dans ses fragments non publiés, le critique laisse s'exprimer une véritable hargne :

> je ne sais pas si la tendance du *Woldemar* est *dangereuse*, écrit-il par exemple; cela ne me concerne en rien. Je trouve en tout cas ce livre *méprisable*, et c'est mon droit de le dire [2].

La critique de Schlegel était d'ailleurs d'autant plus acerbe qu'elle prenait intentionnellement le contre-pied du compte rendu amical que le même Humboldt avait donné du *Woldemar* deux années auparavant [3]. Pour Humboldt, il y avait deux manières de pratiquer la philosophie : selon que l'on tende directement à l'universalité et au système ou bien selon que l'on fasse appel à ce qui ne peut se prouver ou se réfuter qu'au moyen du sentiment. Dans ce cas, « seule la flamme qui déjà brûle peut allumer la flamme appelée à resplendir ». Une exposition littéraire des problèmes philosophiques se voyait alors légitimée en fonction du type d'expérience sur lequel se fondent les convictions et de la moralité dont sait faire preuve celui qui les exprime. L'auteur d'œuvres de ce type doit posséder une humanité si élevée qu'il consent à distinguer en lui-même le contingent du nécessaire. Il peut délaisser ce qui est individuel pour atteindre un véritable caractère d'humanité. Il incarne l'humanité dans sa « forme idéale » [4]. Humboldt reconnaissait donc à Jacobi la capacité à donner aux protagonistes de ses romans comme à son propre personnage la dimension de l'idéal.

1. Lettre à Jacobi du 23 janvier 1797, *Briefe von Wilhelm von Humboldt an Friedrich Heinrich Jacobi*, A. Leitzmann (hrsg), Halle, Niemeyer, 1892, p. 55-56.

2. *Philosophische Fragmente* (1797), *KFSA* XVIII, 56 : *verächtlich*.

3. *Cf.* la lettre de Humboldt à Jacobi du 23 janvier 1797, *Briefe von Wilhelm von Humboldt an Friedrich Heinrich Jacobi*, *op. cit.*, p. 53-58, en part. p. 54-56 et celle de Schlegel à son frère du 28 Juillet 1796, *KFSA* XXIII, 325 : « le compte rendu de Humboldt ne me satisfait pas. Je crois y distinguer nettement une arrière-pensée ». Dans la lettre à Goethe du 9 novembre 1796, Jacobi parle de la recension de Schlegel comme d'une « parodie de celle de Humboldt ». Dans une lettre à Brinkmann, Humboldt dit que le texte de Schlegel ne manque ni d'esprit ni d'entendement (9 décembre 1796, *Wilhelm von Humboldts Briefe an Karl Gustav von Brinkmann*, A. Leitzmann (hrsg), Leipzig, Hiersemann Verlag, 1939, p. 93).

4. *Gesammelte Werke*, A. Leitzmann (hrsg), Berlin, Behr Verlag, 1903-1938, Bd. I, p. 288-291, sur tout cela *cf.* V. Verra, « Esperienza filosofica nel romanzo epistolare Dalle Carte di Edward Allwill di F.H. Jacobi », *L'avventura della conoscenza. Momenti del Bildungsroman dal Parzival a Thomas Mann*, R. Ascarelli (a cura di), Napoli, Guida Editore, 1992, p. 27-42.

En fait d'idéalité, Schlegel ne voyait quant à lui dans le *Woldemar* que ce qu'il appelait l'immoralité de Jacobi et sa « tendance barbare »[1]. Le *Woldemar* est un livre immoral, nous disait-on, car, en fin de compte, il subordonne la vertu à la religion et ne se préoccupe pas de l'essentiel, à savoir leurs limites respectives :

> Jacobi est autant un ennemi de la morale que de la philosophie. – Sa morale oppose le *devoir* au *libre arbitre* jusqu'à les faire rompre et qu'il en résulte une soumission à la divinité, autrement dit jusqu'à ce que la morale cesse et que l'homme se précipite dans la religion[2].

Tandis que la morale commence par un impératif catégorique, la philosophie débute par un optatif catégorique, c'est-à-dire par une décision motivée par un désir individuel. Schlegel est bien conscient que l'impératif pratique pris isolément est insuffisant et nocif et qu'il doit être relayé, comme le répètera le Cours d'Iéna, par un impératif d'amour. Mais une telle issue subjectiviste ne pouvait qu'épouvanter celui que Jacobi appellera par la suite « un terroriste de l'impératif catégorique », en ajoutant que sa recension prête à rire et que sa méchanceté, sa bêtise et sa rudesse ne peuvent que susciter l'indignation[3].

Jacobi regardera toujours en effet cette recension comme la plus grande blessure qu'il ait reçue et c'est probablement elle qui mit un terme à sa production romanesque et ruina son amitié avec Humboldt[4]. Ce n'est qu'en 1799 que la *Lettre à Fichte* reviendra sur « cette méthode poético-philosophique qui consiste en un premier temps à faire dériver l'écrivain de

1. *Philosophische Fragmente* (1797), *KFSA* XVIII, 54-55: Jacobi « est un universaliste barbare, un sentimentaliste régressif comme Schiller ».

2. *Zur Philosophie* (1802), *KFSA* XVIII, 474.

3. Lettre à N. du 11 novembre 1796, *F.H. Jacobi's auserlesener Briefwechsel*, F. von Roth (hrsg), Bern, Herbert Lang, 1970, Bd. II, p. 244.

4. En 1803, Jacobi s'étonnera devant Brinkmann d'avoir perdu contact avec son jeune disciple alors que les deux hommes avaient assidument correspondu douze années durant. En fait, il semble qu'il soit lui-même à l'origine de cette rupture en raison, comme le suggère G. Baum, de la rancœur qu'il aurait gardé à l'endroit de Humboldt après que celui-ci eut refusé de répondre à Schlegel par une contre-recension (*cf.* la lettre de Schiller à Goethe du 22 novembre 1796, Goethe, Schiller, *Correspondance*, trad. L. Herr, Paris, Gallimard, 1994, t. I, p. 308 : « Humboldt vous parlera également du compte rendu que le jeune Schlegel a fait de *Woldemar* et d'une lettre outrée et fulminante de Jacobi à propos de ce compte rendu ; cela vous amusera beaucoup ». Voir également la lettre de Humboldt à Jacobi du 23 janvier 1797, *Briefe von W. von Humboldt an F. H. Jacobi*, p. 57 et G. Baum, « Freundschaft und Liebe im Widerstreit von Ideal und Leben. F.H. Jacobis Moralphilosophie in ihrem ideengeschichtlichen Verhältnis zu Arthur Schopenhauer », *Schopenhauer-Jahrbuch*, vol. 66, 1985, p. 103-114, p. 109).

l'homme puis, en un deuxième temps, à dériver à nouveau l'homme de *l'écrivain*» : elle prémunit le recenseur de toute diffamation, de tout mensonge intentionnel et laisse libre cours à son imagination productive. Abstraction faite de cette méthode, « tout le reste est excellent et annonce d'ores et déjà chez son auteur le chef-d'œuvre paru depuis, *Lucinde* »[1], autrement dit, comprenons-nous, la chose qui s'apparente le moins à une œuvre réussie.

Ce sont à peu de choses près les mêmes principes interprétatifs (ou, disons, la même difficulté à se tenir à des principes interprétatifs) que nous voyons à l'œuvre dans le *Denkmal.* L'argumentation, en vérité beaucoup plus serrée et spéculative, déborde constamment sur une caractérisation et une mise en cause personnelles de Jacobi et de son esprit délicat.

Le point de départ de l'analyse est bien entendu d'ordre psychologique. Schelling voit derrière le diagnostic d'ensemble formulé à propos de l'époque moderne une attaque contre sa propre personne et l'expression de mobiles intimes. Les *Choses divines* seraient le produit de « la rancune et de la folie persécutrice » de Jacobi à son endroit[2]. Pour répondre à la « guerre scientifique » lancée contre lui[3], Schelling en vient alors à remettre globalement en cause le bien-fondé d'une œuvre presque entièrement polémique et à dénier à celui qui, à Munich, passait pour « le Pape de la philosophie »[4], le statut de philosophe pour lui substituer celui moins flatteur d'auteur théologico-philosophique[5].

Sa doctrine se voit en outre invalidée d'un point de vue scientifique. Bien qu'il ne recule pas lui-même devant un certain nombre de falsifications[6], Schelling accuse Jacobi d'avoir un double langage qui interdit de discuter scientifiquement sa doctrine. Il ne s'y trouve d'ailleurs aucun centre scientifique et tout se forme en elle de manière purement personnelle.

De fait, les proches de Jacobi et la plupart des contemporains ont jugé que notre philosophe avait seulement saisi l'occasion de laisser éclater une rancœur longtemps contenue et qui ne cherchait qu'un prétexte pour

1. JWA 2, 1, p. 198 n.

2. *Schelling und Cotta. Briefwechsel 1803-1849*, H. Fuhrmans et L. Lohrer (hrsg), Stuttgart, Ernst Klett, 1965, p. 57.

3. Ici SW VIII, 130.

4. Cf. *Briefe und Dokumente*, H. Fuhrmans (hrsg), Bonn, Bouvier, 1962, Bd. I, p. 351.

5. Ici SW VIII, 104 et 117.

6. *Cf.* par exemple l'épigraphe p. 19 ou le paragraphe sur le dualisme p. 28 et les notes que nous leur consacrons.

s'exprimer[1]. Avant même que paraissent les *Choses divines*, Schelling avait d'ailleurs écrit à Cotta qu'une franche explication avec son devancier devenait inévitable et qu'il en guettait depuis longtemps l'occasion[2].

L'écrit de Köppen sur le nihilisme (*Schellings Lehre oder das Ganze der Philosophie des absoluten Nichts*) et les lettres que Jacobi leur avait jointes en 1803 avaient en effet été perçus comme une véritable déclaration de guerre. Jacobi y comparait la philosophie de l'identité à une charade, la première syllabe étant l'essence, le sujet ou l'infini, la deuxième l'objet ou la finitude et la forme intermédiaire l'égalité, l'indifférence. Le mot de l'énigme se devinait alors aisément: *Selbstständigkeit der Natur*, subsistance, autosuffisance de la nature, autrement dit panthéisme[3]. Sur ces bases, précisait Köppen, une telle philosophie, à laquelle manquait le concept de substance et qui ne connaissait des choses que leur aspect dynamique, pouvait seulement conduire au nihilisme, à une philosophie du néant absolu.

Toute la critique de Jacobi consistait ainsi à accuser Schelling d'idolâtrie:

> tu ne formeras pas d'image, ni de ressemblance...! Qu'est-ce que cela signifie? Cela veut dire: tu ne dois pas chercher à rendre visible l'invisible, à rendre corporel l'incorporel (pas même comme le font les philosophes de la nature), à rendre commun ce qui est sacré[4].

Schelling développe, nous disait-on, une philosophie de la nature, matérialiste et athée, qui se prolonge dans une philosophie de l'Identité, stérile et étouffante. Avec ce naturalisme, il ne pouvait y avoir de conciliation possible et Jacobi récusait la tentative syncrétique entreprise par Baader pour le rapprocher de son adversaire:

> Fichte dit des hommes sensibles que « ce ne sont pas leurs vues mais leur amour qui détermine leur opinion». Ainsi, en Schelling domine

1. *Cf.* par exemple la lettre de Fr. Jacobs à Jacobi du 25 avril 1812, *Aus F.H. Jacobis Nachlaß*, R. Zoeppritz (hrsg), Leipzig, Engelmann Verlag, 1869, Bd. II, p. 78.

2. *Schelling und Cotta*, p. 57-58.

3. *Schellings Lehre oder das Ganze der Philosophie des absoluten Nichts. Nebst drei Briefen verwandten Inhalts von F. H. Jacobi*, Hamburg, Perthes, 1803, p. 246. Sur l'importance historique du livre de Köppen et des lettres de Jacobi, *cf.* J. D'Hondt, « Première vue française sur Hegel et Schelling (1804)», *Hegel-Studien Beiheft*, Bonn, Bouvier Verlag, 1980, n° 20, p. 45-58.

4. Lettre à Baader du 14 juin 1806, *Lettres inédites de Franz von Baader*, E. Susini (éd.), Paris, Presses Universitaires de France, 1967, t. IV, p. 57.

exclusivement l'amour de la nature, en moi prédomine l'amour du supranaturel[1].

Face à la prétendue science que le naturalisme développe, le théisme doit s'ouvrir sur une pensée du non-savoir, une philosophie générale de la croyance, un authentique panfidéisme[2].

On le comprend : la critique de Jacobi reposait elle aussi sur une forme d'imputation personnelle, son propos signifiant en quelque sorte que la philosophie qu'on adopte dépend de l'homme qu'on est. Notre auteur n'hésitait d'ailleurs pas à personnaliser la controverse en affirmant (en français) que ses deux protagonistes n'étaient rien de moins que les « meilleurs ennemis du monde »[3].

Or, sur le point qui nous occupe, curieusement, l'objection la plus forte que se voyait adresser Jacobi venait de son propre bord, à savoir de Fries :

> vous opposez l'amour exclusif de Schelling pour la nature à votre amour pour ce qui se tient au-dessus de la nature. Mais ici doit-on résoudre la querelle seulement grâce à l'amour ? Ne pourrait-on aussi la résoudre grâce à la science[4] ?

Si l'amour de Schelling pour la nature et celui de Jacobi pour le surnaturel reposent sur une préférence *personnelle*, on ne saurait les discuter. Du point de vue de Fries, seule une anthropologie philosophique pouvait rendre possible la conciliation ou le dépassement de ce que Goethe appellera de son côté une « antinomie des convictions (*Antinomien der Überzeugung*) » mettant aux prises les *Natur- und Freiheitsmännern*[5].

Plus fortement encore, on comprend mal pourquoi Jacobi s'obstine à prétendre que son adversaire fait de la nature l'Un et le Tout de sa philosophie, tant cela semble aller à l'encontre de ses dires explicites. Schelling ne cesse en effet de répéter que la philosophie de la nature n'est pas le tout de sa doctrine mais seulement une partie du système, à savoir son fondement. Pourquoi radicaliser à ce point une position philosophique qui pouvait déjà passer pour suffisamment tranchée et dogmatique ?

1. *Cf.* la lettre à Fries du 26 novembre 1807, *Aus seinem handschriftlichen Nachlasse*, *op. cit.*, p. 311.

2. L'expression est de Walter Dietzsch (cf. *Das Problem des Glaubens in der Philosophie des deutschen Idealismus*, Nendeln, Kraus Reprint, 1979, p. 38-41).

3. *Cf.* la lettre à Villers du 2 juillet 1807, *Briefe von Benjamin Constant*, M. Isler (hrsg), Hamburg, Meissner, 1879, p. 196.

4. Lettre à Jacobi du 20 décembre 1807, *Aus F. H. Jacobis Nachlaß*, *op. cit.*, Bd. II, p. 19.

5. Lettre de Goethe à Schlichtegroll du 31 janvier 1812 : *cf.* I. Kauttlis, « Von "Antinomien der Überzeugung" und Aporien der modernen Theismus », *Der Streit um die Göttlichen Dinge (1799-1812)*, W. Jaeschke (hrsg), Hamburg, Meiner, 1999, p. 15.

Il semble tout d'abord que Jacobi se trompe intentionnellement de cible pour ne pas avoir à mettre en cause un penseur infiniment plus proche de lui, à savoir Goethe (lequel lui confiera d'ailleurs en 1813, en prenant position dans la polémique, que « le naturaliste en [lui] est panthéiste » [1]). Mais il est aussi probable que Jacobi ait eu besoin que la philosophie de Schelling vienne corroborer ses prophéties. Pour que soit confirmé le diagnostic d'ensemble qu'il avait porté sur l'idéalisme allemand, il fallait que le kantisme se parachève en naturalisme. Si la philosophie qui est la ruine de toute philosophie, la doctrine de l'Identité, prend à ses yeux la forme d'un naturalisme, c'est sans doute, suggère-t-il, parce que la révolution que Kant a menée à son terme dans le domaine de la philosophie spéculative a eu seulement des répercussions indirectes sur l'ensemble des sciences de la nature et a par conséquent laissé la voie ouverte à un nouveau dogmatisme [2].

De ce point de vue, une pensée qui part de la nature ne peut manquer d'aboutir à l'athéisme. Être athée suppose en effet « un degré infiniment plus haut de croyance que le fait de ne pas l'être » [3]. L'athéisme est bien le contraire d'une pensée libre de tout présupposé, il est plutôt le produit d'une idiosyncrasie particulière et d'une hiérarchisation déterminée des facultés, car, à en croire Jacobi, on devient naturaliste ou théiste selon qu'on subordonne la raison à l'entendement ou l'entendement à la raison. Dans le premier cas, on choisit de ramener ce qui nous donne notre sentiment de liberté à une faculté dépourvue aussi bien de « sens du réel » que de productivité et qui ne fait que synthétiser un contenu qui lui vient de l'extérieur sans pouvoir en créer un nouveau.

Schelling rédige sa réponse en moins de quatre semaines et elle est d'une violence exceptionnelle. Elle contraste ainsi du tout au tout avec l'œuvre dont elle est la plus proche, l'admirable *Clara*, qui, comme Jean-François Marquet l'a montré, met pourtant aussi en scène Jacobi. Des considérations d'ordre psychologique ou personnel sont inévitablement intervenues à ce moment-là car une conciliation paraissait possible, au moins sur un certain nombre de thèmes fondamentaux. Comme l'a signalé

1. Lettre du 6 janvier 1813, *Briefwechsel zwischen Goethe und Jacobi*, M. Jacobi (hrsg), Leipzig, Weidmann, 1846, p. 261 : « *als Dichter und Künstler bin ich Polytheist, Pantheist hingegen als Naturforcher* ». Il opposait de même à Jacobi l'équivalence « Dieu dans la Nature, la Nature en Dieu » (lettre du 9 juin 1785).

2. *Des choses divines*, JWA 3, p. 78.

3. *Briefe über die* Recherches philosophiques sur les Égyptiens et les Chinois par M. de Pauw, *Werke* VI, 341 : « *es gehört ein unendlich höherer Grad von Glauben dazu, um ein Atheist, als um keiner zu seyn* ».

W. Jaeschke par exemple, quand Jacobi affirme qu'il est dans l'intérêt de la science que Dieu n'existe pas et quand Schelling lui répond que seule une science pleinement formée et parvenue à maturité peut comprendre l'existence de cet être, ils ne se contredisent qu'en apparence[1]. L'explication mécaniste du monde contre laquelle s'élevait Jacobi est celle-là même que Schelling entend dépasser au moyen d'une nouvelle philosophie rationnelle.

En vérité, on pourrait dire du *Monument des Choses divines* ce que Schleiermacher écrivait de la recension du *Woldemar*, à savoir que son auteur « a dépassé l'œuvre qu'il se proposait de juger » :

> il pensa rassembler toutes les œuvres de cet écrivain afin de dégager l'unité susceptible de résoudre les contradictions d'une œuvre ; il a même tenté, en exposant la relative similitude des écrits de Jacobi, de déduire cette prétendue unité. Pour autant, il est resté en cela dans les limites de la critique ; mais non plus quand il est remonté à l'écrivain lui-même, quand il a conclu son caractère philosophique à partir des maximes fondant ses œuvres, et quand il indique que bien des choses présentées de lui seraient prises au présentateur lui-même. Car c'est là précisément porter au grand public les dispositions morales d'un homme qui est d'ailleurs à juste titre nommé par August Wilhelm Schlegel dur et cruel. Le ton polémique que prend rapidement le procédé qui s'annonce comme critique, l'allure d'animosité qui transparaît constamment, et une certaine unilatéralité de la conception étaient les conséquences évidentes d'une effraction dans un domaine étranger[2].

Il se trouve en effet que l'analyse de Schelling s'achève sur une vision allégorique, une dix-septième veille de Bonaventura, mettant en scène Jacobi en personne. Le héros, repoussé par tous, par les philosophes et les poètes, les historiens et les dévots, entreprend enfin, les yeux bandés, le fameux saut périlleux qui le mettra en contact avec l'inconditionné. L'image, qui s'inspire d'un célèbre fragment de Schlegel représentant Jacobi prenant son élan pour retomber finalement au même point, « dans la faille entre deux sortes de philosophie, la systématique et l'absolue, entre Spinoza et Leibniz » (« c'est Don Quichotte voyageant dans les airs sur un

1. SW VIII, 64. *Cf.* W. Jaeschke, « Zwischen Wissen und Wissenschaft. Ein Beitrag zur Nachgeschichte des Streits um die Göttlichen Dinge », *Fichte-Studien*, Bd. XIV, 1998, p. 140-141.

2. F. Schleiermacher, « Caractéristiques et critiques de A. W. et F. Schlegel » (1801), *Critique et herméneutique dans le premier romantisme allemand*, *op. cit.*, p. 104.

cheval de bois »[1]) tourne l'adversaire en ridicule plutôt qu'elle ne le réfute. Et l'on comprend, au vu de l'outrance du propos, des allusions à l'odeur des *Choses divines* ou de la comparaison avec Néron, que le plus averti des schellingiens, Xavier Tilliette, ait pu affirmer que le *Denkmal* était le livre de Schelling le plus pénible à lire. On n'atténue bien sûr en rien cette impression en rappelant que Schlegel était plus cinglant encore lorsqu'il tournait en dérision l'ambition de cette « *Philosophie vom Sprunge* »[2] de passer d'un seul coup de la connaissance, par nature objective, à la foi, en se satisfaisant trop facilement du simple effort vers l'infini. Il osait alors écrire qu'« il est des écrivains qui boivent l'inconditionné comme de l'eau et des livres où les chiens eux-mêmes ont rapport à l'infini »[3].

Pour notre compte, nous serions plutôt enclin à dire avec Heidegger que le *Monument de Jacobi* « appartient, avec ceux de Lessing, à ce que la littérature allemande comporte de plus splendide dans le genre »[4], et surtout, avec Steffens, qu'il est aussi « la plus profonde et la plus claire » des œuvres de notre auteur[5]. La caractérisation personnelle de Jacobi et la part laissée à la polémique ne font en rien obstacle à l'élaboration conceptuelle qui, dans notre ouvrage, se trouve renouvelée en profondeur.

C'est d'ailleurs, nous semble-t-il, à juste titre que Schelling voyait dans le *Denkmal* le tournant de son œuvre :

> c'est maintenant seulement, écrivait-il, que je puis dire en avoir fini avec mes prédécesseurs. La parution de ce livre fait époque dans l'évolution de mon système et sa victoire sur la paresse de cœur et la nullité intellectuelle antérieures, qu'on voulait faire passer pour la foi, voire pour une sorte de philosophie supérieure. Il pouvait difficilement m'arriver quelque chose de plus heureux[6].

Il est en effet bien difficile de le contredire sur ce point : nous pensons que c'est notre texte, davantage que les *Recherches sur la liberté humaine*,

1. *Cf.* notre « Note et commentaire » de la p. 121 et la lettre de Friedrich à son frère du 7 mai 1799, *KFSA* II, 284.

2. *Philosophische Fragmente* (1797), *KFSA* XVIII, 56. Sur la proximité de Schlegel avec Mendelssohn à propos de cette critique adressée à Jacobi, *cf.* E. Millàn-Zaibert, « Romanticismo e postmoderno : variazioni incomprese sulla critica della modernità », *Prospettive sul postmoderno. Profili epistemici*, L. Patore (a cura di), Milano, Mimesis, 2005, p. 45.

3. *Kritische Fragmente*, *KFSA* II, 154.

4. M. Heidegger, *Schelling. Le traité de 1809 sur l'essence de la liberté humaine*, trad. fr. J.-F. Courtine, Paris, Gallimard, 1977, p. 121.

5. H. Steffens, *Was ich erlebte*, *op. cit.*, p. 378.

6. Lettre à Georgii du 1er janvier, *Aus Schellings Leben. In Briefen*, *op. cit.*, Bd. II, p. 281.

qui constitue le point de basculement vers la philosophie de la maturité[1]. Ici, comme l'a relevé Claudio Ciancio, se fait jour la double orientation qui va animer la philosophie schellingienne jusqu'aux derniers instants : concilier la plénitude infinie du divin (son immédiateté) et la progressivité de sa révélation dans le monde (la médiation)[2]. Le souci que va avoir Schelling, dans sa philosophie de la maturité, de maintenir la personnalité en Dieu, contre Hegel par exemple, montre bien qu'à partir de 1812, il ne rejette plus toute immédiateté. Après coup, pour un lecteur moderne, cette modification de sa doctrine paraît tout simplement inévitable si l'on veut que le terme dans lequel le fondement et l'existant parviennent à l'identité ne soit plus un tiers neutre mais un Absolu personnel et subjectif, cet Un « inexplorable et caché » qui met la philosophie en mouvement.

Toute cette évolution consiste alors dans l'introduction d'une force de développement en Dieu. Or il nous semble que Jacobi ne parvient pas à vraiment prendre la mesure de ce changement et qu'il méconnaît ainsi la véritable problématique de Schelling. Celle-ci consiste à la fois à maintenir l'inconditionné dans son inconditionnalité et à trouver en lui les ressources nécessaires à un vrai commencement. Dieu doit avoir quelque chose avant soi, c'est-à-dire soi-même, si l'on veut qu'il soit *causa sui*[3]. C'est là le nouveau sens que les *Conférences de Stuttgart* donnent au leitmotiv de la philosophie de l'Identité selon lequel dogmatisme et criticisme ne commencent pas par l'Absolu, mais l'introduisent seulement après-coup[4]. Schelling croit en effet être en mesure de proposer une conception inédite du commencement philosophique en s'armant d'un nouveau concept, celui de fondement, de *Grund zur Existenz*, dans lequel forme et essence coïncident.

1. Nous serions tenté de dire qu'à la suite de Heidegger, on a quelque peu surestimé l'importance des *Recherches sur la liberté humaine*. Schelling dira d'ailleurs à la fin de sa vie à leur propos : « c'est seulement au cours des années suivantes que j'ai découvert les idées décisives » (cf. *Übersicht meines künftigen handschriftlichen Nachlasses*, *Schellingiana Rariora*, L. Pareyson (hrsg), Torino, Bottega d'Erasmo, 1977, p. 669). Mais il est tout de même bien difficile de comprendre pourquoi Manfred Frank a choisi de ne pas faire figurer l'écrit sur la liberté, de même que l'Anti-Jacobi, dans son édition des *Ausgewählte Schriften* (Frankfurt, Suhrkamp, 1985).

2. C. Ciancio, *Il dialogo polemico tra Schelling e Jacobi*, Torino, Filosofia, 1975, p. 125.

3. SW VIII, 62. Cf. *Éthique* I, Def. 1 : « par cause de soi, j'entends ce dont l'essence enveloppe (*involvit*) l'existence ».

4. *Conférences de Stuttgart*, SW VII, 423.

Jacobi, qui indique pourtant à Bouterwek que toute son exposition de la pensée de Schelling est reprise mot à mot du traité sur la liberté[1], a seulement, nous semble-t-il, identifié les termes du problème. De nos jours, nous lisons l'écrit sur la liberté comme un essai pour ouvrir la philosophie sur la transcendance. Les contemporains, et ceux notamment qui gravitaient dans le cercle de Jacobi, ont plutôt découvert en lui une philosophie de l'immanence. Fries par exemple lisait cette dissertation comme une justification, une défense (*Rechtfertigung*) de cette pensée que Schelling suit depuis ses commencements philosophiques. Selon lui, tout l'écrit repose sur la confusion des prépositions *durch* et *in* : « une langue qui ne sait pas différencier comme il se doit *in* et *durch*, n'est pas à même d'exprimer de façon nette et déterminée l'idée de la divinité »[2].

Tous les points de désaccord qui vont surgir entre nos deux penseurs peuvent dès lors se ramener à une compréhension différente du mot *Grund*. Lorsque Jacobi définit la connaissance rationnelle comme une connaissance qui ne procède pas à partir de fondements[3], il entend par là un savoir qui ramène tout ce qui est à une cause transcendante. Celui qui ne connaît l'inconditionné que sous son aspect de fondement se perd en revanche dans l'abstraction :

> ce Dieu qui existe seul, qui est conquis grâce à l'anéantissement du temporel, c'est-à-dire de toute existence et de toute activité finies [...], ce Dieu, qui, n'ayant hors de soi aucune nature, aucun monde, ne produit véritablement rien, n'est même aucunement cause, mais seulement fondement et abîme sans fond (une totalité, l'Un et Tout)[4].

Prendre ainsi le fondement pour la cause conduit à se représenter Dieu comme un absolu anonyme incapable de produire un monde.

Or il se trouve que Schelling distingue soigneusement ces deux termes, comme dans cette lettre très éclairante où il explicite la distinction qui va le guider tout au long de cette nouvelle période : le fondement est la condition

1. Lettre du 9 août 1815, *F. H. Jacobi's Briefe an F. Bouterwek aus den Jahren 1800 bis 1819*, *op. cit.*, p. 164-165. Jacobi possédait dans sa bibliothèque la première édition du traité sur la liberté et l'avait remplie d'annotations en marge (cf. *Die Bibliothek Friedrich Heinrich Jacobis. Ein Katalog*, Bearbeitet von K. Wiedemann, Stuttgart, Frommann-Holzboog, 1989, Bd. I, p. 255).

2. J. F. Fries, *Von deutscher Philosophie, Art und Kunst. Ein Votum für F. H. Jacobi gegen F. W. J. Schelling (1812)*, *Sämtliche Schriften*, Bd. XXIV, *Polemische Schriften*, G. König und L. Geldsetzer (hrsg), Aalen, Scientia Verlag, 1978, p. 370.

3. *Des choses divines*, JWA 3, p. 131.

4. *Des choses divines*, JWA 3, p. 107.

d'une chose, l'existence la cause qui la produit[1]. Cela signifie que désormais, pour lui, le fondement n'est plus raison et que l'on aurait grand tort de confondre sa doctrine du *Grund* avec la relation de fondement à conséquence, si l'on veut pouvoir introduire vie et mobilité au cœur de l'Absolu[2].

Là encore, les critiques les plus pertinentes venaient déjà de Jacobi, lequel suggérait dans les *Lettres à Mendelssohn* qu'il ne suffit pas de penser Dieu comme un être vivant pour éviter l'écueil du fatalisme: Spinoza s'était élevé le premier à cette représentation du divin et cela n'avait pas fait pour autant de son système une philosophie de la liberté. Le spinozisme est un athéisme dans la mesure précisément où il fait de l'être suprême le «*fatum* aveugle encore que vivant»[3].

C'est, nous semble-t-il sur les mêmes bases que Schelling entreprendra, à partir des *Âges du monde*, de placer Dieu au-dessus de toute vie et même de sa propre existence vivante pour faire de lui un authentique sujet. Cela suffit-il pourtant pour que l'on passe d'un système de la vitalité à un système de la liberté? C'est en tout cas dans le *Jacobi-Aufsatz* que cette conception plus *positive* de la manifestation divine est pour la première fois formulée en tant que telle.

Ce n'est en revanche que dans les *Âges du monde* que Schelling s'attaquera directement à ces questions et répondra à l'objection la plus profonde que Jacobi lui ait adressée et qui est de savoir si l'introduction d'un principe de développement en Dieu suffit à répondre au problème métaphysique du temps.

En effet, malgré les apparences, l'Anti-Jacobi est moins tourné vers la *Freiheitsschrift* que vers les *Âges du monde*: dès les premières pages de l'introduction, Schelling le présente d'ailleurs comme la préface, qu'il juge «très convenable», d'un livre à venir[4] (de façon générale nous croyons que chacune des œuvres de Schelling est davantage tendue vers l'avant qu'elle ne regarde en arrière et qu'elle s'explique mieux par ce qu'elle annonce que par ce qu'elle répète). Dans les *Âges du monde*, les références à Jacobi abondent[5], sans que cela ait été, à notre connaissance, véritablement mis en évidence par les commentateurs. Jacobi lui-même attendait d'ailleurs que

1. Cf. *Aus Schellings Leben. In Briefen*, *op. cit.*, Bd. II, p. 221.
2. SW VIII, 165.
3. *Über die Lehre des Spinoza*, JWA 1, 1, 122 n.
4. SW VIII, 21.
5. Quelques échantillons: SW VIII, 339 et *Die Weltalter. Fragmente*, p. 44, 104, 142, 150, 196-197, 200.

la polémique éclate au moment de la publication de ces *Âges du monde* dont il avait entendu parler[1].

Qu'il y ait dans notre écrit davantage que de simples « vitupérations »[2], mais d'authentiques promesses d'avenir, c'est ce qu'atteste également ce jugement rétrospectif que l'on trouve dans la *Philosophie de la Révélation* : « je n'ai fait connaître la philosophie positive – même après qu'elle eut été découverte – que de manière allusive (à l'occasion, entre autres, des thèses paradoxales, bien connues, formulées dans la polémique contre Jacobi) »[3], et qui se trouve réaffirmé dans la copie Paulus : « dans le *Denkmal auf Jacobi* (1812) se trouve le commencement de la philosophie positive »[4].

Il est vrai que la méthode philosophique que décrit Schelling dans le *Denkmal* et qu'il désigne comme *aufsteigend*, c'est-à-dire comme évolutive et anagogique, au motif qu'elle promeut « un progrès et un auto-développement de l'objet lui-même », était appelée à être reprise et amplifiée après le tournant vers l'historicité de 1827. Pour un système armé d'une telle méthode démonstrative et solidement appuyé sur son principe, il ne peut y avoir de question sans réponse ni de réponse qui ne se fasse jour d'elle-même, spontanément : il ne faut pas aller directement aux conséquences, mais la patience est la première vertu du philosophe, qui doit toujours attendre que le principe se développe de lui-même[5]. À partir de là nous pouvons dire que

> l'objet d'une véritable science objective est quelque chose d'effectif, de vivant (*ein Wirkliches, Lebendiges*) et que son progrès et son développement de soi (*ihr sich Entwickeln*) sont un progrès et un développement de soi de l'objet même[6].

On est donc bien loin de la compréhension assez plate que Jacobi se faisait de la méthode schellingienne, où, selon lui, le même procède

1. Lettre à Fries du 7 novembre 1811, *Schelling im Spiegel seiner Zeitgenossen*, X. Tilliette (hrsg), Milano, Mursia, 1974, p. 209.

2. Lettre de Jacobi à Bouterwek du 1er février 1812, *F. H. Jacobi's Briefe an F. Bouterwek aus den Jahren 1800 bis 1819*, W. Mejer (hrsg), Göttingen, 1868, p. 139-140.

3. *Philosophie de la Révélation*, SW XIII, 86.

4. *Philosophie der Offenbarung 1841-1842*, d'après la copie Paulus : *Die endlich offenbar gewordene Philosophie der Offenbarung*, M. Frank (hrsg), Frankfurt, Suhrkamp, 1977, p. 138.

5. *Cf.* la lettre à Georgii du 18 février 1810, *Aus Schellings Leben. In Briefen*, *op. cit.*, Bd. II, p. 202 : « il faut attendre le développement du principe ; à chaque question la juste réponse vient infailliblement à la juste place. À chaque proposition il n'est que de penser ce qui s'y trouve immédiatement, sans aucune de ses conséquences, avant qu'elle ne soit développée pour elle-même ».

6. SW VIII, 59-60.

toujours du même sans qu'il y ait nulle part développement : alors que Fries lui savait gré d'avoir montré que toute la philosophie depuis Wolff est victime du « préjugé de la preuve » selon lequel une inférence ne renvoie qu'à une autre inférence et ne vaut rien indépendamment de la certitude immédiate de ses présupposés, Schelling lui reproche précisément d'être resté prisonnier des présupposés de la philosophie scolaire et d'avoir inconsidérément accepté le primat donné par ce même Wolff au principe d'identité. Si, comme il le croit, la démonstration ne procédait que par propositions identiques, l'arbre de la connaissance ne donnerait jamais ni fleur ni fruit.

Quelles sont alors les conséquences de cette première avancée vers l'historique et le positif? Une première indication apparaît selon nous dans une recension anonyme de l'Anti-Jacobi : avec cette œuvre et la tendance à l'historicité qu'elle manifeste, nous dit-on, « la période kantienne peut être considérée comme achevée »[1]. Cette idée d'un affranchissement définitif à l'égard du kantisme à ce moment précis du développement de Schelling nous paraît très judicieuse, encore qu'elle n'agréerait pas entièrement au philosophe, qui oppose ici justement à Jacobi que sa philosophie de l'identité elle-même ne s'inscrivait déjà plus dans la continuité de celle de Kant et que l'on ne pouvait qualifier de seconde fille de la philosophie critique une pensée qui voulait rendre à la science les contenus de la métaphysique classique et les objets suprêmes que Kant et Fichte avaient écartés (*verworfen*)[2].

En septembre 1812, après avoir été anobli, Jacobi démissionne de sa charge de président de l'Académie des sciences de Bavière, en partie, dit-il, à cause du tort que lui a fait la polémique[3]. Peut-on dire alors, comme le fait Heidegger, qu'après le *Denkmal*, Jacobi est un homme « fini » (serait-ce même aux yeux de Schelling)[4]? Ce serait oublier que Jacobi a répondu à au moins trois reprises aux attaques du *Denkmal* et que notre auteur lui consacrera encore des pages très importantes[5].

1. *Morgenblatt für gebildete Stände*, n° 46 du 23 février 1812 : cité par S. Dietzsch dans sa préface à F.W.J. Schelling, *Schriften 1804-1812* (Berlin, Union Verlag, 1982), p. 9.

2. SW VIII, 51. La formule « seconde fille de la philosophie critique » est pourtant si marquante que Tillich lui-même la reprendra encore à son compte en 1910 (« *Gott und das Absolute bei Schelling* », *Gesammelte Werke*, E. Sturm (hrsg), Berlin, de Gruyter Verlag, 1999, I, *Ergänzungs - und Nachlassbände*, Bd. 10, p. 12).

3. *Briefwechsel zwischen Goethe und F.H. Jacobi*, *op. cit.*, p. 256.

4. *Schelling. Le traité de 1809*, *op. cit.*, p. 121.

5. Jacobi répondra à nouveau à Schelling dans l'Avant-propos de 1815, en 1816 et 1819 (nous avons traduit ces deux dernières préfaces par ailleurs) et Schelling rendra davantage

En fait, du point de vue même de Schelling, la réponse à cette question suppose qu'on se place dans un cadre historique assez large et l'avant-propos du pamphlet assure même d'emblée qu'on ne pourra résoudre la controverse à l'aide des concepts qui ont cours à l'heure où l'on écrit. Les circonstances qui l'ont conduite à éclater font qu'elle relève de l'histoire de la littérature allemande, tandis que son objet fait qu'elle appartient à l'histoire de la sagesse du monde. Seul le tribunal de la postérité départagera les deux philosophes, le «jugement dernier» sera celui de l'histoire[1].

Cependant, pour ce qui concerne Schelling et sa réplique si violente, le jugement historique ne peut être que mitigé car sa mauvaise foi, comme l'a justement relevé Eduard von Hartmann, est assez patente: au lieu d'admettre que les critiques lancées par Jacobi contre son premier système ne sont pas dénuées de fondement et que c'est pour des raisons similaires aux siennes qu'il a changé de point de vue, il lui reproche de ne pas assez tenir compte des infléchissements qu'il a fait subir à ses thèses, alors que lui-même présentait sa nouvelle philosophie comme un prolongement de la doctrine de l'Identité (il procèdera de même avec Hegel dans sa dernière philosophie)[2]. Enfin, la violence de la charge contre Jacobi a été telle que Schelling s'est quelque peu déconsidéré aux yeux mêmes de son plus fidèle soutien, Goethe, qui, en un premier temps, désignait pourtant le livre de Jacobi comme *das ungöttliche Buch von göttlichen Dingen*[3]. Un grand nombre de ses contemporains iront de fait jusqu'à l'accuser de sans-

justice à l'importance historique de son adversaire dans la *Contribution à l'histoire de la philosophie moderne*.

1. SW VIII, 21.

2. E. von Hartmann, *Geschichte der Metaphysik*, Leipzig, H. Haacke, 1899, Bd. II, p. 290. Il ne fait pas de doute que Jacobi a lu les *Recherches* (cf. *Die Bibliothek Friedrich Heinrich Jacobis*, *op. cit.*, Bd. I, p. 255). En 1815, il dira avoir voulu ménager Schelling en ne parlant pas de son traité dans les *Choses divines* (*cf.* la lettre à Fries du 7 août 1815, *Schelling im Spiegel seiner Zeitgenossen*, *op. cit.*, p. 225).

3. Pour cette formule *cf.* W. Weischedel, *Jacobi und Schelling, Eine philosophisch-theologische Kontroverse*, Darmstadt, Wissenschaftliche Buchgesellschaft, 1969, p. 88. Goethe s'est d'abord félicité de la publication des *Choses divines* au motif qu'elles devaient avoir pour effet de faire sortir Schelling de sa forteresse et de l'obliger à s'exprimer clairement (lettre à K. von Knebel du 8 avril 1812, *Schelling im Spiegel seiner Zeitgenossen*, *op. cit.*, p. 216). Cependant il s'est rapidement dit déçu d'un livre dont la thèse principale: la nature cache Dieu allait à l'encontre de ce qu'il tenait pour le plus sacré (*cf.* W. Weischedel, *Jacobi und Schelling*, *op. cit.*, p. 87). Pour sa réaction après la réplique de Schelling, *cf.* la lettre à S. Boisserée du 2 mars 1828, *Schelling im Spiegel seiner Zeitgenossen*, *op. cit.*, p. 311.

culottisme littéraire et de terrorisme[1]. À ses yeux, semble-t-il, la dureté de sa réplique s'imposait toutefois, car il en allait par là du sens et de l'existence même de la philosophie[2].

Cette polémique aura en tout cas un retentissement important et, en 1817, au moment de son fameux voyage en Allemagne, Victor Cousin rapportera non sans excès que le pays est tout entier agité par

> la lutte ardente de la philosophie de Kant, plus ou moins modifiée selon les vues de Monsieur Jacobi, avec la philosophie de la nature dont Monsieur Schelling est l'auteur[3].

Il y a là évidemment une part de malentendu puisque Cousin ignore encore tout de l'essor de la philosophie hégélienne.

Pour donner un aperçu inédit de la réception de notre texte, nous pouvons cependant renvoyer à un manuscrit de ce même Cousin déposé à la Sorbonne sous le numéro 58, que nous reproduisons plus loin et dans lequel le futur philosophe consigne les remarques que lui inspire la querelle des choses divines. Cousin relève tout d'abord avec pertinence à quel point l'alternative qu'impose Jacobi est tranchée :

> on ne peut pas aller au-delà de l'antithèse primitive du naturel et du surnaturel. Dieu n'est pas fini dans la nature et infini hors d'elle, il est infini tout simplement et la nature n'est que le contenu du fini. Une raison sans conscience d'esprit n'est point une raison.

L'auteur concède que jamais la faiblesse radicale des systèmes métaphysiques n'a été montrée avec une telle hardiesse et une telle originalité. Toutefois,

> il faudrait qu'il fût ajouté à la philosophie de Jacobi, si la philosophie doit subsister comme science, une partie doctrinale au sujet de laquelle cet ouvrage ne s'explique pas plus que les ouvrages précédents de l'auteur.

Malgré ces minces réticences, le manuscrit de Cousin est très élogieux pour Jacobi. En revanche, le ton de la réplique de Schelling a indigné son

1. La formule "terrorisme schellingien" est de Jacobi (lettre à Fries du 23 février 1812, Fries, *Aus seinem handschriftlichen Nachlasse*, *op. cit.*, p. 320). Pour celle de sans-culottisme, cf. *Schelling im Spiegel seiner Zeitgenossen*, *op. cit.*, Bd. II, p. 90 (il s'agissait à l'origine d'une formule de Goethe contre D. Jenisch). Niebuhr parle de cannibalisme (*cf.* M. Brüggen, « Jacobi, Schelling und Hegel », *Friedrich Heinrich Jacobi. Philosoph und Literat der Goethezeit*, K. Hammacher (hrsg), Frankfurt, Klostermann, 1971, p. 214).

2. Selon Steffens, la cible de Jacobi n'était pas tant Schelling que la philosophie elle-même (*Was ich erlebte*, *op. cit.*, Bd. VIII, p. 376).

3. V. Cousin, « Souvenirs d'Allemagne », *Fragments et souvenirs*, Paris, Didier, 1857, p. 174.

lecteur français et il témoigne infiniment plus de sympathie au philosophe de Pempelfort qu'à l'auteur de la fameuse vision allégorique *L'universel*. Il dit d'ailleurs n'avoir trouvé en celle-ci « point d'allégorie, point de général, mais beaucoup de particulier » [1].

Cette recension est d'autant plus singulière que Cousin donne l'impression de bien comprendre Jacobi et ce qui fait la spécificité de sa doctrine. Il voit bien que, dans les *Choses divines*, « c'est par la raison et non par les sens que l'homme obtient une représentation primitive du vrai ». Or, Cousin ne cessera de dire par la suite, et dès 1815-1816 semble-t-il, que la philosophie de Jacobi est entièrement illégitime puisqu'elle fait tout reposer sur le sentiment[2]. On lit ainsi dans les *Fragments philosophiques* que

> l'erreur de l'école de Jacobi est de ne pas voir que l'enthousiasme véridique, l'illumination qui ressemble à une prophétie, appartient à la raison elle-même, et n'en est qu'une application plus pure et plus haute, de telle sorte que la foi a sa racine encore dans la raison [3].

Schelling lui-même relèvera cette erreur[4].

On peut tout de même s'interroger sur une telle inconséquence. Le Cousin de la maturité rabat le second Jacobi sur le premier et, alors qu'en 1812, il lisait l'œuvre directement, il se réfère dans ses textes plus tardifs au résumé qu'en a donné Tennemann. Alors qu'ici il prend acte du rationalisme de Jacobi, il fera plus tard de lui un sceptique : en séparant la raison et la foi, et par là, en ôtant à la foi sa base et sa règle, il l'abandonne à tous les écarts du cœur et de l'imagination, et ne laisse à la philosophie d'autre asile qu'un mysticisme inquiet et brillant, sans vraie lumière et sans vrai repos. Jacobi aurait donc « renouvelé le scepticisme de Hume en en changeant le caractère au profit du sentiment et du mysticisme »[5] et, s'il pouvait entièrement amender la doctrine de Kant, sa doctrine serait « le plus beau,

1. Bibliothèque Victor Cousin, Manuscrit 58. *Philosophie allemande, Fichte, Schelling et Jacobi*, p. 229-234.

2. *Cours de philosophie sur le fondement des idée absolues du vrai, du beau et du bien*, A. Garnier (éd.), Paris, Hachette, 1836, p. 100.

3. *Fragments philosophiques*, Genève, Slatkine Reprints, 1970, t. V, p. LX.

4. *Schellingiana rariora*, *op. cit.*, p. 556 : « ici cependant l'auteur se trompe, tout au moins au sujet du Jacobi tardif, qui s'efforçait plutôt de présenter ce qu'autrefois il avait nommé croyance, sentiment et peut-être bien (*auch wohl*) voir, comme une inspiration immédiate de la raison pure, de rationaliser sa doctrine aussi bien que possible et de la laver du reproche de mysticisme et d'enthousiasme outrepassant la raison ».

5. *Cours d'histoire de la philosophie*, *Œuvres de Victor Cousin*, Bruxelles, Société Belge de Librairie, 1840, t. I, p. 231.

le plus admirable scepticisme, ramené un peu forcément à un dogmatisme équivoque semé de mille contradictions »[1].

Quant à la compréhension de Schelling que développe Cousin, elle reste extrêmement partielle et décevante et le deuxième manuscrit que nous présentons vaut davantage comme un témoignage historique ou un mouvement d'humeur. Cousin, qui sera pourtant un des plus importants interlocuteurs du philosophe vieillissant, ignore toujours l'essentiel de sa pensée et il conclura les *Fragments philosophiques* consacrés à la philosophie contemporaine en confessant qu'en 1816 encore, il ne la connaissait que par l'intermédiaire des publications d'Ancillon. Ce n'est qu'en 1819, lors de son séjour auprès de Schelling, qu'il prendra vraiment la mesure de son génie : il dira alors qu'en se mettant à l'école de la philosophie allemande, on devrait pouvoir former une philosophie qui saurait « échapper au scepticisme de Kant, traverser le sentiment de M. Jacobi, et parvenir sans hypothèse à un dogmatisme un peu meilleur que celui de la philosophie de la nature »[2].

Le dernier texte qui permettra au lecteur de se représenter comment les *Choses divines* sont apparues devant le tribunal de la postérité est plus tardif et d'une plus grande portée philosophique. Il est l'œuvre du dernier Schlegel, devenu entre temps l'un des champions de la restauration catholique.

Or, ce que Schlegel a en vue dans cette dernière recension des œuvres de Jacobi est sensiblement la même chose que ce à quoi tendait l'écrit sur le *Woldemar*, à savoir porter un diagnostic plus général sur son temps. On ne peut, affirmait-il en 1797, critiquer que des œuvres géniales, c'est-à-dire des œuvres qui, comme le *Woldemar*, relèvent du sens de la totalité et se rattachent au grand organisme de la culture. Or la pensée que Jacobi y développait manquait d'unité, alors qu'elle était promise à restaurer l'harmonie d'une culture déchirée en deux sous l'effet du rationalisme. Puisque le résultat purement théologique du *Woldemar* ruinait la prétention de la philosophie à l'unité, on pouvait dire de son auteur qu'il était un « classique de la dissonance » et qu'il faisait apparaître en plein jour les disharmonies qui affectent la culture moderne et l'opposition irréductible qu'elle a introduite entre la philosophie et la vie[3]. En cela, Jacobi exprimait l'essence de son époque, s'il est vrai que « l'on peut comparer la

1. *Fragments philosophiques*, *op. cit.*, t. V, p. 208.
2. *Fragments philosophiques*, *op. cit.*, t. V, p. 218-219.
3. *Philosophische Fragmente*, *KFSA* XVIII, 94. Sur ce point *cf.* C. Ciancio, *Friedrich Schlegel. Crisi della filosofia e rivelazione*, Milano, Mursia, 1984, p. 49.

nouvelle littérature allemande à une dissonance qui n'a pas encore été résolue »[1].

C'est sur ces mêmes bases que près de trente ans plus tard, en 1822, Schlegel propose une ultime évaluation de la philosophie de Jacobi[2]. Friedrich, qui confie par ailleurs à son frère son intention d'écrire toute une série d'autres « recensions métaphysiques » sur Fichte, Schelling et consorts pouvant tenir lieu d'annonces et d'introductions à ses propres œuvres philosophiques[3], élargit sa recension à une vision globale de l'histoire de la philosophie moderne. Car c'est encore une fois Jacobi, autant par sa doctrine que par le personnage qu'il incarne, qui apparaît comme le meilleur révélateur des tendances de l'époque. Schlegel présentait à ce titre les trois études consacrées à l'auteur des *Lettres sur la doctrine de Spinoza* (à savoir donc celle du *Woldemar*, celle de 1812 consacrée aux *Choses divines* et celle que nous traduisons ici) comme les fragments d'un *Anti-Jacobi* qui était censé embrasser à parts égales les dimensions esthétique, morale et philosophique et qui, en 1799 déjà, était donné pour à moitié écrit[4]. Schlegel voyait à nouveau en Jacobi l'un de ses interlocuteurs philosophiques d'élection : « dès le premier cahier du *Deutsches Museum*, j'ai commencé par Jacobi ; il a toujours pour moi, depuis l'ancien temps, un attrait stimulant »[5].

Or, avec le temps, l'appréciation portée sur Jacobi s'est sensiblement modifiée. Dans ses *Logikvorlesungen*, Schlegel lui reconnaissait déjà le mérite d'avoir « conduit l'esprit humain loin de la voie louche, mensongère et périlleuse du désir de connaître terrestre jusqu'à la lumière de la foi et de la révélation »[6]. Sur cette base, la recension de 1812 avait permis un rapprochement des deux philosophes et il ne fait pas de doute que l'un et l'autre s'estimaient[7].

1. *Geschichte der alten und neuen Literatur*, *KFSA* VI, 380.

2. Cette recension ne prend en compte que les cinq premiers volumes parus des œuvres complètes. Elle est en fait une remarque à une longue recension parue quelques temps auparavant dans l'*Hermes*.

3. Lettre du 4 janvier 1812, *Krisenjahre der Frühromantik. Briefe aus dem Schlegelkreis*, J. Körner (hrsg), Leipzig, Rohrer Verlag, 1937, Bd. II, p. 237. Nous renvoyons à cette édition car le volume correspondant de la *KFSA* n'est pas encore paru.

4. *Cf.* la lettre à son frère du 7 mai 1799, *KFSA* XXIV, 283-284.

5. Lettre de Schlegel à Boisserée du 8 janvier 1812, S. Boisserée, *Briefwechsel*, Göttingen, Vandenhoeck und Ruprecht, 1970, Bd. I, p. 163.

6. *Anhang zur Logik* (1806), *KFSA* XIII, p. 353.

7. Ainsi, en 1812, alors que, pour des raisons inconnues, le nom de Schlegel avait été effacé de la liste des membres externes de la classe philosophique de l'Académie de Bavière, Jacobi prit l'initiative de le proposer à nouveau et Schlegel fut immédiatement élu.

Jacobi voyait cependant dans le catholicisme un intolérable matérialisme religieux et la nouvelle de la conversion de Friedrich lui avait fortement déplu (malgré une rencontre en 1804 que relate Boisserée)[1]. À vrai dire, Jacobi n'aurait pas été loin de retourner l'image du saut périlleux contre Schlegel pour décrire sa conversion au catholicisme[2]. La comparaison des deux recensions que nous traduisons dans ce volume montre cependant que, malgré la recherche d'un « nouveau commencement »[3], il n'y a pas tant rupture que continuité entre les périodes de la vie de Schlegel et que même sa pensée religieuse possède une unité indiscutable. C'est finalement une même recherche de l'unité de l'homme et des dimensions de son existence qui l'anime d'un bout à l'autre de sa carrière littéraire[4]. D'où l'analyse qu'il développe à la fin de son parcours, à savoir que seul un protestant peut avoir l'idée de séparer religion et philosophie, et qu'en cela, il fait de sa religion, la religion des philosophes, une religion négative (le catholicisme étant quant à lui la seule religion positive).

Jacobi se trouve alors replacé dans la configuration spirituelle de l'idéalisme allemand pour autant qu'il en incarne un des pôles, qu'il en figure une des possibilités essentielles :

> *Jacobi* promettait de devenir un *spiritualiste*; mais, par faiblesse de caractère, il a sombré dans le réalisme. *Kant* n'a jamais pu se défaire des préjugés *matérialistes* qui encombraient son cœur et des superstitions liées au matérialisme de son époque. *Fichte* a bien cherché à détruire le réalisme et le matérialisme, mais il n'est jamais parvenu au spiritualisme; il s'est accroché obstinément et sans faillir à l'*idéalisme*. *Schelling* est parti du réalisme, il a suivi différentes voies pour atteindre l'idéalisme et s'est approché du spiritualisme par la mythologie. Voilà les différentes façons qu'ont *les quatre principaux sectateurs de la philosophie allemande moderne* de s'opposer les uns aux autres[5].

1. *Briefwechsel-Tagebücher*, Stuttgart, Gotta Verlag, 1862, Bd. I, p. 28.

2. Au début du XIXᵉ siècle, un mouvement en faveur du catholicisme se dessinait en effet : le premier écrivain célèbre à abjurer le protestantisme fut Holberg, un intime de Jacobi. Lavater, Novalis, Tieck furent tout près de franchir le pas. Le comte Stolberg, Zacharias Werner et Schlegel se convertirent. Ce choix le brouilla en vérité avec la plus grande partie de son entourage et même avec son frère, August Wilhelm, qui rompra toute relation avec lui à partir de 1819, considérant que l'intention apologétique est incompatible avec la science.

3. *Philosophie der Geschichte*, *KFSA* IX, 5.

4. Nous nous permettons de renvoyer sur ce point à notre étude à paraître « L'histoire de la philosophie aide-t-elle à penser l'unité de l'homme? Schlegel historien de l'idéalisme allemand ».

5. *Zur Philosophie und Theologie* (1816), *KFSA* XIX, 323.

À travers celui qui fut peut-être le personnage le plus intéressant de son époque, c'est l'esprit de toute une période de la philosophie moderne qu'il s'agit de caractériser, c'est-à-dire de situer par rapport à la plus haute possibilité qu'il contenait et que par manque de volonté il ne sut actualiser. Cette possibilité est le spiritualisme en tant que prise en compte du fait de l'esprit comme réalité ultime.

À l'aune d'un tel renoncement à ce que l'idéalisme allemand promettait, on est en droit de répéter que « la philosophie opère nécessairement de manière polémique »[1] et que « ce n'est que contre des dogmatiques (Kant) ou des polémistes (Jacobi) qu'il vaut la peine de se quereller »[2]. Bien sûr, une telle conception de la caractéristique présuppose maintenant de reconnaître que « s'il n'y a en philosophie aucune révélation, alors la critique ne conduit à rien »[3]. En même temps, nul ne saurait croire que le seul amour de la science puisse susciter des controverses et même Schelling, qui ne renverrait pourtant pas à une révélation, ne prétendrait pas non plus, lui qui a beaucoup sacrifié au genre, qu'une critique puisse être exempte de présupposé.

1. *Transcendentalphilosophie* (*Jena 1800-1801*), *KFSA* XII, 93.
2. *Philosophische Fragmente*, *KFSA* XVIII, 414.
3. *Zur Philosophie* (1805), *KFSA* XIX, 67.

NOTE DU TRADUCTEUR

L'édition de référence dont nous indiquons la pagination est celle des *Schellings Werke* éditées par son propre fils : *Friedrich Wilhelm Joseph von Schellings sämmtliche Werke*, K.F.A. Schelling (hrsg), Stuttgart/Augsburg, Cotta, Bd. I-XIV, 1856-1861 (abrégé en SW). Le texte figure dans le huitième volume (SW VIII, 19-136). En 1946, Manfred Schröter l'a placé dans le quatrième tome de sa réédition (München, Ch. Beck, p. 395-512).

Pour ce qui est des *Choses divines*, nous renvoyons à la pagination de la nouvelle édition de référence Friedrich Heinrich Jacobi, *Werke*, W. Jaeschke (hrsg), Hamburg-Stuttgart, Meiner-Frommann-Holzboog, 2000, Bd. 3.

Pour plus de commodité, nous dressons la liste des abréviations utilisées dans le présent ouvrage :

AK *Kants Werke, Akademie-Textausgabe*, Berlin, W. de Gruyter, 1902 (1968).

HKA *Historisch-Kritische Ausgabe*, W.G. Jacobs, H. Krings, M. Durner (hrsg), Stuttgart, Frommann-Holzboog, 1980-2008.

JB *Briefwechsel, Gesamtausgabe,* M. Brüggen und S. Sadhof (hrsg), Stuttgart, Frommann-Holzboog, 1981-2005.

JWA Friedrich Heinrich Jacobi, *Werke. Gesamtausgabe*, K. Hammacher-W. Jaeschke (hrsg), Hamburg, Stuttgart-Bad Cannstatt, 1998-2004.

KFSA *Kritische Friedrich-Schlegel-Ausgabe*, E. Behler (hrsg), Paderborn, Schöningh Verlag, 1958-1980.

SB *Schellings Bibliothek. Die Verzeichnisse von F.W.J. Schellings Buchnachlaß,* A.L. Müller-Bergen (hrsg), Stuttgart, Frommann-Holzboog, 2007.

Schneider Jacobi, *Kladden*, citées dans P.P. Schneider, *Die "Denkbücher" F.H. Jacobis*, Stuttgart, Frommann-Holzboog, 1986.

SW *Friedrich Wilhelm Joseph von Schellings sämmtliche Werke,* K.F.A. Schelling (hrsg), Stuttgart/Augsburg, Cotta, Bd. I-XIV, 1856-1861.

Le traducteur souhaite remercier une nouvelle fois Mme Marie-Luise Brandi pour son soutien amical et sa parfaite disponibilité, et M. le professeur Jean-François Courtine, qui a permis la publication de ce volume et lui a trouvé son titre.

F. W. J. SCHELLING

MONUMENT DE L'ÉCRIT SUR LES CHOSES DIVINES, ETC. DE M. FRIEDRICH HEINRICH JACOBI ET DE L'ACCUSATION QUI Y EST FAITE D'ATHÉISME MENSONGER ET EXPRESSÉMENT TROMPEUR

SUIVI DE

VICTOR COUSIN

SUR LES CHOSES DIVINES (1811)

FRIEDRICH SCHLEGEL

SUR LE WOLDEMAR (1796)
SUR JACOBI (1822)

F. W. J. SCHELLING

| MONUMENT DE L'ÉCRIT SUR LES CHOSES DIVINES, ETC. SW VIII, 19

Eh, proh dolor ! res eo jam pervenit, ut, qui aperte fatentur, se Dei ideam non habere et Deum nullo modo cognoscere, non erubescant, Philosophos Atheismi accusare.

Ben. de Spinoza (1)

| PRÉFACE 21

Le lecteur *scientifique* adoptera le point de vue qui convient le mieux à ce petit écrit s'il veut bien le regarder à la fois comme le règlement d'une dette ancienne, contractée il y a longtemps à l'égard de la science, et comme la préface d'une œuvre dans laquelle un grand nombre de choses que l'on pouvait seulement indiquer ici, recevront l'explication précise et détaillée qu'elles méritent.

Au lecteur *non scientifique*, je n'ai qu'une chose à demander : qu'il ne mêle pas à cette affaire des considérations qui lui sont étrangères, car il n'est question ici que de rapports scientifiques et je n'use d'aucune autre liberté que de celle dont on ne saurait priver le savant sans mettre un terme à toute activité littéraire.

Plus généralement, je prie de ne pas considérer ce traité comme un *appel au public* actuel (1). Le différend que j'ai à régler avec M. Jacobi ne peut être résolu d'après les concepts en usage de nos jours. Il appartient par ses circonstances à l'histoire littéraire générale de la nation et par son objet à l'histoire particulière de la sagesse du monde ; ni l'une ni l'autre histoire n'oubliera notre querelle et c'est elles qui prononceront le jugement ultime nous concernant. Lui avec moi ou bien moi avec lui : en tout cas, nous nous présenterons ensemble devant le tribunal de la postérité.

Munich, le 13 décembre 1811

CONTENU DU PRÉSENT OUVRAGE

EXPLICATION PROVISOIRE

| Dans l'écrit de M. Friedrich Heinrich Jacobi : 23
Des choses divines et de leur révélation. Leipzig, 1811,
figurent les déclarations suivantes au sujet de la dite *doctrine de l'Unitotalité ou de l'Identité, la philosophie de la nature, etc* :

1) « Lorsque, il y a douze ans, la propre fille de la philosophie critique, la Doctrine de la science, affirma que l'ordre moral du monde seul était Dieu, cette affirmation suscita alors encore quelque *bruit* » ; (comme on le sait, un certain nombre de gouvernements ont fait appel aux instances civiles contre l'auteur de la *Doctrine de la science* et celui-ci a perdu sa chaire publique au moins indirectement à cause de cette querelle (1)). Mais « ce que dit un proverbe italien : *una meraviglia dura tre giorni*, pouvait trouver difficilement une autre occasion de se vérifier de manière plus frappante puisque tout de suite après la *seconde* fille de la philosophie critique (la doctrine de l'Unitotalité mentionnée plus haut) supprima entièrement, c'est-à-dire *expressément* la différence que la première avait laissé subsister entre la philosophie de la nature et la philosophie morale, entre la nécessité et la liberté » (on pourrait en déduire qu'elle a déjà en réalité été supprimée par Fichte). « En effet, cette suppression expresse ne produisit *déjà plus le moindre étonnement* » (p. 76).

Il est difficile de dire, au vu de ce récit pragmatique, ce qui aurait dû arriver à l'auteur de cette seconde doctrine après Kant | pour que son 24
entreprise éveille un étonnement comparable à l'intérêt suscité par celle de Fichte. Tout au moins devait-il être chassé de sa charge et de son poste. Cela ne se produisit malheureusement pas. Notre auteur assure qu'il ne partage pas cette indifférence, qu'il s'en lave les mains.

Pour ce qui est de ma doctrine et de la remarque bienveillante qui s'y rapporte, notre estimable auteur est seulement redevable de … la preuve que la différence entre la philosophie de la nature et la philosophie morale, la nécessité et la liberté, a bien été supprimée *au sens où il a voulu l'entendre*. À savoir qu'à la place de la liberté morale, il n'est resté qu'une nécessité naturelle ou une nécessité pure et simple[1].

2) Cette seconde fille de la philosophie critique (!) a justement déclaré, « sans plus de précision, qu'*il n'y a rien au-dessus de la nature* et que *la nature seule existe* » ou, suivant une autre tournure, « *que la nature est l'Un et le Tout et qu'il n'y a rien au-dessus d'elle* » (p. 76 *sq*).

Que représente pour l'auteur la phrase qu'il vient de citer ? Ou bien le point de doctrine caractéristique du système entier, ou bien un résultat que l'on aurait seulement à en tirer ou à dégager par des déductions. Je m'expliquerai plus loin sur cette manière de polémiquer et de tirer des conclusions à partir de déclarations (comprises ou pas) choisies au hasard chez un auteur et que l'on pose comme de *véritables affirmations* de ce dernier. L'affirmation qui précède, l'auteur lui-même ne peut la présenter comme une simple conséquence. Elle ne peut l'être du fait de sa nature ; si elle est en règle générale la doctrine de mon système, elle doit être son a et son w, son commencement et sa fin. Le ton d'ensemble, l'indication typo-
25 graphique, | qui pour M. Jacobi désigne toujours une citation, prouve bien qu'il entend la faire passer pour une affirmation littérale.

Il faudrait en conclure que cette phrase « il n'y a rien *au-dessus* de la nature et elle seule existe » se rencontre partout dans mes écrits. J'assure *qu'elle ne se trouve dans aucun d'eux* (1).

Voilà qui devrait suffire, mais je prouve également qu'elle ne *peut* y figurer, car elle va à l'encontre de la nature ou du concept fondamental de mon système.

Voilà ce que l'on saurait nier si on ne tient pas pour rien l'explication fondamentale de la nature que j'ai donnée dans la première exposition détaillée de mon système[2]. Cette explication se trouve formulée p. 203 dans les termes suivants : « nous comprenons par nature l'identité absolue en général, pour autant qu'elle n'est pas considérée en tant qu'étant, mais en tant que fondement de son propre être ». On distingue ici l'identité absolue *étante* de l'identité absolue non-étante, laquelle n'est que *fondement* (ce qui, dans mon langage, équivaut à "soubassement") de son existence, et seule cette dernière identité se voit désignée comme nature.

1. À comparer à l'explication qui figure dans le premier tome de mes *Écrits philosophiques* (Landshut 1809), p. 406-407 [SW VII, 341-342].

2. Elle figure sous ce titre dans le deuxième cahier du deuxième tome de mon *Journal de physique spéculative* (Iéna et Leipzig, 1801) (2).

J'affirme donc que la nature est l'Identité absolue non (encore) étante (ou purement objective), – mais M. Jacobi me fait dire qu'elle seule existe, ce qui revient à soutenir qu'elle seule se voit attribuer le prédicat d'existant. – L'étant devant en général être placé *au-dessus* de ce qui n'est que fondement (ou soubassement) de son existence, il est évident que, suivant cette explication, l'identité absolue *étante* (Dieu au sens éminent, Dieu comme *sujet*) est placée au-dessus de la nature en tant qu'identité absolue non-*étante*, purement *objective*, qui tient lieu seulement de fondement de l'être (3). – Les mots suivants ne laissent aucun doute à ce sujet : « nous voyons d'avance à partir de là que nous nommerons nature tout ce qui se
trouve au-delà de l'être absolu de l'identité absolue ». | Le bon sens indique 26
qu'un au-delà distinct ne peut être donné par ce *tout* en dehors duquel rien n'existe. Mais ces mots déterminent en même temps ce qui se tient en dehors de la nature. La nature, affirment-ils, est tout ce qui (du point de vue supérieur de l'identité déjà existante) se situe au-delà de son être absolu – c'est-à-dire subjectif –; la même chose exprimée du point de vue de l'homme devrait se formuler ainsi : la nature est tout ce qui pour nous se situe *en deçà* de l'identité absolue existante, en deçà de son être absolu – c'est-à-dire subjectif. Il en ressort que, lorsqu'on se place aussi bien au point de vue de la nature que de celui de notre propre existence actuelle, l'Identité absolue étante, autrement dit Dieu comme sujet, doit constituer un *au-delà*, c'est-à-dire, selon toute vraisemblance, un être situé *au-dehors* et *au-dessus* de la nature.

Il n'est pourtant pas besoin d'aller si loin. Qu'une telle proposition soit totalement impossible à l'intérieur de mon système s'éclaire déjà par le fait que, comme le sait même celui qui l'a seulement appris par les journaux savants, on a d'emblée placé en face du monde réel un monde idéal, c'est-à-dire en face de la nature le monde des esprits.

3) « Cette doctrine de l'Unitotalité était contrainte d'abandonner ni plus ni moins que la doctrine de Dieu, de l'immortalité et de la liberté – il ne restait *plus qu'une doctrine de la nature, une philosophie de la nature* » (p. 88).

Que la *philosophie de la nature* soit seulement un côté du système pris dans sa totalité, n'importe quel débutant en ce domaine le sait ; M. Jacobi se plaît pourtant à l'ignorer afin de servir sa polémique. Produire un seul passage pour preuve de ce qui est affirmé ici prêterait à rire.

Pour ce qui est de la première partie de la phrase (selon laquelle la doctrine de l'Unitotalité aurait dû renoncer ni plus ni moins qu'à la doctrine de Dieu, etc.), on ne peut rien en dire de plus, si ce n'est tout simplement qu'elle contient une contrevérité que rien ne saurait altérer.

4) « Le système de l'Identité absolue ne fait qu'un, *en vérité*, avec le spinozisme » (que M. Jacobi définit depuis vingt-cinq ans déjà comme un *athéisme*) (p. 120). – J'ai affirmé dans l'introduction à la première expo-
27 sition de mon système que le spinozisme | était en un certain sens (en aucun cas celui de Jacobi)[1] le côté primordial et réel, nécessairement sous-jacent au côté idéal, de toute vraie philosophie. J'en suis resté jusqu'à maintenant à cette affirmation et j'ai cherché à la vérifier en acte. Rien ne s'oppose ainsi à ce que l'on dise de la doctrine de l'identité qu'elle est spinoziste, à condition d'ajouter qu'elle l'est du point de vue d'une de ses parties ou d'un de ses éléments, de même qu'il n'y a aucun risque à dire que l'homme est un être physique si cela ne signifie pas qu'il n'est que cela. – Mais que la doctrine de l'Identité ne soit *rien d'autre* que du spinozisme, c'est de M. Jacobi qu'il faut en attendre la preuve.

5) « La philosophie de la nature affirme qu'il faut anéantir tout dualisme quel qu'en soit le nom (p. 77) et affirme par conséquent *en vérité* (c'est ce que M. Jacobi ajoute à chaque fois) l'identité (ou l'indistinction) de la raison et de la déraison, du bien et du mal » (p. 100). Un examen très grossier et très général excuserait peut-être la première partie de cette phrase. La philosophie de la nature ne reconnaît qu'un *seul et unique principe suprême* et supprime de la sorte *tout* dualisme, excepté celui qui se trouve dans le principe suprême lui-même. Mais, pour ce qui concerne le dualisme qui en dérive, qui n'apparaît que dans le monde physique et moral, il serait étrange que l'auteur de la philosophie de la nature, dont l'idée de départ était d'ériger le dualisme en *loi fondamentale* de toute réalité, soit précisément celui qui l'ait anéanti (2). Pour ce qui est de reconnaître ce dualisme également comme loi fondamentale du monde moral, il s'est exprimé avec la clarté requise dans le *Traité sur l'essence de la liberté humaine*. Il incombe donc à M. Jacobi de montrer où, comment et
28 à l'aide de quelles raisons tirées de ma doctrine | j'ai supprimé *en vérité* toute différence entre la raison et la déraison, le juste et l'injuste, le bien et le mal.

1. Une affirmation de l'Introduction éclaire ce dernier point (1) : « il me semble presque – comme si l'exposition qui suit en était la preuve – que l'on a jusqu'à ce jour, dans *toutes* les vues portées à la connaissance du public, complètement *méconnu* et *mal entendu* le réalisme dans sa forme la plus sublime et la plus accomplie (je veux dire : dans *le spinozisme*) ». De cette manière, l'exposition du spinozisme à laquelle procédait Jacobi était parfaitement bien comprise, non seulement dans ses lignes générales, mais même en fonction du concept mécanique, dépourvu de vie et tout à fait abstrait qu'elle en formait.

6) Suivant cette même doctrine, « le corail qui, dans la mer, produit les îles, ressemble plus à Dieu que l'homme qui recherche vertu et sainteté » (p. 115). – La typographie ne présente certes pas ces mots comme une citation, mais, puisqu'ils sont mis en relation avec les termes que j'ai effectivement utilisés, apparaît la possibilité – qui sait si elle n'est pas intentionnelle ? – de les prendre aussi pour tels.

La tournure d'ensemble de cette phrase est en effet bien trop jacobienne – trop dans le *genre larmoyant* (1) de sa polémique – pour qu'un homme en pleine possession de son entendement puisse me l'attribuer.

Pour aider à comprendre le subterfuge qui s'ensuit, il suffit simplement de placer côte à côte les deux passages en question :

Schelling	Jacobi
Discours sur la relation des arts plastiques à la nature (SW VII, 293)	*Des choses divines* p. 99
« Pour le chercheur enthousiaste seul, la nature (qui pour l'un est ceci et pour l'autre cela) est bien la force cosmique primitive, sacrée, éternellement créatrice, qui produit et crée toutes choses par sa propre activité. Ce principe de l'imitation avait une haute signification quand il apprenait à l'art à rivaliser avec cette force créatrice… ».	« Ainsi, si l'on nous annonçait comme une révélation plus haute et plus profonde de la doctrine selon laquelle la nature ou la productivité absolue est *la force cosmique primitive, sacrée, éternellement créatrice, qui produit et crée toutes choses par sa propre activité*, qu'elle est *le seul vrai Dieu, le vivant*, tandis que le Dieu du théisme est seulement une plate idole, une chimère déshonorant la raison, nous ne devrions certes pas, en entendant cela, nous taire aussitôt ».

Même un lecteur peu attentif voit que les mots de M. Jacobi – *ajoutés* par sa propre invention : « elle (la nature) est | le *seul vrai Dieu, le vivant* », 29
non seulement apparaissent, si l'on suit la cohérence du discours, comme le prolongement de ce qui a été dit plus haut, mais sont encore, semble-t-il,

mis sur le même plan par cette indication typographique, c'est-à-dire qu'ils sont également présentés comme des citations littérales [1].

Pourtant, les mots qui suivent : « le Dieu du théisme, autant dire une chimère » ne sont pas non plus signalés par la typographie, mais prennent place dans le même contexte, dans la même construction que ce qui précède, au point que tout lecteur naïf, qui par exemple n'est pas familier avec ma manière de penser, doit également croire qu'il s'agit de mes propres mots.

L'annonce d'une révélation plus haute et plus profonde ! Voilà comment notre cher Jacobi devrait appeler les mots que j'ai *réellement* prononcés ! – Une révélation plus haute et plus profonde ! Une doctrine spéculative dans un discours sur les arts plastiques, tenu devant une assemblée si disparate ! Que n'a-t-il pas déclenché, ce pauvre discours, pour qu'on porte si haut ses mots innocents et que M. Jacobi en vienne à les traduire, *eux*, devant son propre tribunal ! Il aimerait bien le soumettre à la torture et lui arracher des mots qu'il n'a pas prononcés ! Ce discours académique, dont il est encore plusieurs fois question, est-il donc la principale source à laquelle M. Jacobi a puisé sa connaissance de mon système ? (1).

La nature crée à partir d'elle-même et produit activement toute chose (faut-il entendre par là les choses de la nature ?) : cette phrase est assurément une des moins embarrassantes qui soit et même le fanatique le plus aveugle ne saurait s'en émouvoir, puisque, à la page 165 de sa production (2), M. Jacobi propose lui-même un commentaire fort édifiant
30 des mots de la Genèse : « et Dieu dit : que la terre | *produise* des êtres vivants, etc. » (1). Ce qui permet de récuser cette phrase en soi bien inoffensive – au sens où elle ne contient même rien qui soit frappant ou simplement nouveau –, ce qui la rend effectivement *athée*, c'est l'*ajout* que fait M. le Président : « elle (la nature) est le seul vrai Dieu, le vivant ».

Voilà donc les moyens dont se sert ce noble seigneur pour rendre crédibles aux yeux du public ses accusations.

8) (2) « Le naturaliste, qui assure de manière dogmatique que tout est nature et qu'en dehors et au-dessus de la nature il n'y a rien », – le naturaliste donc auquel la citation n° 2 fait référence et qui ne l'est *qu'en un*

1. Cet homme insaisissable renverra peut-être au fait qu'un « elle est » à nouveau non souligné se trouve inséré entre les mots authentiques et les mots inventés. Ce ne serait pas déjà en soi un procédé très moral que de distinguer ce qui est authentique de ce qui ne l'est pas en établissant une frontière si fragile et si difficile à apercevoir par le lecteur ; il faut cependant mentionner que, dans ce qui précède, seuls les *prédicats* sont signalés typographiquement, non le sujet (la nature ou la productivité absolue) ou l'auxiliaire (e*st*), ce qui explique que les mots inventés se trouvent placés sur le même plan que les mots authentiques.

sens très précis, à savoir en tant qu'il est l'auteur du deuxième système après celui de Kant, l'auteur de la doctrine de l'identité ou de la philosophie de la nature, – ce naturaliste, lorsqu'il emploie les mots Dieu, liberté, immortalité, bien et mal, ne cherche qu'à tromper. Cette idée apparaît dans les termes les plus clairs aux pages 96 et 97. À en croire un passage parallèle tout aussi indiscutable, on peut également la formuler ainsi : « le naturaliste entendu en ce sens se livre seulement avec ces mots à quelque supercherie ou à quelque jeu » (p. 74); tandis qu'on lit dans un autre passage manifestement de la même veine (p. 113), qu'« il ne veut rien savoir du vrai Dieu et que cependant il hésite à le nier *des lèvres* ». Il n'est pas victime d'une mystification de soi (ce qui serait encore excusable), mais le fait d'utiliser ces mots constitue une fraude scientifique dont le but est *d'induire en erreur* (p. 99). – « Le naturaliste entendu en ce sens ne doit jamais vouloir parler – de Dieu et des choses divines, de la liberté, du bien et du mal moral, de l'authentique moralité car, selon sa (de qui donc ?) *plus intime conviction*, ces choses n'existent pas et, en parlant d'elles, en vérité, il dit ce qu'il ne pense pas. Mais qui agit ainsi, *ment* » (p. 96-97). Certes, dans ce passage, il n'est d'abord question que du système, mais, comme si cela ne suffisait pas, lorsqu'il fait état d'une intime conviction, ce discours détourne artificiellement le sens en quelque chose de personnel et prépare ainsi une conclusion elle-même tout à fait personnelle : celui qui agit de la sorte, etc. – Celui qui nie Dieu au nom de grands principes, celui qui nie toute différence entre le juste et l'injuste, le bien | et le mal, c'est donc le **31**
naturaliste au sens explicité plus haut, et il est en outre un fraudeur et un menteur public.

Que M. Jacobi ose dire, s'il le peut, qu'il n'a pas compris sous le nom de naturalisme le *système de la philosophie de la nature* au sens strict et sous le nom de naturaliste *celui qui enseigne le système de la philosophie de la nature*. Car Spinoza, le seul dont il puisse encore s'agir (reste à savoir dans quelle mesure lui aussi est naturaliste au sens où l'entend Jacobi, alors que le premier livre de son *Éthique* s'intitule *De Deo* et l'un des suivants *De libertate humana*), est déjà par avance mis de côté si l'on se fie à une explication antérieure[1] : *lui* avait le droit d'utiliser ces mots, *il* n'était pas un fraudeur.

1. Cf. *Contre les accusations de Mendelssohn* (p. 72), voir la lettre de Jacobi à Fichte p. 41. [Dans les *Lettres sur Spinoza* (p. 120), il fait la remarque suivante au sujet de la proposition selon laquelle le spinozisme est un athéisme : « je suis bien loin de déclarer tous les spinozistes athées ». Mais pour ce qui est du contemporain qu'il accuse de spinozisme dans ses derniers écrits, il sait qu'il est tout à fait conscient de soi et qu'il est également, « d'après sa plus intime conviction », un athée (ajout sur l'exemplaire manuscrit de l'auteur)].

M. Jacobi n'avait alors pas besoin de tout ce qui précédait s'il disposait déjà de cet outil suprême et universel. Il n'avait pas non plus le droit d'inventer des mots et de les ajouter mensongèrement aux miens pour me faire avouer moi-même que je ne reconnais pas d'autre Dieu que celui de la nature; il pouvait laisser mes affirmations telles qu'elles sont et même citer des affirmations théistes reconnaissant l'existence d'un vrai Dieu; car ce *seul* moyen radical supprimait tout; il lui suffisait seulement d'ajouter à la fin que tout cela n'était que fraude et falsification.

La nature de la dernière attaque interdit que l'on trouve les épithètes et les mots à même de la qualifier. – Celui qui, dans une querelle scientifique, se laisse emporter si loin pour atteindre l'être intime d'un adversaire qu'il ne connaît pas, ni ne saurait connaître et que Dieu seul connaît, n'a besoin d'autre flétrissure que sa propre action et celui qui croit encore à la gloire, à l'honneur et au tribunal de la postérité va infiniment préférer être l'objet d'une telle attaque qu'avoir attaqué lui-même, à supposer également (on ne saurait y croire) que l'attaquant trouve le moyen de se soustraire dans la vie à l'expression de la *honte* qu'il mérite.

32 | L'homme est par nature un être bienveillant. Les lecteurs qui se souviennent ne serait-ce que des premières accusations (n° 1 à 6) et se rappellent qu'il fallait leur répondre *sans distinction* "*ce n'est pas vrai*", ne pourront comprendre et ne croiront guère qu'un homme qui revendique quelque dignité littéraire ait pu à ce point s'oublier – et qu'il ait même pu *avoir la satisfaction* de *calomnier* son adversaire en usant de discours mensongers, de le *diffamer* (il n'y a pas d'autre mot), peu importe si l'on constate ensuite qu'il ne s'agit que de contrevérités – pourvu seulement qu'il ait soulagé son cœur. Moi-même, après avoir pris note de ce qui précède, je m'y suis repris encore à plusieurs fois pour vérifier, pour me convaincre à nouveau.

Depuis plusieurs années déjà un semblable tissu de mensonges se répand dans les journaux au sujet de ma doctrine. Voici que la source en apparaît tout à coup et que l'on voit à quelles fins et pour défendre quelle sorte de pensée il a été tissé.

Conscient que je suis de la dignité qui revient au scientifique par opposition à cette innommable engeance de scribouillards, je devrais trouver indigne de moi d'en prendre connaissance. Or un nom apparaît soudainement à la fine pointe de tous ces écrits, – celui de Friedrich Heinrich Jacobi. Le public m'épargnera d'expliquer en détail les raisons – il en existe plusieurs et des bien différentes – qui m'amènent à prendre cette fois publiquement position : d'une part parce que chaque lecteur sensé peut les imaginer lui-même aisément, d'autre part parce qu'on pourrait se figurer que je voulais seulement pousser les hauts cris pour un tort commis à mon endroit, ce qui va absolument à l'encontre de ma nature. Qu'on me permette de l'affirmer sèchement : dans cet écrit, tout ce que l'on dit de mes convictions scientifiques n'est que l'invention éhontée et dénuée de tout fondement de son auteur.

Bien que, pour ce qui me concerne, la qualité de ces affirmations ne fasse guère de doute, la politesse la plus élémentaire exige de ne pas avoir le dernier mot sur son propre compte et m'impose de laisser à M. Jacobi la possibilité de produire une preuve pour soutenir ses affirmations.

Tout ce que j'ai à expliquer, c'est la *nature* de la seule preuve qui puisse intervenir ici.

| Ce qui est en question, ce n'est pas la valeur de mes affirmations 33
philosophiques, ni le fait de savoir si les assertions que M. Jacobi m'attribue sont athées – ou si celles que l'on trouvera peut-être dans l'écrit qui suit sont théistes; il s'agit uniquement de la question scientifique et historique de savoir *ce que j'ai véritablement dit et ce que je n'ai pas dit*, en d'autres termes de savoir *si les affirmations que l'on m'a attribuées sont véritablement mes affirmations, si les passages présentés comme des citations littérales de mes écrits figurent ou non dans mes écrits*. Cette question est certes de nature à ne permettre qu'une décision savante, mais qui serait en même temps une décision tranchée ne reposant que sur l'existence ou la non-existence de certaines affirmations philosophiques attestées ou pas dans l'ensemble des documents existants (mes écrits).

On comprend de même que des témoignages ou des affirmations venant de personnes étrangères à ces questions (et qui au fond ne pourraient être que des répétitions de ces mêmes contrevérités, d'autant plus *infâmes* quand ils proviennent d'anonymes) ne peuvent rien prouver, tout comme il convient en général que celui qui a lancé les attaques en apporte aussi personnellement la preuve.

Je déclare me soumettre à toutes les conséquences qui doivent résulter pour moi des preuves réellement apportées par mon adversaire, de même que je suis convaincu qu'au cas où la preuve ne serait pas faite, l'opinion publique ne manquera pas de couvrir M. Jacobi de la même mesure de ce mépris justifié avec lequel, dans le cas contraire, elle serait en droit de me considérer.

Que je pousse l'affaire à cette extrémité, nul ne m'en voudra. On peut supposer que celui qui se permet de proférer des accusations publiques s'est aussi muni des preuves nécessaires au cas où on les lui demanderait. S'il ne peut les apporter, alors il ne mérite ni indulgence, ni pitié ; ses amis eux-mêmes ne peuvent que le condamner, ne serait-ce que pour son

imprudence. Car une chose est sûre : on ne saurait prendre à la légère des
34 attaques contre d'autres personnalités | et il n'est guère de moyen encore efficace pour ramener la calomnie à la raison lorsqu'elle a pris de l'assurance à force d'habitudes enracinées et jamais contredites. Il est également impossible qu'un public que l'on abuse puisse longtemps prendre plaisir à voir une même personne contestée toujours de la même manière. Pour peu qu'on souhaite vraiment la voir contredite, on préférerait tout de même que cela se fasse avec une certaine profondeur, non avec les armes de l'ignorance et du mensonge, mais avec les armes de l'esprit et de la vérité.

Si, après cette déclaration, on devait trouver encore dans la façon de procéder que j'ai choisie une certaine dureté, je souhaite seulement que le public qui connaît un tant soit peu la nature de mon adversaire, se pose lui-même la question de savoir ce que M. Jacobi aurait fait à ma place et si l'on peut supposer que, s'il avait été attaqué de cette manière et avec de tels moyens, il aurait fait preuve ne serait-ce que du dixième de la modération dont j'ai témoigné à son égard.

*
* *

Une fois cela posé, je laisse à M. Jacobi le soin de démontrer au préalable toutes les allégations et accusations que contiennent les citations 1 à 6 – ce pour quoi on ne saurait cependant se contenter de simples proclamations, d'affirmations et autres artifices oratoires et moins encore des moyens méprisables de l'art de tirer les conséquences (1).

Si M. Jacobi entend fournir cette preuve, il ne peut le faire autrement qu'en s'appuyant sur les principes avérés de mon système et sur des passages dénués d'ambiguïté des écrits que j'ai présentés au public. – En attendant et tant que M. Jacobi n'a pas apporté cette preuve, la vérité et la justice exigent qu'on tienne toutes les affirmations et accusations contenues dans les citations 1 à 6 pour *une seule et unique* – et en tous les cas *misérable – calomnie*, peu importe si elle a été produite intentionnellement ou sous l'effet de l'aveuglement.

Puisqu'en outre, dans le but de me faire passer pour athée, on présente au § 2 comme une affirmation littérale ou tout au moins comme un passage
35 de mes écrits une phrase dont j'assure qu'elle | ne figure et ne saurait figurer dans aucun d'eux, M. Jacobi n'aura d'autre choix, s'il ne veut pas passer pour l'auteur d'un mensonge manifeste et délibéré, que de montrer effectivement sa présence dans mes écrits.

De même, il ne reste à M. Jacobi, à cause du passage cité au n° 7, qu'une seule sorte de justification : prouver que les mots « *la nature seule est le vrai Dieu, le Dieu vivant* » se trouvent effectivement dans mon discours académique ou tout au moins dans un quelconque de mes écrits. Tant qu'il n'a pas fourni cette preuve, chacun devra tenir ce passage pour une *falsification* de mes mots et de mes idées [1].

Étant donné la hargne et les traits de personnalité avec lesquels M. Jacobi a mené chacune de ses (bien nombreuses) querelles littéraires, on s'est depuis longtemps douté qu'il se fait une conception particulière de son métier. Comme il a effectivement tenté de développer vis- à-vis de moi la qualité d'un grand inquisiteur mandaté, je me fais fort de lui indiquer un moyen qui lui permettrait d'ajouter à cette qualité celle du savant.

Si je me suis en effet longtemps attardé sur les principes les plus généraux et que, dès mes débuts, j'ai préféré appliquer mon zèle à la partie de mon système consacrée à la philosophie de la nature, si pour cette raison | il a jamais pu naître une incertitude ou une ambiguïté quant à mes 36 convictions relatives aux idées suprêmes – pour autant du moins que la plupart des hommes sont incapables de développer par eux-mêmes les germes qui existent déjà –, j'ai à tout point de vue levé cette ambiguïté grâce au traité *Sur l'essence de la liberté humaine*, rédigé il y a trois ans déjà. Ici, l'*ignorance* (qui est à chaque fois un moyen déplorable) n'est pas moins injuste que l'ajout mentionné plus haut (au n° 7). Puisque, dans ce traité, j'ai non seulement explicité le concept de liberté morale, en même temps que celui de la personnalité de l'être suprême, mais que j'ai également entrepris de les fonder objectivement, *la moindre des choses* que je puisse exiger en ce qui concerne les accusations de M. Jacobi regroupées sous le n° 8, c'est la preuve que les concepts élaborés dans ce traité ne sont pas pris au sens où l'entendent l'homme commun et le bon sens naturel et qu'en vérité, on ne fait que les falsifier et s'en jouer.

1. "Falsifier" signifie selon le dictionnaire Campe : « rendre inauthentique, rendre plus mauvais par un *ajout étranger* ». Le cas présent correspond parfaitement à cette explication, avec cette seule différence qu'en raison de *l'ajout étranger* (celui que fait Jacobi), mon discours n'est pas rendu plus mauvais mais *tout à fait mauvais*, autrement dit athée, et cela, il faut bien le noter, non pas de façon accidentelle mais dans un livre et un contexte qui trahissent l'*intention* bien décidée de me faire passer pour athée. – Comme on le sait, avec le concept juridique de *Falsum*, on exige expressément, outre l'aspect matériel de l'action, le caractère d'intention délibérée, mais, dès que ce caractère apparaît, on est déjà incontestablement dans le cadre de ce concept ; il ne s'agit plus alors d'une simple falsification mais d'une contrefaçon (*Falsum*). – La *lege Cornelia* prévoit le cas présent avec précision ; voir L XVI, § 2. *Dig. de lege Cornelia de falsis :* « *sed et ceteros, qui in rationibus, tabulis, literis publicis, aliave qua re sine (s.a sive) consignatione falsum fecerunt, vel, ut verum non appareat, quid celaverunt, subripuerunt, subjecerunt, eâdem poenâ (legs Corneliae) affici solere dubium non est* » (1).

Ici, il n'est pas question de savoir si M. Jacobi regarde ces concepts et ces doctrines comme effectivement fondés par les principes que j'ai développés (ce qui n'est pas sans importance), mais de savoir *si je les ai sincèrement tenus pour fondés et si j'avais à le faire*, puisqu'il ne s'agit dans ce livre que de mon intime conviction.

Tant que M. Jacobi n'a pas effectivement prouvé ce qu'on lui demande (mais vraiment ce qu'on appelle prouver), le dégoût que provoque naturellement la bassesse de cette attaque indigne de la science, de cette tentative d'*assassiner moralement* autant que possible la personne de l'adversaire, persiste au cœur de chaque homme honnête sans que j'y sois pour rien. Aucun homme d'honneur n'osera jamais appeler ces agissements une *infamie littéraire*. Moi-même je ne saurais m'y résoudre tant il est difficile d'attribuer en général une quelconque *action* à un homme *si peu maître de soi*[1].

37 | En donnant l'explication qui précède, j'ai fait quelque chose qui pourrait paraître commandé par des circonstances extérieures. Si j'ai été ici en quelque sorte contraint de me dresser personnellement face à une personnalité étrangère, c'est maintenant uniquement en tant que savant que je fais face au savant. Me voici à nouveau dans l'élément qui m'est propre; je parle désormais avec autre ton et d'un autre point de vue, celui du penseur libre, du chercheur scientifique indépendant.

Comme j'ai été forcé de m'élever en personne contre une attaque intempestive et pour tout dire assez plate, nul ne trouvera rien à redire au sein du monde savant si je saisis l'occasion qui m'est donnée de m'expliquer jusqu'au bout avec M. Jacobi, comme on le souhaitait depuis longtemps, au sujet de la science.

Accoutumé que je suis à n'user d'une hargne mordante et à ne tirer parti des tentatives que l'on fait pour m'arrêter qu'afin de développer la science toujours plus haut et plus puissamment, je ne devais pas me limiter à ce qui n'était exigé qu'extérieurement, mais songer à transformer ce que l'on avançait avec une mauvaise intention en quelque chose qui soit à la fois bon pour moi et pour les autres.

1. Je dois laisser en suspens la question de savoir quelles raisons objectives ou autres, ont conduit M. Jacobi, qui distingue par ailleurs assez nettement la personne de la chose, à oublier de citer expressément mon nom. Pour ce qui est de l'imiter, je n'ai trouvé cela ni compatible avec la rectitude de ma manière d'agir, ni même en général simplement possible : il est vrai qu'avec moi, il trouve face à lui une chose [mon système] (1) et qu'avec lui en revanche je trouve seulement face à moi une personne. Qu'aurait-on gagné si, comme lui, qui ne parle jamais que de l'auteur de la philosophie de la nature, je n'avais fait état par exemple que de l'auteur du *Woldemar* (2)?

D'un certain côté, le public était en droit d'exiger qu'une manière d'agir aussi singulière lui soit rendue un tant soit peu compréhensible. Cela ne pouvait se faire que d'un point de vue historique, en exposant le rapport que l'adversaire a toujours entretenu avec le théisme et la science. C'est à cela que je consacrerai le premier des chapitres suivants.

Une deuxième bonne action était possible étant donné que l'adversaire avait disséminé quelques arguments scientifiques dans son attaque, au moyen desquels il entendait, d'une part, défendre comme à l'accoutumée son ancienne opinion | et soutenir d'autre part sa polémique contre mes 38
thèses philosophiques. Tandis que je soumettais ces arguments à une série d'examens, l'occasion devait en même temps m'être offerte de m'exprimer indirectement sur certains points scientifiques essentiels, points dont il sera bientôt question de manière plus directe et plus sérieuse.

La troisième bonne action – si elle portait ses fruits, ce serait de loin la meilleure – était finalement, une fois le public informé sur son compte, d'aider autant que possible mon adversaire à parvenir à une meilleure connaissance de soi. C'est ce dont le troisième chapitre s'occupera principalement.

1. L'HISTORIQUE

| Notre savant entretient avec la science et le théisme une relation si 39
particulière et si peu claire quant à sa nature que l'on comprendra sans peine qu'ils soient rares ceux qui peuvent s'en faire une idée précise et que beaucoup s'en fassent même une représentation totalement fausse.

Il nous est impossible d'expliquer scientifiquement sa doctrine puisqu'il ne s'y trouve aucun centre scientifique et que tout s'y forme de manière simplement personnelle (1). Nous pouvons seulement en donner un récit, une exposition purement historique.

Si l'on suit tous les méandres et les détours qu'a empruntés depuis ses débuts cette personnalité philosophique, on découvre finalement ce centre dans les propositions suivantes, que l'auteur des *Lettres sur la doctrine de Spinoza* a solennellement présentées comme *la quintessence de ses affirmations* :

> I. Le spinozisme est un athéisme.
> II. La philosophie de Leibniz et Wolff n'est pas moins fataliste que celle de Spinoza et ramène le chercheur assidu aux principes de cette dernière (2).
> III. *La voie démonstrative aboutit à chaque fois au fatalisme*[1].

Si l'on prête attention à la synonymie qui caractérise la deuxième proposition, il est évident que le fatalisme et le spinozisme (3) ne constituent pour l'auteur qu'un seul et même | système et puisque, si l'on en 40
croit la première proposition, le spinozisme et l'athéisme sont à ses yeux des concepts équivalents, le sens de la troisième proposition est

1. *Lettres sur la doctrine de Spinoza*, p. 170 de la première édition, p. 223 de la seconde (4).

manifestement celui-ci : la voie démonstrative aboutit en fin de compte à chaque fois à l'athéisme (1). – Que l'auteur ait évité le mot et se soit caché derrière une synonymie est un trait caractéristique de sa philosophie.

Pour prendre la mesure de cette proposition, il faut savoir qu'à l'époque, l'auteur reconnaissait tout aussi peu qu'aujourd'hui[1] l'existence d'une autre philosophie scientifique ou systématique que celle qui se forme par voie de *démonstration*.

Ces propositions ne laissent subsister aucun doute quant au fait que M. Jacobi est très tôt revenu de *ses* recherches avec le résultat inverse de celui de *Bacon*, selon lequel la philosophie goûtée superficiellement éloigne de Dieu tandis que celle qui est étudiée dans toute sa profondeur reconduit à Lui (2). M. Jacobi admet au contraire que la philosophie pratiquée superficiellement donne bien l'apparence de reconnaître l'existence d'un Dieu, mais que le chercheur *assidu* devrait parvenir *à chaque fois qu'il emprunte la voie démonstrative* à ce triste résultat que sont l'athéisme et le fatalisme.

Le sens de ces premières propositions, qui comptent d'ailleurs parmi les plus connues, gagne à être considéré avec d'autant plus de précision que l'auteur, probablement poussé par des considérations extérieures, croit bon de leur attribuer cette fois une signification plus modérée. La tentative la plus marquante se trouve à la p. 111 du produit récemment édité, où M. Jacobi affirme : « on se souvient comment Kant démontra – en même temps que *moi* mais pour d'autres fins et avec d'autres moyens, la *nullité* de toute prétention spéculative à démontrer des vérités suprasensibles ! » (3). Comment ? L'auteur des *Lettres sur Spinoza* aurait seulement affirmé la nullité de ce qui a été entrepris pour *prouver* l'existence de Dieu, l'incapacité de la raison à la démontrer alors que, dans ce qui a été mentionné plus haut, il attribue clairement à la démonstration la *capacité* de mettre en évi-
41 dence la *non-existence* | de Dieu ! Ou bien au contraire Kant, qui associait immédiatement l'indémontrabilité de l'existence de Dieu à l'idée que sa non-existence a tout aussi peu à être prouvée d'un point de vue théorique, a-t-il enseigné, en même temps que M. Jacobi, *la même chose* que lui ?

Étant donnée la cohérence de sa pensée, Kant devait plutôt reculer d'horreur devant ce résultat du philosopher jacobien.

Il a au demeurant manifesté publiquement son dégoût et je renvoie d'autant plus volontiers au passage qu'il y consacre dans un de ses traités qu'il prouve que ce n'est pas moi qui, aujourd'hui, comprends l'auteur des

1. Le premier numéro dans le paragraphe qui suit en fournit immédiatement la preuve.

Lettres sur Spinoza de cette manière, mais que Kant, l'homme *intègre* s'il en fut, l'avait déjà compris de la sorte en l'an 1786[1].

Du reste, la conviction originelle de Jacobi apparaît aussi on ne peut plus clairement dans de nombreux passages de sa dernière production, en particulier à la p. 152 où il va jusqu'à affirmer qu' « *il est dans l'intérêt de la science que Dieu n'existe pas* ».

| On pourrait dire que cette idée constitue le centre scientifique de la pensée jacobienne – et c'est d'autant plus vrai qu'elle n'a jamais été formulée d'un point de vue théorique autrement que par négations. Mais il faut ajouter qu'on ne saurait attribuer la moindre signification scientifique à cette proposition puisqu'elle n'a en rien été fondée scientifiquement. Qu'elle ait été vraie ou fausse, rationnelle ou non (on n'examine pas ici sa valeur), ne pouvait au moins apparaître qu'au terme de l'examen le plus précis et le plus large qui soit de la faculté humaine de connaître. Or Kant n'a avancé sa thèse bien plus modérée que comme le résultat d'une délimitation complète du champ de la raison humaine, qu'il pensait par ailleurs avoir accomplie. Mais a-t-on jamais vu chose pareille chez M. Jacobi? Avec cette proposition, il nous donne donc simplement, pour le dire avec Rousseau, la mesure de sa cervelle pour celle de l'entendement humain (1). Cependant, depuis vingt-cinq ans, période « durant laquelle elle est toujours (hélas !) restée la même », on a accepté cette proposition et on l'a considérée comme prouvée, voire comme ne nécessitant en quelque sorte aucune preuve, alors que c'est d'elle que partait tout son discours et à elle qu'il revenait. 42

1. Dans un traité particulièrement utile à la compréhension des agissements de Jacobi, Kant écrit : « lorsqu'on conteste à la raison le droit qui lui revient à parler la première en ce qui concerne les objets suprasensibles, par exemple, l'existence de Dieu et la vie future, on ouvre toute grande la porte à l'enthousiasme, à la superstition, à l'athéisme même. Tout semble, dans cette controverse entre Jacobi et Mendelssohn, avoir été préparé en vue de ce *renversement*, – je ne sais au juste s'il s'agit du renversement de *l'intellection rationnelle* et du *savoir* ou bien aussi du renversement de la croyance rationnelle – et de l'instauration au contraire d'une autre croyance que chacun peut se forger à sa guise. Il faudrait presque en venir à cette dernière façon de considérer les choses lorsque l'on voit le concept spinoziste de Dieu mis en avant comme s'il était le seul qui s'accorde avec tous les principes de la raison et qu'ensuite ce concept est déclaré inadmissible. En effet, s'il est tout à fait compatible avec la croyance rationnelle d'admettre que la raison spéculative n'est jamais capable de reconnaître la possibilité d'un être tel que nous devons penser Dieu, il ne peut être cependant compatible avec *aucune* autre croyance et plus généralement avec aucun autre assentiment portant sur l'existence d'un être, que la raison puisse vraiment reconnaître *l'impossibilité* d'un objet et en connaître tout de même la réalité par d'autres sources » (Kant, *Qu'est-ce que s'orienter dans la pensée ?*, *Berliner Monatschrift*, octobre 1786) (1).

Que restait-il donc un auteur qui entendait se faire passer, comme il le dit lui-même, pour « philosophe de profession » au seul prétexte « qu'il n'en avait jamais conçu d'autre » (2) ? Il s'était approprié la récompense la plus élevée à laquelle aspirent les philosophes et avait accroché à sa place l'épouvantail de l'athéisme. À l'en croire, les actes de ce grand procès étaient clos. La journée était finie avant même qu'il ne soit midi. Ce n'est pas à la fin de sa carrière mais dès le commencement, dès son premier écrit au contenu proprement métaphysique – et même plus tôt encore, à l'occasion du fameux entretien avec Lessing –, qu'il avait lancé la pierre à toute métaphysique.

Je le demande encore une fois : que fallait-il faire ? La philosophie est vraiment philosophie tant que demeure l'idée ou la certitude qu'à travers elle, il est possible d'affirmer quelque chose de scientifique au sujet de l'existence ou de la non-existence de Dieu. Dès qu'elle fait appel à la pure et simple croyance, elle se perd dans le général et ce qui est simplement
43 humain ; c'est pour elle une très grande prétention | que de vouloir être encore philosophie, c'est-à-dire quelque chose de particulier, et si, de nos jours aussi, personne ne rejette, « comme un homme d'un entendement médiocre, celui qui enseigne qu'il existe un Dieu vivant », on ne peut pourtant produire un philosophe de profession par la simple profession de foi qui dit qu'un Dieu existe, sans quoi n'importe quel tailleur ou n'importe quel cordonnier qui ne ferait pas comme ce fameux perruquier parisien son commerce de l'athéisme, pourrait tout aussi bien exercer cette profession.

Avec une telle conviction on ne parvenait à rien de *positif*. Il ne restait que le *négatif*, lequel pouvait être de deux natures différentes. Un négatif qui se suffisait à soi-même, qui se satisfaisait de ces formules toutes faites telles qu'on les trouve par exemple dans le présent petit écrit : « celui qui écrit cela n'est pas seulement un penseur indépendant, mais encore un philosophe de profession, il est maintenant quelque peu âgé et peut bien tirer de sa profession autant de vanité et s'en prévaloir autant que possible, cependant il en est venu depuis quelque temps déjà à tirer quelque vanité, et d'autant plus volontiers, d'une certaine manière équitable de penser qui repose sur la conviction que nous tous sans exception, nous sommes soumis *nécessairement* de la même manière (encore que fortuitement ce puisse ne pas être dans la même mesure) à la puissance irrésistible d'*opinions trompeuses* » (1), etc. ou bien : « celui qui sait quelque chose de juste, il se pourrait bien qu'il ne le trouvât nulle part parmi les hommes. Nous savons ce qui mérite à peine d'être su ; nous ne connaissons complètement et avec une pénétration suffisante que les vérités qui, en toute rigueur, sont plus essentielles et plus vraies en image que dans les faits, voire qui ne sont vraies en toute rigueur qu'en image » (2) ou encore : « il y a toujours quelque chose entre nous et l'être véritable » (3) et d'autres considérations triviales par lesquelles M. Jacobi étend généreusement l'affligeante limitation de son esprit à tout le genre humain. Mais des esprits vigoureux ne se laissent pas troubler par de tels épanchements du cœur, ils estiment que de tels "nous ne saurions le comprendre", "nous ne pouvons le savoir" ne signifient partout pas autre chose que le pur et simple "*je ne peux le comprendre*" et qu'il faut d'autant moins s'en soucier que c'est une chose indéniablement vraie.

| Sentant cela, un esprit ambitieux se devait plutôt d'imiter l'attitude de **44**
ces grands pharisiens qui non seulement avaient enlevé la clef qui mène à la connaissance et ne pouvaient y accéder eux-mêmes, mais *faisaient aussi obstacle aux autres* qui *voulaient* y entrer (1). Le négatif doit devenir quelque chose qui tend à se dépasser soi-même et la doctrine qui veut que « toute science, et pour autant qu'elle en est une, conduise à la négation de Dieu », doit devenir un moyen de protection contre toute tentative visant à donner le jour à une philosophie scientifique.

Ce que Voltaire a dit de Dieu, M. Jacobi devait le penser de ceux qui le nient : *s'ils n'existaient pas, il faudrait les inventer* (2). Encore y avait-il les Encyclopédistes ! L'auteur de ces lignes n'a pas entendu dire que M. Jacobi ait tenté de réfuter leur misérable théorie, leurs déductions superficielles et leur physique dénuée d'esprit; de ce côté, semble-t-il, il n'avait rien de mieux à offrir. Mais il est d'autant plus certain que la fréquentation de leurs écrits et, semble-t-il, la fréquentation des Encyclopédistes eux-mêmes, aient laissé subsister dans sa tête un fantôme de cette doctrine qui depuis l'a constamment poursuivi (3). C'est pourquoi il était tout à fait naturel qu'en entendant le seul nom de philosophie de la nature, il ait songé au *Système de la nature* (4).

Tout homme qui a une opinion souhaite nécessairement se voir aussi confirmé par l'expérience. Cette confirmation qu'il cherchait et désirait pour *son* opinion, M. Jacobi devait la recevoir de la part d'un homme en tout point différent, un Allemand, un homme de première grandeur, d'un esprit magnifique, d'un caractère parfaitement droit – *Gotthold Ephraïm Lessing*.

Il avait déjà pris celui-ci pour cible à propos de la question du théisme avec le soupçon que tout n'était pas pour le mieux dans sa croyance en un Dieu personnel. « Dieu sait combien il était *attentif*, raconte Jacobi lui-même, chaque fois que Lessing publiait quelque chose, il cherchait ne serait-ce qu'une seule affirmation, *un seul* passage qui aurait eu pour dessein de présenter les vérités du théisme ». Mais, « il cherchait en vain, il

trouvait le théisme présupposé partout, sans son propre aveu, sans une
45 quelconque adhésion significative, | sans nul mot décisif sur ses principes. – Tout cela était de ce côté on ne peut plus indéterminé, on ne peut plus *incertain* »[1].

Après s'être préparé de la sorte, il trouva l'occasion de s'entretenir enfin avec le grand homme ; il va de soi qu'il ne négligea rien pour s'en faire une idée précise relativement à cette question.

Quand bien même nous dépendons, pour ce qui est du contenu de cet entretien, de la bonne foi de notre unique source, nous en savons en tout cas autant qu'il le faut pour faire nettement la différence entre la manière d'être et l'esprit des deux interlocuteurs. Sans chercher à savoir qui des deux a véritablement (c'est-à-dire *réellement*) remis l'autre en question, nous pouvons tout au moins affirmer que *Lessing*, comme cela arrive dans le cours actuel de la discussion et comme sa nature particulière l'y poussait par ailleurs, exprime un grand nombre de choses de manière incisive et tranchée, qui doivent toujours encore être comprises, comme on dit, *cum grano salis*. Il ne pèse pas ses mots, contrairement à celui qui les couche ensuite sur le papier. Lessing n'est pas *absolument* opposé à l'idée d'une cause personnelle du monde, *il voulait seulement que tout se soit déroulé naturellement* – ce qu'il refusait, c'était seulement le Dieu contre-nature de la religion rationnelle qui se propageait à cette époque, celui dont Jacobi a fait son être suprême et qui devait sans doute passer aux yeux d'un esprit comme Lessing pour "indigeste". Il refusait tout autant ce fameux saut dans le surnaturel, – un saut non pas *à corps* mais *à tête perdue*, – que M. Jacobi lui proposait (1). En un mot, Lessing s'est conduit comme l'authentique philosophe qui ne rougit pas de sa profession bien qu'il en ait, comme on le sait, exercé encore une autre (2), et qui préfère adopter les idées décriées de Spinoza que les idées orthodoxes (4) – *si celles-ci ne sont pas également rendues évidentes à l'entendement.* À une telle vision des choses, aucun véritable penseur ne saurait donner tort.

Lessing n'était pas homme à renoncer si facilement à son entendement,
46 il savait ce qu'il possédait avec lui ; à d'autres | le sacrifice était peut-être plus facile. – Tandis que son interlocuteur fait sa profession de foi, il se réjouit d'entendre quelque chose de neuf et montre ainsi qu'à ses yeux, il est encore possible de dire quelque chose de scientifique à propos du concept d'un créateur intelligent du monde. Mais son interlocuteur, qui se contente de guetter l'athéisme, est convaincu à l'avance que c'est là

1. *Wider Mendelssohns Beschuldigungen*, p. 72-77 (3).

quelque chose d'impossible et qu'en règle générale, toute connaissance rationnelle doit conduire à nier Dieu[1].

Une chose qu'il nous est souvent donné de constater se produit ici à la suite de l'entretien avec Lessing : l'idée fixe qui hante un esprit déjà malade se tient un long moment tranquille, puis, quand de façon fortuite elle prend acte d'un quelconque fait marquant, elle jaillit brusquement, irrésistible et rien ne permet de la lui faire rentrer à nouveau dans le crâne. À peine le grand homme était-il mort qu'il devait devenir un grand exemple à
présenter au | monde; l'opportunité d'une prétendue découverte paraissait 47
avoir donné à notre écrivain le courage de produire de la mauvaise littérature métaphysique; ces trois fameuses propositions, qui affirment que toute philosophie est *nécessairement* athée, ont été proclamées solennellement, ont publiquement déclaré la guerre à la connaissance scientifique et promulgué une haine générale de la raison[2] (1). Si Lessing avait prévu que, dans la nation des Kepler et des Leibniz, de tels racontars, auxquels il pouvait bien prêter l'oreille un instant au cours d'un entretien oral, aient jamais pu passer pour de la philosophie ou avoir de l'influence

1. En tous les cas, on ne pouvait lancer la phrase historique selon laquelle, à la fin de sa vie, Lessing aurait été spinoziste, de façon si crue et si brutale qu'au prix d'une interprétation au plus haut point illibérale et étroite des formulations philosophiques et le brave Mendelssohn, si vertement questionné à ce propos par Jacobi, était tout à fait en droit de demander (même s'il s'exposait à la critique du fait du caractère littéraire de sa question) : comment et *en quelle mesure* Lessing a-t-il été spinoziste? Lessing s'est certainement exprimé au cours de la conversation sur cette *manière* d'être spinoziste, mais cela, l'auteur l'effleure à peine – seul le *point principal* l'intéressait. D'après la p. 45 de la deuxième édition des *Lettres sur Spinoza*, Lessing s'est expliqué d'une manière qui rappelait à l'auteur Henry More et van Helmont (à l'en croire, van Helmont est donc également un spinoziste !) (1). Ce qui est présenté à la p. 30 comme une déclaration de Lessing [cela va beaucoup plus loin que le spinozisme et que ce qui se trouve p. 51], est pour le moins plus vivant que tout ce qui se trouve chez Spinoza. – Aux yeux de notre auteur, il est évidemment question de spinozisme dès lors même qu'on pense, ne serait-ce que de loin, quelque chose de vraiment vivant, de vraiment physique dans le Dieu vivant, – ce qui, dans le domaine purement spéculatif, dépasse largement l'horizon de l'empirie et de la psychologie quotidiennes et la mesure de leur compréhension. Et même l'explication philosophique de la Trinité dans *L'éducation du genre humain* au § 72 lui a paru spinoziste ! – Il eût été plus rapide alors de déclarer cette doctrine chrétienne elle-même comme étant du spinozisme. Le concept d'*engendrement*, quand il ne devient pas, par des méthodes d'explication modernes, un concept non philosophique et purement moral, offre là l'ultime recours.

2. « Hommes de grand talent! s'exclame Kant dans l'essai déjà mentionné sur l'appendice du livre de Jacobi, avez-vous bien songé à ce que vous faîtes et aux conséquences de vos *attaques contre la raison* ? » (2) – De façon générale, Kant a très bien anticipé les conséquences de ces principes fanatiques (selon lesquels une philosophie scientifique serait nécessairement impie).

sur elle ou même, en raison des anecdotes colportées à propos de *son* spinozisme, acquérir l'importance qu'il ne pourrait jamais obtenir pour lui-même, il aurait sans doute été plus prudent dans ses discours tout comme nous l'aurions en général été en présence d'un tout autre homme si, à l'époque, Lessing ou quelqu'un d'autre à sa place avait déjà, comme on dit, remis les idées en place à son interlocuteur au sujet de ses jugements limités et néanmoins précipités.

Depuis lors, depuis la victoire si facilement remportée sur Mendelssohn (qui, dès le début de la querelle, était désavantagé par la publication de ses questions innocentes, qui n'avaient pas été soulevées à cette fin), depuis cette victoire, notre héros semble vivre au-dessus de ses moyens. – Comme, en même temps, avec Kant, ce mouvement vivant des esprits qui a perduré jusqu'à nos jours et qui a donné un tout nouvel élan à l'étude scientifique de la philosophie, l'occasion de se lancer dans des aventures philosophiques ne pouvait pas manquer. Pour cela rien de plus commode à inventer que « *ce lieu du vrai inaccessible à la science* », sur lequel veillait le héros d'une foi dénuée de raison, bien équipé d'armes et de défenses. De là, guettant au loin dans le pays s'il ne passait pas un philo-
48 sophe vénérable et réputé pour | l'attaquer comme un véritable chevalier et se retirer aussitôt son forfait accompli en ce lieu [1] inaccessible à la science, satisfait d'avoir une nouvelle fois troublé un instant la paisible formation du savoir (2).

Il apparut dès lors comme un véritable visionnaire de l'athéisme ; son cerveau ne se représentait partout que des négateurs de Dieu. Déjà, dans la deuxième édition des *Lettres à Moses Mendelssohn* (appendice IV), *Herder* se vit attaqué à cause de son spinozisme secret ; la critique kantienne de la raison à peine apparue se vit accusée de défendre la cause de Spinoza[2]. Il

1. Platon décrit de façon exemplaire une inaccessibilité semblable lorsqu'il dit que le sophiste échappe aux yeux du philosophe dans l'obscurité du non-étant (1) et puisqu'il ne peut tout simplement pas l'y suivre. En effet, s'il avançait avec la lumière du vrai, le sophiste qui, où qu'il soit, n'existe que dans les ténèbres, se retirerait alors dans l'ombre encore plus profonde du non-étant et, s'il progressait sans lumière, il deviendrait lui-même un sophiste. En règle générale, selon une remarque ancienne, les ténèbres ont cette qualité qu'on ne peut les voir ni avec lumière ni sans lumière.

2. C'est ce que Kant dit expressément de M. Jacobi dans l'essai plusieurs fois mentionné de la *Berliner Monatschrift* où il affronte ce reproche. Ce qui est remarquable, c'est que M. Jacobi n'a jamais estimé bon de répondre aux passages de cet essai le concernant bien qu'il ait tenté de réprimander l'honnête Kant à propos du point de vue exprimé dans cette *note* (voir le *David Hume*, p. 158 n. (4)) au sujet du système de Spinoza (lequel n'est pas aussi déraisonnable que M. Jacobi le présente). S'il voulait jamais faire dire à Kant que la raison est nécessairement athée et aller contre le véritable sens des mots, il devait le faire à ce moment-là.

fallait cependant encore que l'on épargnât Kant puisque le résultat de sa critique apportait déjà, comme on dit, un peu d'eau au moulin. L'auteur des *Lettres à Moses Mendelssohn* savait admirablement se dissimuler derrière l'auteur de la *Critique* : d'autant plus celui-ci protestait et déclarait haut et fort n'avoir rien en commun avec sa peur de la raison, d'autant plus Jacobi savait présenter cet *Hercule parmi les penseurs* (3) comme un homme qui « de droit devrait être chez ses adversaires dans une condamnation encore plus grande »[1], exactement comme si | c'était Kant qui avait affirmé que 49
toute philosophie scientifique devait conduire à la négation de Dieu et M. Jacobi qui affirmait cette chose encore plus innocente que la raison serait tout bonnement incapable de démontrer son existence.

Vers la fin de ses jours, Kant reçut son salaire pour cette protection usurpée. Comme la voix de Fichte et d'autres voix sonores s'élevaient déjà contre l'étroitesse de son point de vue critique, comme Herder lui-même lançait sa métacritique (1) et puisque, au même moment, Kant était au seuil de la mort, alors l'être intime de M. Jacobi s'enflamma à son tour : il ne put lui non plus se retenir et s'ensuivit la fameuse attaque qu'un profond critique qualifia très justement de « vociférations mordantes et haineuses, qui, par ses contorsions et ses fausses citations, va jusqu'à la perfidie »[2] (2).

Entre temps, à la même époque, il avait déjà fait sienne la distinction établie par la philosophie kantienne entre la raison et l'entendement et l'avait utilisée pour son pamphlet contre Kant (3). De cette distinction, on ne trouvait nulle trace dans les écrits antérieurs; à l'époque, ce n'était jamais que la raison qui était condamnée. Chez Kant, cette distinction avait une véritable raison d'être, elle était indispensable à la mécanique de la faculté humaine de connaître qu'il avait développée, elle en découlait même. Dans la philosophie de Jacobi, qui n'admet pas cette mécanique, elle n'avait aucun sens scientifique, mais elle paraissait commode pour donner au « prêche qui trouble la raison et le langage » (4) une meilleure réputation. En hommage à notre époque, en lieu et place du sentiment équivoque derrière lequel on peut bien dissimuler n'importe quel non-sens, on mit la raison, qui était maintenant davantage considérée; ce qui eut seulement pour effet de rabaisser la raison sans améliorer concrètement quoi que ce soit. En outre, on pouvait toujours se servir de la critique kantienne, malgré son résultat plus modéré, pour confirmer la thèse principale. Car la seule chose qui gênait M. Jacobi à cet égard, à savoir les postulats pratiques sur lesquels elle | plaçait encore son espoir pour ce qui 50

1. *Wider Mendelssohns Beschuldigungen*, p. 104 n.
2. Hegel, *Journal critique de philosophie*, Bd. II, Hft. I, p. 96, 101, 121 (5).

est des idées suprasensibles, n'était que broutille à côté de sa force renversante[1]. On pouvait donc aussi s'en servir pour faire admettre à l'époque que tout nouvel élan scientifique ramènerait toujours à l'athéisme.

C'est à n'en pas douter principalement la philosophie kantienne qui aurait dû recevoir cet éclairage si Fichte, avant que M. Jacobi le trouvât opportun, ne s'était avancé avec son ordre moral du monde et l'affirmation péremptoire qu'un Dieu personnel ne saurait se concevoir au moyen de concepts philosophiques. C'était bien là ce que l'on attendait. On pouvait lâcher la philosophie kantienne pour une telle proie. Fichte était un homme selon son cœur, *le vrai Messie de la raison, le vrai fils de la promesse* (jacobienne), mais en revanche seulement *le précurseur du Baptiste de Königsberg*[2]. Car, avec Fichte, la prophétie se trouvait accomplie, qui voulait qu'une philosophie absolument pure, ne subsistant que par soi – une philosophie qui le serait de préférence et à titre exclusif (3) – doive conduire à nier Dieu. L'épistolier ne pouvait *cacher* ce fait, il assurait au contraire expressément que, d'accord avec la raison naturelle, on doit donner le nom *d'athée* à une philosophie qui enseigne, comme le fait celle
51 de Fichte, un Dieu impersonnel, un Dieu qui n'est pas[3]. Mais | ce n'est pas pour cette raison que l'on condamnait Fichte, encore qu'il ait également voulu parler de Dieu et des choses divines et qu'il n'ait pas dit qu'il niait Dieu. Car l'épistolier, *lui*, remporta la victoire et fut justifié dans ses mots et voici que maintenant des cris de joie s'élèvent jusqu'à lui et la condamnation de tout savoir tourne en un véritable délire sacré, dans lequel la doctrine de l'aveuglement volontaire ou, comme l'épistolier le dit lui-même, la doctrine du non-savoir se voit étendue à l'infini, à l'illimité, jusqu'à la proposition : « un Dieu qui ne serait pas connu ne serait pas un Dieu ! ».

1. *Cf.* la *Lettre à Fichte* : « je n'ai jamais compris comment l'on pouvait trouver dans l'impératif catégorique, qui se déduit *si facilement* (on trouve ici une citation d'un passage des *Lettres à Moses Mendelssohn*), quelque chose de mystérieux et d'inconcevable et comment, grâce à cet inconcevable, l'on pouvait ensuite entreprendre de faire des *bouche-trous* de la raison théorique (Dieu, l'immortalité, etc.) les conditions de la réalité des lois de la raison pratique. En aucune philosophie, je n'ai rencontré un scandale plus grand pour moi que celui-ci » (1). Tout naturellement ! Il aurait de loin préféré l'athéisme pur et clair. Même la philosophie de Spinoza ne lui a pas paru un *tel* scandale. – En revanche, dans la dernière production de M. Jacobi, on reproche violemment et sans la *moindre acrimonie* à l'auteur des *Lettres sur le dogmatisme et le criticisme* (réimprimées dans la première partie de mes écrits philosophiques) de s'être justement permis de tenir ces postulats pour un scandale (2).

2. *Lettre à Fichte*, JWA 2, 1, p. 192 et 194.

3. *Lettre à Fichte*, JWA 2, 1, p. 216.

Cela ne pouvait se passer aussi bien avec la *seconde fille de la philosophie critique* car, depuis sa première apparition, elle expliquait qu'elle entendait faire du contenu de l'ancienne métaphysique écartée par Kant et Fichte l'objet principal de la science et fonder objectivement, et pour ainsi dire naturellement, les idées que Kant a qualifiées de *surplombantes* (1). Quel sacrilège ! Le simple fait de proclamer qu'une telle philosophie était possible introduisait déjà un doute quant à l'infaillibilité de notre auteur de lettres philosophiques. Mais si cette déclaration était absolument vraie,

> Alors était flétrie la noblesse
> Du verdict divin. – Ah ! déjà s'évanouissait
> La gloire de la Pythie et la prophétie
> Tombait en poussière (2).

Il n'était manifestement nul besoin de la caractéristique de la philosophie jacobienne dans le *Journal critique* pour enflammer un auteur toujours prêt à le faire. Il donna libre cours à sa hargne – encore une fois par lettres (3). Pour avoir à nouveau raison et montrer l'étendue de son don de visionnaire, il devait aussi avoir prévu le tournant que prenait la philosophie (4) – lequel n'était *supérieur* qu'en apparence et par conséquent, à ses yeux, plus abominable encore –, et il lui fallait même d'une certaine façon être le fondateur ou le découvreur de cette nouvelle philosophie, qu'il aurait pu depuis longtemps faire connaître si sa religiosité le lui avait permis, bien qu'il ait déjà appelé Fichte le Messie de la raison et expliqué que | « c'est seulement à la manière de Fichte qu'une philosophie d'une 52
seule pièce était possible »[1].

Pour la nouvelle doctrine, notre épistolier n'avait plus d'autre concept en tête que ce qu'il appelait – ah, si seulement il avait bien compris ce mot ! – un spinozisme *transfiguré* (1), mais qui n'était en vérité qu'un panthéisme des plus fades, une compénétration du matérialisme et de l'idéalisme par laquelle l'un et l'autre se réduisent mutuellement à néant et dont par conséquent il ne reste rien – des fantômes de fantômes que l'auteur se devait de présenter de manière on ne peut plus abominable : par là il confirmait effectivement ce que l'on avait montré au sujet de sa polémique, à savoir qu'elle était un « vain tumulte et une tempête agitant un nombre infini d'absurdités et que sa principale astuce consistait à faire des propos de son adversaire un authentique galimatias »[2].

1. *Lettre à Fichte*, JWA 2, 1, p. 200-201.
2. Hegel, *Journal critique, op. cit.*, (p. 105, p. 93) (2).

À cette époque, l'auteur du présent écrit s'était déjà vu offrir la plus belle occasion qui soit d'expliquer sa relation à l'auteur de ces lettres philosophiques et de ne laisser subsister aucun doute. Il s'était effectivement mis à la tâche lorsqu'il se rendit compte qu'une telle polémique n'admettait aucune réponse purement scientifique, qu'il fallait (à l'époque déjà) considérer l'auteur comme un *diffamateur* susceptible de *déformer ses paroles et ses pensées* et qu'il devait le traiter comme il convient. *À l'époque encore*, il se représentait volontiers une polémique de cette nature comme un acte précipité et le fruit de l'agacement et il s'interdisait d'autant plus d'y avoir recours que, d'un point de vue scientifique, il n'avait alors rien à ajouter à la *Caractéristique* mentionnée plus haut. Comme, en outre, un changement de résidence et de fréquentations avait eu lieu (3), le travail commencé demeura en l'état[1].

Les choses en restèrent donc là provisoirement. Notre écrivain irrité eut
53 | huit années entières pour réfléchir posément au problème (1). En huit ans, il est arrivé à se convaincre de ce que l'ensemble de sa pensée aurait dû depuis longtemps lui faire apercevoir, à savoir que la nouvelle doctrine n'était nullement un spinozisme transfiguré – qu'elle n'était pas autre chose que le spinozisme pur et simple.

Il ne manquait encore qu'un aveu de la part de cet homme obstiné. Ah si seulement, au cours de ces huit années, il avait rendu à notre épistolier le service d'admettre que « seule la nature existe et qu'en dehors ou au-dessus d'elle il n'y a rien », que « la nature est le seul vrai Dieu, le Dieu vivant », que « cette chose inepte derrière le monde que l'on appelle Dieu, n'est rien de moins –qu'une chose inepte »[2]! Néanmoins, il ne l'a pas dit– uniquement pour ne pas rendre service à notre épistolier, par pure et simple méchanceté.

Il *doit* pourtant le dire. *Lui-même* n'a pas le droit de parler de Dieu et des choses divines, lesquels sont la propriété exclusive de notre auteur. – Mais s'il ne peut pas *parler* de Dieu et des choses divines, que pourrait-il bien faire?

Cet homme entêté ne le dit pas encore. – Voilà qui est intolérable. – *En attendant*, et jusqu'à ce qu'il le dise lui-même, c'est M. Jacobi qui l'affirme, afin seulement que cela soit dit et c'est tout comme si

1. Le fragment qui subsiste encore doit paraître dans la série des écrits philosophiques de l'auteur en tant qu'il appartient à l'histoire de son système [ce texte ne figure plus dans les œuvres littéraires posthumes de l'auteur (4)].

2. De telles horreurs ne sont que des sornettes nées de la fantaisie colorée de mon pieux adversaire. Les termes cités plus haut figurent mot à mot dans les lettres de 1803 écrites contre moi (2).

l'adversaire l'avait dit lui-même. Car personne ne sera assez cynique pour se faire à l'idée qu'un homme qui a tant *parlé* de la vérité, se soit lui-même rabaissé à la fin de ses jours à n'être qu'un *menteur*, uniquement pour affirmer sa stature de prophète.

2. LE SCIENTIFIQUE

| Le premier qui, en son âme, s'élança hors de la voie de la recherche 54
rationnelle pure conçue comme à même de résoudre entièrement la grande énigme de la pensée, à l'idée qu'un être personnel pouvait être l'auteur et le principe directeur du monde, – celui-là est certainement resté comme frappé par un miracle et saisi du plus grand étonnement (1). Il ne s'agissait pas simplement d'une pensée audacieuse mais sans contredit de la pensée la plus audacieuse qui soit. Comme, grâce à elle, tout recevait pour la première fois une signification humaine, son premier découvreur (si tant est qu'il y en ait eu un) s'est sûrement fait de cet être personnel une représentation humaine. Il n'est certainement pas resté les bras ballants, mais a dû sortir sous le ciel immaculé et demander à la nature entière, aux étoiles et aux montagnes, aux plantes et aux animaux s'ils ne pouvaient pas lui donner quelques connaissances du Dieu unique, inexplorable et caché, ou bien il se rendit dans des pays lointains parmi des hommes, des tribus et des peuples inconnus pour chercher à découvrir des signes ou des traces historiques de cet être.

Mais même celui qui était conduit à cette pensée par la recherche scientifique se devait aussi de reconnaître le plus clairement qui soit que la compréhension parfaitement fondée de l'existence de cet être pouvait être seulement le produit le plus abouti de la science la plus complète.

C'est resté vrai jusqu'à nos jours. La réalité d'un tel être et sa relation au monde sont encore l'objet de la recherche scientifique.

| Sans même qu'il soit besoin de se référer aux résultats, faux à un autre 55
point de vue, de la prétendue critique rationnelle, la querelle persistante du théisme dominant avec le naturalisme, le panthéisme et autres systèmes, fit apparaître bien plus nettement et avec toute la clarté requise que le théisme

scientifique n'avait pas encore été découvert ou que, si on l'avait découvert, il n'était encore nullement reconnu. Car, de même que le théisme scientifique pouvait aussi peu laisser un objet hors de soi que Dieu lui-même, ou de même que Dieu laisse faire le monde et la nature sans se soucier d'eux pour son existence, de même la vraie théologie ne peut entrer en conflit avec la nature, ni réprimer quelque système que ce soit. Elle doit au contraire tout réconcilier (1) de même que Dieu réconcilie tout et de même aussi que, selon certains, dans le plus lointain avenir des temps, Dieu rassemblera à nouveau toute son œuvre; Satan lui-même paraîtra devant le trône de l'Éternel pour se soumettre à lui avec toute sa troupe. Le plus endurci des athées scientifiques tombera alors lui-même à genoux devant le vrai théisme et se mettra à l'adorer, si seulement il apparaît dans toute sa plénitude.

C'est l'affaire de toute l'humanité que cette foi, qui jusque là n'était que pure et simple croyance, se change en connaissance scientifique. L'homme ne doit pas rester en repos, mais croître dans la plénitude de la connaissance jusqu'à se faire semblable à son modèle.

Qui soutient que ce but est inaccessible non seulement aujourd'hui ou dans un futur proche, mais absolument et en soi, prive l'entreprise scientifique de sa direction suprême et de sa fin ultime. À partir du moment où l'on supprime le seul objet qui mette véritablement l'esprit humain *hors* de soi et le soulève au-dessus de lui-même, la prophétie s'accomplit qui veut que la science ne connaisse plus que des *fantômes* (2).

L'esprit scientifique a été trop excité ces derniers temps pour qu'on laisse s'exprimer publiquement, comme il y a peu, une doctrine qui dévalorise à ce point l'homme. M. Jacobi lui-même, dont la joie est sans limite à l'idée que la science telle que l'a conçue Fichte a connu une fin ignominieuse, sent qu'il a encore besoin, pour preuve d'une telle idée, de
56 quelque chose de plus que de sa simple certitude. Mais | où en trouver à présent les fondements? – Face à cette nécessité, on fait revenir la lettre de Kant d'entre les morts, comme l'esprit de Samuel apparut jadis à Endor (1). M. Jacobi nous assure que Kant a réussi à démontrer *de manière irréfutable* l'impossibilité d'appréhender scientifiquement Dieu et les choses divines (2). Que vaut cette assurance? Ou bien elle signifie: les premiers principes et les déductions dont Kant se sert pour parvenir à ces conclusions, sont irréfutables, auquel cas M. Jacobi doit tenir pour irréfutable l'ensemble de la critique kantienne, qu'il disait lui-même il y a peu pouvoir réfuter. Ou bien elle veut dire que le résultat auquel parvient Kant est irréfutable même si ses fondements ne le sont pas. Dans ce cas, il s'agit

seulement de répéter sous une autre forme la même assurance ou de tenter de se donner du courage en se réclamant d'un grand nom.

Une fois lancé cet appel à l'aide, M. Jacobi décide finalement d'aller chercher quelques unes de ces preuves dans le trésor de sa sagesse personnelle et il importe vraiment de ne pas sous-estimer l'effort scientifique qu'il consent dans sa dernière production.

Les arguments qu'il présente sont soit directs lorsqu'ils démontrent logiquement, à partir de la nature de la preuve elle-même, qu'une connaissance scientifique de Dieu est impossible, soit indirects et pour ainsi dire instinctifs lorsqu'en instaurant cette opposition absolue entre la nature et Dieu et donc entre le naturalisme et le théisme, ils ôtent à ce dernier son fondement scientifique.

Les lecteurs avertis auront assurément du mal à trouver ici quoi que ce soit d'essentiellement neuf ou le moindre argument qui, d'une façon ou d'une autre, n'ait pas déjà été formulé et depuis longtemps, directement ou indirectement, réfuté.

Qu'importe! Réjouissons-nous qu'il ne soit là question que d'arguments et que l'on puisse enfin faire comparaître ces racontars non scientifiques qui cherchent à se donner une apparence de raison devant le tribunal de la science.

Tandis que nous nous voyons contraints, |en avançant ces divers 57
arguments, d'énoncer un certain nombre de choses précises, nous nous exposons cependant à faire naître de nouveaux malentendus. Je ne pourrais me dire satisfait que si, en discutant ces arguments, on place aussi sous le jour qui convient mon athéisme *véritable*, autrement dit si on le met en rapport avec le théisme de l'adversaire, en comparaison duquel il représente un véritable antithéisme.

Le lecteur sera peut-être surpris de découvrir dans ce qui suit en quoi consiste la sagesse philosophique et dialectique de la dernière production de notre auteur. Qui compare cette exposition avec ladite production ne peut manquer de certifier que j'ai fidèlement reproduit les arguments avancés sans rien déformer ni défigurer et que je les ai tout aussi sincèrement réfutés, sans jamais les falsifier.

La phrase placée en tête de chaque section, choisie parmi les plus significatives, donne à chaque fois un aperçu fidèle des dernières révélations issues du non-savoir jacobien.

1) « Le fondement de la démonstration est toujours nécessairement *au-dessus* de ce qu'elle doit démontrer; il *le place en dessous de soi*, c'est de lui que découlent d'abord vérité et certitude sur ce qui est à démontrer; c'est de lui que la réalité est tenue en fief » (p. 136) (1).

Cette proposition, établie comme une vérité qui se comprend d'elle-même et n'exige aucune preuve, permet d'éclairer en profondeur les concepts logiques et scientifiques sur lesquels s'appuie notre auteur; ce n'est donc que justice si on la place en tête de toutes les autres propositions.

Suivant cet axiome, on tiendra désormais le nombre trois pour *supérieur* au nombre neuf, car neuf a besoin de trois en guise de preuve, c'est de lui qu'il tient sa réalité en fief : trois est donc davantage que neuf et que toutes les puissances qui en dérivent.

En géométrie, la proposition selon laquelle le plus grand côté d'un triangle fait face au plus grand angle, se tient plus haut que le théorème de Pythagore : ce dernier lui est inférieur car il ne reçoit sa certitude et sa vérité que de lui. Euclide l'a certes placé intentionnellement à la fin de son premier livre pour en faire, pourrait-on dire, le sommet de tout ce qui précède (2). Mais Euclide comprenait-il quoi que ce soit à la forme scientifique ? – Les Anciens regardaient, comme le fait encore Kepler, la
58 proposition du dixième livre selon laquelle | il existe seulement cinq corps réguliers possibles comme le point d'aboutissement de toute la géométrie [1], mais, à en croire notre logicien, le plus trivial des principes fondamentaux est encore *au-dessus* de lui car il en a besoin comme preuve.

Cet axiome n'est certainement pas tiré par abstraction de l'expérience commune ou de la méthode des vraies sciences, c'est une authentique proposition *a priori* qui produit dans toutes nos manières de voir un renversement comparable à celui que le système copernicien a provoqué dans notre façon de voir le ciel. – Alors que, dans la construction d'une maison par exemple, je dois tout bonnement commencer par les fondations, que les fondations sont donc le vrai *principe* de démonstration de la maison, il apparaît que nous nous trompons lorsque nous cherchons le fondement *en dessous*, car le fondement est nécessairement au-dessus de ce qui est fondé par lui. Les mots fondement ou principe font certes en outre référence au fait de fonder une vérité – comme l'expression latine *ratio sufficiens* – tous ces mots font donc signe vers le bas, vers ce qui est profond et l'expression *fondement explicatif*, employée dans l'axiome, semble par rapport à lui une véritable épée de bois. Mais le plus souvent, comme on sait, la langue se plie aux apparences ou au seul entendement commun et le grand paradoxe que contient l'axiome ne devient, grâce à ce *fondement* explicatif suspendu en l'air, que plus spirituel encore.

1. « Proclo non credidit affirmanti, quod erat *verissimum*, scil *Euclidei operis* ultimum finem, ad quem referrentur omnes omnino propositiones omnium librorum (exceptis quae ad Numerum perfectum ducunt), esse quinque Corpora regularia » (*Joh. Kepleri Harmonice Mundi* L. I) (1).

Ce nouvel axiome, qui est la marque même, pourrait-on dire, du manque de *profondeur*, est cependant à l'image de cette doctrine vieille de près de vingt cinq ans : nous ne pouvons démontrer que des ressemblances, toute démonstration n'est qu'un progrès par propositions identiques (2), on ne progresse pas d'un terme à un autre, mais du semblable au semblable : l'arbre de la science ne donne ni fleurs ni fruits; il n'y a pas de déve-
loppement, mais seulement | des propositions générales et des concepts, 59
parmi lesquels figurent des concepts spéciaux entendus comme de simples *applications*.

C'est avec une certaine consternation que nous découvrons aujourd'hui ce qui a empêché qu'on nous comprenne. Il nous faut bien avouer que nous ignorions tout d'une preuve par simples concepts, que nous n'avons hélas pas défendu cette manière subjective de philosopher où le philosophe produit lui-même sa vérité, que nous pensions jusqu'à présent que l'objet d'une véritable science objective était quelque chose d'effectif, de vivant, que son progrès et son développement de soi étaient le progrès et le développement de soi de l'objet même, que la vraie méthode de la philosophie était ascendante et non pas descendante. Il en découle nécessairement cet axiome totalement opposé :

« Le fondement du développement est toujours et nécessairement *en dessous* de ce qui est développé; il place *au-dessus* de soi ce qui se développe à partir de lui, il le reconnaît comme ce qui est supérieur et se subordonne à lui après avoir servi à son développement en tant que matière, organe, condition ».

2) Le pressentiment qu'une telle méthode évolutive est possible apparaît pourtant une fois, en appendice, et uniquement pour être réfuté (1). Il faut pourtant reprendre cet argument à un autre niveau si l'on veut qu'il remplisse sa fonction.

« Je démontre, dit l'auteur, en *montrant* le lieu ou la place qu'une partie déterminée occupe dans un tout déterminé » (voilà qui est à vrai dire exprimé de manière entièrement morte, comme le simple fait de *montrer* quelque chose de déjà donné, comme s'il s'agissait de faire entrer les choses dans des tiroirs et non de faire surgir de manière vivante chaque partie à la place et au degré qui lui convient). « Ce qui n'appartient pas à un tout comme une de ses parties ne peut être ni démontré ni déduit ».

« Or, non seulement toutes les parties ou déterminations et tous les prédicats sont, pris ensemble, égaux en tout ce qui les réunit en soi et sont une seule et même chose avec lui ou avec l'objet, mais encore *se présentent nécessairement aussi comme existant avec lui* – et ce précisément pour

60 cette raison –, si bien qu'objectivement, ni le tout | ne peut exister avant ses parties ni les parties, comme parties de ce tout, avant le tout » (1).

De là il faudrait conclure que toute démonstration est impossible puisque tout ce qui est à prouver doit se rapporter à ce dont on pourrait le démontrer comme une partie, une condition ou un prédicat, alors qu'entre le tout et la partie, la condition ou le prédicat, ne saurait se produire aucune succession.

Mais cet argument, que notre auteur n'a couché sur le papier qu'au prix d'un effort évident, paraît aller trop loin dans la démonstration puisqu'il devrait en résulter l'impossibilité absolue de toute preuve quelle qu'elle soit, non seulement des preuves scientifiques mais de tout développement possible.

Concernant l'affirmation selon laquelle toutes les parties doivent exister en même temps que le tout, notre grand dialecticien, qui montre à la p. 155 qu'il connaît même une règle aristotélicienne et m'en régale, a seulement oublié une condition insignifiante, à savoir celle qui veut que les parties puissent exister en même temps que le tout aussi bien *implicite* qu'*explicite*. S'il songe au dernier terme, sa conclusion présente ce défaut insignifiant dont il se rappelle peut-être avoir entendu parler sous le nom de *petitio principii*; mais si c'est au premier terme qu'il pense, il a perdu le nerf de la preuve.

Notre auteur y verrait peut-être plus clair si nous formulions les choses ainsi : toute son argumentation consiste à nier qu'un tout puisse exister dans un état d'involution. D'après lui, tout concept atteint immédiatement sa plénitude, l'essence cherche à happer la forme ou l'unité la totalité. Or, puisque l'essence du philosophe se trouve précisément dans ce milieu, M. Jacobi ne voit pas comment on pourrait s'immiscer entre elles. Il s'appuie assurément ici sur sa propre expérience : ayant de toute évidence perdu ici la plus grande part de son entendement philosophique, il cherche désormais à nous persuader, comme le renard astucieux d'Ésope, de remiser *cet instrument inutile et superflu* (2).

Aussi n'est-il pas fondé de dire que ce qui se développe ou est à
61 démontrer doit se rapporter à ce à partir de quoi il se développe | ou est démontré comme une *partie* se rapporte au tout. Le rapport le plus adéquat est plutôt entre le tout implicite, non développé, et le tout explicite, déployé selon ses parties individuelles ; mais, en ce dernier, précisément parce qu'il est un tout explicite, la partie ne peut être déterminée que par rapport à une autre partie et non par sa manière d'être dans le tout, sans quoi ce deuxième tout (objectif) ne différerait pas véritablement du premier (le tout subjectif). – Voilà donc comment l'on parvient à découvrir ce *commencement* qu'en

toute une vie, M. Jacobi n'a pas su et, comme on le montrera par la suite, ne pouvait pas même découvrir.

3) L'argument suivant (1), qui correspond précisément à ce qu'il vise, renvoie une fois encore à l'axiome n° 1.

« Si l'existence d'un Dieu vivant devait pouvoir être démontrée, il faudrait que Dieu lui-même pût être démontré, déduit, développé comme depuis son principe à partir de quelque chose que nous pourrions concevoir comme son fondement et qui serait avant et au-dessus de lui. Car la simple *déduction* de la seule idée d'un Dieu vivant à partir de la nature de la faculté humaine de connaissance conduit si peu à une preuve de sa véritable existence que, bien au contraire, etc. » (on se dispense de la suite et on la laisse bien volontiers là où elle est).

Pour notre illustre auteur, se trouver *avant* un autre et se tenir *au-dessus* de lui sont des concepts équivalents ; il fond tranquillement ces deux propositions en une. C'est là la confusion, déjà condamnée à propos de l'axiome, de la supériorité et de la priorité.

On peut aussi renverser cette phrase dans la proposition exactement contraire, à savoir que « c'est précisément parce que cette existence vivante se développe elle-même et peut donc aussi se développer à partir d'un fondement nécessaire dont nous devons nécessairement prendre conscience et qui se tient par conséquent *avant* et *au-dessous* de l'existence vivante, que nous pouvons démontrer l'existence d'un Dieu vivant ».

Quelle horreur ! s'écrit notre savant en théologie (2) et philosophe. Nous entendons dire que l'existence vivante de Dieu ou Dieu lui-même en tant qu'il est un | Dieu vivant, présuppose un *fondement* à partir duquel il se 62
développe d'abord – qu'il n'est en quelque sorte qu'un effet, une âme du tout (1). – Un peu de patience et le problème s'éclaircira ! Que notre théologien pose simplement que ce fondement est à nouveau Dieu même, mais pas *en tant que* Dieu conscient et intelligent, et *cet* effroi-là au moins disparaîtra. Dieu doit avoir quelque chose avant soi, c'est-à-dire avant *lui-même*, s'il doit être *causa sui*. *Ipse se ipso prior sit necesse est* : si ce n'est pas un vain mot, alors Dieu est absolu.

Naturellement, cette représentation ne s'accorde pas avec les concepts d'un théisme étroit, qui n'admet aucune distinction en Dieu et décrit l'être en qui se trouve toute plénitude comme une chose absolument simple, parfaitement vide et privée de substance, que l'on peut à peine encore *sentir*. Elle ne s'accorde d'ailleurs pas non plus avec un tel être (2).

Pour que mon propos soit plus clair au lecteur de bonne volonté, j'ajoute encore ce qui suit. Ce que les philosophes appellent aséité est donc bien ce qu'il y a de plus profond, de plus caché en Dieu (3). C'est ce qui est inaccessible en lui et que l'amour et le bien recouvrent. Or cette aséité est-elle bien Dieu lui-même, Dieu au sens éminent? Alors que tous les penseurs profonds s'accordent sur ce point, comment se pourrait-il que, *pour soi* (à l'état non développé), elle ne mène pas plus loin qu'au concept d'une substance spinoziste? – Ou bien cette aséité n'est-elle pas déjà une intention, et donc le Dieu conscient? M. Jacobi peut-il jamais se représenter une aséité douée de conscience? – Vraiment, il n'a aperçu que peu de choses dans cette profondeur sacrée!

4) « Il ne peut y avoir que deux classes principales de philosophes : ceux qui font sortir et se développer peu à peu ce qui est plus parfait de ce qui est moins parfait et ceux qui affirment que le plus parfait existait d'abord et que tout commence avec lui et à partir de lui, ceux qui déclarent que ce qui vient en premier, comme commencement, ce n'est pas une nature des choses, mais que ce qui précède et est le commencement de tout, c'est un principe moral, une intelligence voulant et agissant avec sagesse, un Dieu créateur » (4).

Au sujet de cette proposition principale, qui, si elle s'était avérée vraie, aurait, je l'avoue, rendu impossible toute forme de théisme scientifique, le maître à penser de notre époque a laissé de côté une foule de choses qui
63 auraient mérité une détermination plus précise | et qu'un philosophe de profession, qui exerce ce métier depuis pour ainsi dire sa plus tendre enfance, n'aurait pas dû laisser passer.

Cela se verra très clairement si je reproduis cette phrase avec les compléments nécessaires en faisant imprimer en italiques, comme il se doit, ce qui appartient à M. Jacobi et ce qui vient de moi, à l'exception de quelques mots, avec la typographie ordinaire.

« *Certains disent* qu'il ne peut y avoir que deux principales classes de philosophes. Les premiers, *disent-ils*, font sortir et se développer ce qui est le plus parfait de ce qui est le moins parfait ».

« Mais il faudrait introduire ici encore deux subdivisions. Il y aurait d'abord ceux qui font naître ce qui est plus parfait d'un être imparfait *indépendant et différent de lui*. Mais on ne trouve nulle part de philosophes qui se soient à ce point égarés dans l'absurdité. Il y en a pourtant bien – et ils ne sont pas moins insensés – qui font naître ce qui est plus parfait *de ce qui en lui est moins parfait*. Il n'y a rien là d'absurde. Car nous voyons tous les jours que l'ignorant devient savant en se formant et en se cultivant et que l'homme parvient à lui-même depuis l'état d'adolescent, l'adolescent à lui-même depuis l'état de jeune garçon et le jeune garçon depuis l'état d'enfant, ces derniers représentant donc simplement des états moins parfaits. Point n'est besoin de dire, comme le savent ceux qui disposent des connaissances nécessaires, que la nature s'est elle-même élevée des créatures inférieures et confuses jusqu'aux êtres plus parfaits et achevés.

« Mais *l'autre principale classe de philosophes*, affirment maintenant ceux qui ont parlé les premiers, s'en distinguerait en ceci qu'ils soutiennent que *le plus parfait vient d'abord*, tout en faisant l'erreur de ne pas dire si c'est *actu* ou *potentia*, si le plus parfait existe d'abord selon l'acte ou selon la simple puissance, car cela, les autres l'affirment aussi, alors qu'ils se font pourtant fort de les contredire. Ce qui en effet est le plus parfait de tout – ce qui possède en soi la perfection de toutes choses – doit *nécessairement* exister *avant toute chose*; mais la question est de savoir s'il | existait 64
d'abord *comme* ce qui est le plus parfait, ce qui pour bien des raisons est difficile à croire, ne serait-ce que pour ce simple motif qu'étant déjà réellement en possession de la perfection suprême, il n'avait aucune raison de créer et de produire tant de choses, de sorte que, incapable d'accéder à un plus haut degré de perfection, il ne pouvait devenir que moins parfait. Mais on ne nie pas pour autant que c'est précisément *ce qui est* le plus parfait *qui* a existé tout d'abord – de même que celui qui, pour ne donner qu'une image approximative, dit que Newton est le plus parfait géomètre, n'affirme pas pour autant qu'il l'était déjà enfant et ne nie toutefois pas que *le Newton* qui était cet enfant est précisément *le Newton* qui est le plus parfait géomètre.

« L'*autre principale classe de philosophes ajoute* alors, au contraire de la première (comme ils disent), que "ce qui vient en premier, comme commencement, ce n'est pas une *nature des choses*" (1), ce que les membres de la première classe croient pourtant tout aussi peu si l'on entend par nature des choses une nature extérieure à Dieu. Ils affirment cependant que la nature de l'*être* qui se déploie à travers la création, précède elle-même nécessairement et que cette nature ne peut être de même espèce que cet être, mais qu'elle doit s'en distinguer du point de vue des *caractéristiques*. C'est comme si l'on disait par exemple que, puisque l'être véritable est amour et bonté, la nature inséparable de cet être et que pour ainsi dire il présuppose ne peut aussi consister en cette bonté et cette sagesse puisque cela ne ferait en ce cas aucune différence; il doit donc exister en elle un manque ou tout au moins une bonté et une sagesse conscientes d'elles-mêmes ou alors elle doit n'être qu'une simple force[1].
Mais | qu'il y ait quelque chose en Dieu qui soit *simplement* force et 65

1. « De soi-même, la nature n'exerce ni sagesse, ni bonté, mais partout seulement violence; elle est ce qui œuvre sans liberté, ni savoir, ni volonté; en elle, seule règne la loi de la force; mais là, dit une vieille sentence, où la bonté et la sagesse font défaut et là où ne règne que la loi de la force, là il n'y a pas de véritable sublimité, il n'y a pas de majesté : *sine bonitate nulla majestas* » (Jacobi, *Des choses divines*, p. 104).

puissance ne peut surprendre si l'on ne dit pas que Dieu *n'*est *que* cela et rien d'autre. C'est bien plutôt le contraire qui devrait étonner. Car comment pourrait-on *craindre* Dieu s'il n'a en lui aucune force et comment pourrait-il lui-même, avec toute sa sagesse et sa bonté, subsister sans force car la force est justement ce qui subsiste et inversement tout ce qui subsiste est une force ? Là où il n'y a *pas de* force, il n'y a pas non plus de caractère, pas d'individualité, aucune vraie personnalité, mais une vaine dispersion, comme nous le confirment chaque jour les hommes sans caractère. Et le vieux proverbe est tout aussi bon, voire encore meilleur, une fois inversé : *sans* force, même la bonté suprême ne serait jamais parvenue à la majesté. Ce n'est pas non plus pour rien, ajouterions-nous, que les saintes Écritures parlent aussi bien de la force de Dieu que de la force de sa puissance (1).

« Mais, s'il faut bien admettre qu'il existe une force dans l'être suprême, autrement dit *quelque chose qui relève de la pure nature*, la question est alors tout d'abord de savoir quelle chose *a précédé* l'autre : croient-ils que la bonté et la sagesse ont existé d'abord et que la force est venue s'ajouter ou croient-ils au contraire que la force existait au préalable et que la bonté et la sagesse sont ensuite venues l'adoucir ? Et si, comme il se doit, il faut trouver cette dernière hypothèse bien plus crédible (à moins d'être par trop incapables de s'élever à de telles pensées), ils devront bien admettre que c'est l'être présent dès le début, c'est-à-dire l'être existant en premier lieu – qui n'est certes pas une nature des choses, simplement extérieure et en aucun cas adaptée ici, mais bien plutôt *la nature de l'être même* –, qui, de soi-même, s'est développé jusqu'à l'être le plus parfait *actu*. Mais ceux qui sont restés incultes en philosophie leur vie durant et qui ne se sont jamais un tant soit peu approchés des authentiques concepts philosophiques, bien qu'ils aient tenté de se les approprier, ne s'élèvent jamais à de telles conceptions.

« Aussi ces hommes s'opposent-ils constamment aux premiers sur ce point : *il faut qu'il y ait eu au commencement de toute chose un principe*
66 *moral*, | mais ils oublient de préciser s'il s'agit d'un principe moral *actu* ou simplement *potentia*, par quoi ils arrivent à faire croire que ceux qui sont plus sensés qu'eux posent au commencement un être entièrement aveugle, pour ainsi dire une pierre ou un billot de bois. Car l'être moral, précisément pour être tel, et pour se distinguer comme tel (c'est en cela justement que consiste l'acte de la personnalité), doit aussi avoir en soi un commencement de soi qui ne soit pas moral[1] (1). Or le commencement de soi que

1. À bien distinguer de ce qui est *immoral*.

possède en soi un être moral est déjà moral *potentia* ou *implicite* et ne s'oppose nullement à la liberté ou à la moralité.

« Mais quant à ce qu'affirme de son côté l'autre prétendue classe principale de philosophes, à savoir qu'*il y a d'abord au commencement* (de l'intelligence également ?) *une intelligence voulant et agissant avec sagesse*, nous avons d'ores et déjà répondu par la question intercalée plus haut. Alors que ces philosophes croyaient atteindre le fond de la question, ils sont à peine sous la surface. Puisqu'ils sont si intelligents, qu'ils se demandent seulement eux-mêmes si une intelligence peut, en tant qu'*intelligence*, reposer purement et simplement sur soi (autrement dit *exister* en tant que pure intelligence), étant donné que la *pensée* est l'exact opposé de *l'être* et est pour ainsi dire ce qui est léger et vide, tandis que l'être est ce qui a consistance et épaisseur. Mais ce qui constitue le commencement d'une intelligence (en soi-même), ne peut à son tour être intelligent, sans quoi il n'y aurait aucune différence ; il ne peut toutefois pas non plus être absolument inintelligent, puisqu'il est précisément ce qui rend possible l'intelligence. Il sera donc un terme intermédiaire, c'est-à-dire qu'il agira avec sagesse, mais pour ainsi dire avec une sagesse innée, instinctive, aveugle, préconsciente, ainsi que nous voyons souvent agir des hommes enthousiasmés, qui tiennent des propos sensés mais irréfléchis, comme sous le coup de l'inspiration.

« Les autres hommes (ceux de la seconde classe), qui sont trop bornés pour entendre ces choses, poussent donc les hauts cris lorsqu'ils
| constatent que ceux qui savent supposent l'existence d'un principe inin- 67
telligent (il est vrai comme ce qu'il y a de plus inférieur et de plus profond dans l'intelligence) et voient non sans un immense déplaisir qu'avec leur Dieu éclairé, ils n'accèdent en aucune manière à l'effectivité : ils ne peuvent pas non plus avancer un mot quand on leur demande comment d'une intelligence si claire et si transparente a bien pu naître un tout aussi étonnamment confus que le monde (encore qu'il soit mis en ordre) et c'est avec colère qu'ils accusent les premiers d'être impies et les torturent jusqu'à ce qu'ils confessent qu'ils sont athées et ne cessent de mentir quand bien même ils parlent de Dieu.

« Voilà donc ce qu'il en est de ces *deux classes de philosophes*, mais on pourrait dire beaucoup plus justement que la première classe est celle des philosophes et l'autre la race des esprits sophistiques, pitoyables et ignorants ».

Le fait d'expliciter ainsi le propos de Jacobi m'a donc permis d'exposer directement au lecteur plus profond mon … *naturalisme*. Je me fais fort de revendiquer *même cet athéisme-là*. Celui qui peut le réfuter, qu'il vienne, je ferai front.

Une telle réfutation, on ne peut guère l'attendre de notre savant théologien. S'il avait ne serait-ce que pressenti de telles choses, des questions plus immédiates se seraient imposées à lui : « comment se fait-il que l'Ancien Testament ait précédé le Nouveau alors qu'à l'entendre, le spirituel est ce qui vient partout en premier ? (1) Pourquoi, dans ce livre, Dieu est-il tout d'abord apparu comme un Dieu de colère (2) et plein de zèle, davantage caché que manifeste[1], et surtout pourquoi a-t-il davantage montré ses caractéristiques physiques, mais n'a-t-il trouvé bon de révéler expressément aux hommes ses caractéristiques les plus hautement spirituelles qu'il y a moins de deux mille ans ? »

5) « Il n'y a que deux systèmes, le naturalisme et le théisme : tous deux sont incompatibles et ne pourraient en aucune façon subsister ensemble ou s'équilibrer ». – Cette proposition résume si bien le contenu de toute la polémique qu'il n'est pas besoin de citer le moindre passage particulier.

68 |C'est précisément cela, cette prétendue incompatibilité que tous les faibles d'esprit doivent affirmer avec fougue (puisque ce n'est qu'en cela que peut consister leur simplicité d'esprit), qui constitue pour le théisme la principale cause de sa corruption et la source première de tout véritable athéisme.

Le vrai théisme ne peut être divin que par lui-même et c'est pour cette raison, comme on l'a déjà remarqué, qu'il ne peut rien exclure, ni rien réprimer. C'est pourtant ce que font les plus mal inspirés de nos théologiens, qui veulent pour ainsi dire imposer à Dieu sa façon d'être le Dieu unique, autrement dit en n'ayant absolument rien d'une nature en lui. Ils regardent Dieu comme un être d'autant plus borné que leurs représentations étroites et leur pitoyable théisme leur donnent l'illusion de combattre pour Sa gloire.

Le naturalisme, même s'il ne se tient pas sur le même plan que le théisme quant à la dignité, lui est pourtant parfaitement équipollent pour ce qui est de la réalité, c'est-à-dire qu'il a les mêmes droits à être satisfait. Un système théiste qui exclut l'explication de la nature ne mérite nullement ce nom car, sans un concept déterminé du rapport de Dieu à la nature, le concept même de Dieu reste incertain tandis que toute connaissance de la nature divine demeure de son côté parfaitement incomplète, entendu que la simple science que nous avons de l'existence d'un être, sans que l'on

1. « La nature cache Dieu », dit notre théologien (3) et il ne remarque pas que c'est uniquement pour cette raison qu'elle peut être à mes yeux le dieu caché.

perçoive rien de ses effets ni de ses rapports, n'est pas davantage que la plus imparfaite de toutes les connaissances.

Le naturalisme ne *peut* reconnaître l'existence du théisme que pour autant qu'il est satisfait en même temps que lui; et si l'on suit ce simple principe fondamental selon lequel il convient de progresser partout et en tout savoir de l'inférieur au supérieur ou que l'on doit d'abord comprendre le plus insignifiant avant de chercher à concevoir le terme supérieur, le naturalisme apparaît même comme ayant des prétentions plus anciennes encore que le théisme à être l'authentique système philosophique.

Notre maître affirme qu'il n'existe que deux systèmes. Il reconnaît donc effectivement qu'ils font deux, c'est-à-dire qu'ils sont chacun quelque chose. Il leur accorde donc la même indestructibilité; et pourtant, c'est le naturalisme seul qui a l'obligation de se taire et qui doit se laisser éconduire par un théisme on ne peut plus incomplet, | un théisme qui n'en a **69**
lui-même *que le nom* et qui n'est pas même à la hauteur de son propre but. C'est précisément pour cela que ce théisme sans force et néanmoins exclusif laissera ouverte la source vivante et intarissable de l'athéisme scientifique, athéisme auquel nous devons le respect puisqu'il ne lutte, au fond, que pour l'intérêt de la science. Aucune contrainte n'est bonne à la longue.

Qui se représente avec une clarté suffisante l'égale indestructibilité des deux systèmes doit immédiatement reconnaître qu'il faut les réconcilier d'une manière ou d'une autre, encore qu'il ne s'agisse pas de les *plonger dans l'indistinction*, comme se le figure notre prétendu savant en théologie, mais d'établir entre eux une liaison semblable à celle qui existe entre l'âme et le corps, ou en général entre le supérieur et l'inférieur.

Dans la mesure du reste où j'affirme l'existence de cette conjonction vivante des deux systèmes, j'entends par naturalisme non quelque système se référant à la nature extérieure, mais *le système qui pose une nature en Dieu*. – Que sans cela il ne puisse exister aucun système qui *affirme une conscience, une intelligence et un libre vouloir en Dieu*, je l'ai déjà montré à l'occasion de la proposition précédente – et ai par conséquent démontré que le naturalisme (au sens où je viens de le définir) est *le soubassement, ce qui nécessairement précède le théisme* (1).

Il en résulte avec évidence que, s'il est dans l'intérêt de ces deux systèmes qu'un tel rapport vivant s'établisse, cet intérêt est même plus grand encore du côté du théisme que du côté du naturalisme. Au moins, ce dernier peut toujours commencer pour soi et, dans cette mesure, exister, quand bien même il ne pourrait finir pour soi et se transfigurer en quelque chose de supérieur, ce à quoi il aspire tout aussi intimement que la nature

elle-même. Le théisme, en revanche, ne peut pas même commencer sans le naturalisme, il flotte entièrement dans le vide. Rien d'étonnant alors à ce qu'il ne prenne pas appui sur l'aile de la connaissance et que nous cherchions perpétuellement à l'attraper au vol : c'est ce que M. Jacobi appelle pressentiment, nostalgie ou sentiment et qu'il veut nous faire
70 passer pour la meilleure manière qui soit de s'assurer d'une chose. | De même que le Dieu de ce théisme flotte dans le vide, il est vide intérieurement, il n'a rien de consistant, rien de défini : en un mot, ce n'est pas une *nature*, au sens où l'on dit d'un homme qu'il est une nature forte, habile ou saine ; cet être qui n'est rien indépendamment du désir et du sentiment de l'individu et pour lequel le concept est déjà trop puissant, trop objectif, doit être préservé de l'air que fait souffler la science et précautionneusement mis à l'abri de peur qu'il ne s'envole. D'où cette peur de la science, l'affirmation expresse qu'un Dieu qui serait connu ne serait plus un Dieu et l'angoisse devant toute authentique vitalité en Dieu, que notre savant en théologie, s'il pouvait s'en former une idée claire, devrait craindre autant qu'un fantôme car une telle vitalité ne se laisse pas même concevoir sans un fondement physique.

Mais c'est surtout l'établissement de cette opposition, qu'on nous présente comme l'ultime héritage de la période précédente, qui fut la principale erreur de toute cette époque de grande culture, puisqu'il fallut, du fait de cette séparation totale du théisme à l'égard de toute forme de naturalisme et inversement du naturalisme à l'égard de toute forme de théisme, poser en même temps *un Dieu contre-nature et une nature sans Dieu*. Ce n'est qu'ensemble qu'ils produisent quelque chose de vivant. La question est donc la suivante : comment, par quel biais les mettre en relation ? Le théisme moderne, qui croit pouvoir commencer par les concepts les plus spirituels, cherchait en vain à passer de Dieu à la nature. Il n'avait alors d'autre choix que de nier l'existence de cette dernière (ce que l'idéalisme a entrepris de faire), ou bien de l'ignorer, ou, ce qui est tout aussi commode et veut dire la même chose, de se réfugier à son propos, comme le fait notre savant en théologie, dans le non-savoir. – Aucune voie ne mène du théisme au naturalisme, voilà qui est évident. Il était temps au contraire de faire du naturalisme, autrement dit de la doctrine qui affirme qu'il y a une nature en Dieu, le soubassement, le *fondement* d'évolution (et non le fondement supérieur) du théisme.

Cette pensée nécessaire a été mise en œuvre pour la première fois à
71 notre époque par ce qui a reçu alors le nom de | philosophie de la nature, de doctrine de l'Un et du Tout ou comme M. Jacobi se plaira de l'appeler.

Or, comment cela peut se faire – comment s'opère ce procès scientifique –, Jacobi ne le comprend pas, comme il ne comprend pas tant d'autres choses, et c'est justement pour cela qu'il ne devrait pas s'en occuper ou même se lamenter à son propos. – On ne peut trouver l'or de la connaissance divine sur le chemin détrempé des pleurnicheries stériles et des vains soupirs, mais on peut seulement le gagner au feu de l'esprit.

6) « Nous n'avons qu'un seul choix : admettre que l'absolu est un *fondement* ou qu'il est une cause. Le naturalisme prétend qu'il est *fondement* et non pas *cause*, le théisme qu'il est cause et non fondement » (1).

À quoi nous pouvons répondre que nous n'avons ici aucun choix, que l'absolu est *tout aussi bien* fondement *que* cause et qu'on doit le penser comme étant les deux.

Or, puisque notre maître nie seulement le premier terme de l'alternative, c'est aussi le seul point qu'il nous faut démontrer.

Dieu, ou plus précisément l'être qui est Dieu, est *fondement* – et cela en deux sens qu'il convient de distinguer. Au premier sens, il est *fondement* de lui-même pour autant qu'il est un être moral. Que chaque intelligence doive trouver le commencement de soi-même en soi-même et que ce commencement soit dépourvu d'intelligence, voilà qui a été établi à l'occasion de la quatrième proposition. Mais Dieu *fait* aussi de soi un fondement, en ce sens précisément qu'il rend passive cette partie de son être grâce à laquelle il était auparavant agissant. « La création extérieure, dit J.G. Hamann, est l'œuvre de la suprême humilité » (2) ; les maîtres les plus spirituels s'accordent à regarder la création comme le fruit de l'abaissement divin. Comment Dieu peut-il s'abaisser sinon en se faisant fondement ou plutôt en faisant fondement une partie (une *puissance*) de lui-même, de façon à ce que la créature puisse exister et que nous ayons notre vie en lui ? Mais, en même temps, il devient fondement de soi-*même* par le seul fait de subordonner cette partie de son essence (la partie inintelligente) à la partie supérieure et de vivre avec elle comme libre du monde, *au-dessus* du monde (ou selon l'expression de Jacobi, d'agir en tant que | cause), tout comme l'homme ne se transfigure véritablement en 72
intelligence ou en être moral qu'en soumettant la partie irrationnelle de son être à la partie supérieure[1].

Il va de soi que de telles idées ne sont pas à la portée de ceux qui se donnent pour présupposé un Dieu mort, achevé une fois pour toutes et pour

1. Qu'on se rapporte aux *Conférences de Stuttgart* dans le précédent volume p. 429 et p. 433 (6).

cette raison absolument sans vie : il n'y aurait rien à ajouter à cet égard si ce n'est qu'ils en restent alors eux aussi à des concepts communs et ne doivent en rien se mêler de ce qui concerne la philosophie.

Ce qui est dit ici vaut en même temps pour toutes les différentes versions de ce « ou bien… ou bien » (1) (toute cette polémique ne consiste qu'en une éternelle répétition du même), par exemple quand l'une des affirmations (celle du naturalisme) reçoit la formulation suivante : « l'Absolu *est* (!) seulement le substrat du conditionné », alors que *substrat* signifie la même chose que *fondement* (2). – Mais il est pour le moins certain qu'on ne saurait expliquer l'existence de l'univers en s'appuyant sur l'*une de ces deux affirmations*.

À ce propos, il mérite d'être relevé que, si, dans ce qui précède, notre grand maître paraît avoir découvert que les deux systèmes partagent la même objectivité, il entend expliquer plus loin à nouveau de manière subjective leur antagonisme, « lequel ne peut jamais être extirpé », en partant tout simplement de la nature à la fois sensible et rationnelle de l'homme (3) ! Expression qui ne peut à vrai dire inspirer que de la pitié.

Le premier principe de la dite philosophie de la nature réduit à rien tous ces « ou bien… ou bien ». Si l'unique grand sage de notre époque avait seulement cherché à le comprendre, il aurait pu s'épargner toute la polémique et n'aurait pas lamentablement manqué son but à chaque fois qu'il pensait pointer du doigt une contradiction, comme par exemple à la p. 170 (4) (où le premier « ou bien » est aussi faux et absurde que le second) et à la p. 177 (5), où il entend parler de la liberté et de la nécessité.

7) « N'appelez pas Dieu l'*essence infinie*, nous dit Platon, car à l'infini
73 l'existence s'oppose, il est essentiellement privé d'essence. | – Appelez-le celui qui donne la mesure, celui en qui la mesure se trouve dès l'origine ; dites : lui-même est la mesure » (1).

Cet extrait de la première dissertation (*Sur la prophétie de Lichtenberg*) est une de ces phrases qui *plaisent à l'oreille*, puisqu'on croit entendre ce qui est juste, et qui ne sont pourtant pas sérieuses car elles aboutissent toujours en fin de compte aux mêmes impasses.

Si le sage de notre époque avait cherché à comprendre ne serait-ce que ce mot : *l'existence est opposée à l'infini*, et s'il s'était sérieusement donné la peine de poser en Dieu une véritable *finitude*, autrement dit quelque chose de *négatif*, il aurait fait l'économie de toutes ces controverses. Mais il recule devant cette idée en raison de l'inanité des concepts abstraits dont il se sert et qui ne diffèrent en rien des fameuses notions d'*ens realissimum* et *actuosissimum* par lesquelles on désignait Dieu. Il s'empresse alors d'ajouter que toute chose, *exceptée Dieu*, est finie et qu'il ne se trouve par conséquent aucune finitude en Dieu (2).

Aussi longtemps que le Dieu du théisme moderne demeurera l'être simple, purement essentiel, mais en vérité dépourvu d'essence (ce qu'il est dans tous les nouveaux systèmes), tant que ce théisme ne reconnaîtra pas qu'il y a en Dieu une véritable dualité et qu'à la force affirmative et expansive, s'oppose une force restrictive et négative, nier l'existence d'un Dieu personnel sera une marque d'honnêteté scientifique et affirmer que ce Dieu personnel existe sera une preuve d'improbité que même l'homme *véritablement* intègre que fut Kant, déplorait tant en ce domaine (3). – Pour ce qui est de la pensée que vous croyez nécessaire, personne n'y peut rien et ce que quelqu'un est parfaitement incapable de penser, il ne doit pas prétendre pouvoir le faire. D'après le récit de notre maître commun, Fichte eut la très grande honnêteté d'avouer qu' « attribuer à Dieu conscience et personnalité signifie en faire un être fini car la conscience et son degré supérieur, la personnalité, sont liés à la limitation et à la finitude » (4). Pourquoi M. Jacobi n'en fait-il pas de même puisqu'une personnalité en Dieu doit lui paraître non seulement inconcevable (ce qu'il admet), mais *impensable*, tant qu'il ne reconnaît pas une *nature*, un principe négatif en Dieu ? On est en droit de l'affirmer dans la mesure où il est impossible, non pas individuellement mais en général et en soi, de | concevoir un être doué **74**
de conscience qui ne soit enfermé dans des limites étroites (1) par une force négative – aussi impossible, en général et en soi, que de concevoir un cercle dépourvu de centre. Être incapable de concevoir quelque chose et en nier l'existence sont cependant deux choses entièrement différentes.

Pourquoi M. Jacobi prétend-il être le seul à chercher encore à maintenir la personnalité divine, lui qui *nie* résolument l'existence en Dieu de l'unique principe qui rende la personnalité possible et dont le Dieu doit être absolument dépourvu de sujet ?

Toute conscience est concentration, recueillement, resserrement, rassemblement de soi-même. Cette force de négation, revenant sur elle-même, est la vraie force de la personnalité en chaque être, la force de la séité, de l'égoïté[1].

Donc, jusqu'à ce que notre maître admette l'existence en Dieu d'une telle force, autrement dit jusqu'à ce qu'il reconnaisse cette *identité absolue du fini et de l'infini* qui est pour lui un si grand objet de scandale quand elle apparaît dans la philosophie de la nature, identité dont il n'a jamais parlé qu'en rapport à la créature, sans faire preuve par là non plus d'une

1. *Cf.* SW VII, 419, 436, 439-440.

extraordinaire force d'entendement, jusqu'à ce qu'il conçoive cette identité *en Dieu même*, – qu'il s'abstienne de faire la leçon aux autres et qu'il ne leur interdise pas d'appeler Dieu *l'infini*. Jusque là, qu'il n'attende pas de nous que nous lui concédions ne serait-ce que le *concept* de la personnalité divine. Considérons bien plutôt *ce qu'il en dit* comme un vain bruit.

Une fois prouvé grâce aux arguments précédents, d'après l'opinion de notre maître, qu'on ne peut accepter *ou bien* que le théisme *ou bien* que le naturalisme, les preuves suivent aisément qui nous persuadent que le terme supérieur ne doit pas être déduit ou développé à partir de l'inférieur ou ce qui est divin, vrai et bon à partir de ce qui est naturel.

8) « De ce que les choses dans le monde sont ou deviennent bonnes, dit Aristote, ni le feu ni la terre ni quoi que ce soit de semblable ne peut en être la cause et même ces philosophes (ceux qui tiennent le tout pour un – ajoute M. Jacobi) ne peuvent pas non plus l'avoir cru » (2) (nous montrerons par la
75 suite à ce sujet |que tout ce qui ne pose pas une cause morale au commencement, *chancelle*).

Nous laissons provisoirement de côté Aristote et la question de savoir comment il faut vraiment le comprendre, pour mettre d'abord les choses au clair avec un bien plus grand penseur.

Celui-ci *parle* abondamment d'une *puissance* du bien et affirme, en suivant Platon, que Dieu est la source et la *puissance* du bien. Pourtant la puissance est impensable sans quelque chose à l'égard de quoi elle est puissance (1). Le bien exige donc lui-même quelque chose contre quoi il puisse extérioriser sa puissance et qui est de ce fait nécessairement non pas le mal, mais – le non *bien*. C'est seulement en transformant ce qui n'est pas par soi-même le bien, en l'ennoblissant, en en faisant quelque chose de bon, qu'il se manifeste lui-même comme le bien en soi ou *la puissance* du bien. C'est pourquoi, dans la phrase en question, Platon dit lui aussi que Dieu produit non pas le bien, mais *le meilleur* (2).

D'où vient donc au bien ce non bien (3) sans lequel il ne pourrait en aucun cas *être* et se révéler en tant que bien ? M. Jacobi entend-il déduire du bien l'origine du non bien ? Ce serait alors le bien, autrement dit Dieu, qui serait non pas, comme il dit, l'origine et la puissance du bien, mais l'origine et la puissance de ce qui n'est pas bon.

Si donc ce non bien ne peut être *produit* par le bien, il doit nécessairement être *à sa façon* aussi éternel que le bien lui-même et puisque le bien ne peut le *créer* et qu'il est même incapable de vraiment le *vouloir*, le bien peut seulement le *trouver* comme nous aussi nous le *trouvons* (en nous) et donc le non bien *existe déjà* pour autant que le bien se manifeste.

Mais puisque ce non bien – qui n'est nullement un bien *effectif*, mais un bien *possible* – est quelque chose qui peut être changé en bien, puisque donc il contient le bien à titre de possibilité, puisque, en outre, le non bien n'est pas lui-même l'*étant*, mais seulement le fondement de l'étant, c'est-à-dire du bien (qui a celui-ci *en soi-même* comme commencement de soi-même), nous pouvons dire que non seulement le premier principe, autrement dit l'*étant* qui précède toute chose, est le bien, mais aussi que *ce qui n'est pas soi-même étant*, ce qui | a en soi le bien comme fondement de **76**
soi-même, est un bien intérieur ou caché, un bien selon la possibilité, et donc que le bien constitue de toute façon le commencement et le premier principe.

Je ne prétends pas que mon adversaire puisse comprendre ces mots, que, par égard pour lui, je ne voulais pas énoncer plus clairement. Je me tourne plutôt vers Aristote et ce passage du treizième livre de la *Métaphysique* que M. Jacobi a utilisé *contre* moi et qui m'est néanmoins favorable.

« Même pour le chercheur exercé, dîtes-vous en vous réclamant de lui (1), le rapport du bien et du beau avec les éléments et les principes originels présente des difficultés. Y a-t-il quelque chose que nous pouvons appeler le *véritable* bien, le meilleur (ici, Aristote n'omet pas cette détermination absolument nécessaire) ? N'y est-il pas contenu, y est-il né plus tard, voilà la difficulté. Chez les théologiens actuels, la question, semble-t-il, passe pour tranchée : ils répondent par la négative à la première hypothèse et affirment *que c'est seulement au cours du développement de la nature des choses que le bien et le beau apparaissent* » – (“apparaissent” et pas simplement “deviennent”, ainsi que l'interprète notre philosophe et théologien). De ce point de vue, il serait pour le moins impensable qu'Aristote ait compté au nombre de ces théologiens ce *Platon* que M. Jacobi aimerait faire son égal, mais qui, abstraction faite de l'éternité des archétypes, affirme *exactement* ce que rapporte ici Aristote, lequel admet tout autant l'existence de ce chaos préalable dont la simple notion est objet de scandale pour notre théologien, et qui fait même s'élever, mais en un deuxième temps seulement, la *nature des choses* d'un état antérieur de désordre à la perfection actuelle de leur ordonnancement (ἐς τὸν νῦν κόσμον ἀφικέσθαι). – « Ils (ces théologiens) le font par crainte d'une *vraie* difficulté qui se pose à ceux qui font l'hypothèse que l'Un est le *commencement originaire*. Cette difficulté ne réside cependant pas dans le fait d'attribuer au commencement originaire le bien *comme lui étant*

inhérent (et non pas comme ce qui l'*est*), mais dans le fait de vouloir faire de l'Un (ou déduire de l'Un, du véritablement étant, du bien *en tant que tel*, – *à la fois*) le *commencement originaire* (ce que, plus haut, nous avons
77 seulement appelé le commencement du | bien en lui-même), ou de faire (par suite) du commencement originaire la matière originaire et du multiple le *produit* de l'Un » (1) : ce qui fait difficulté, c'est donc ce qui revient continuellement dans le sermon de Jacobi, à savoir que l'Un, qui est en soi bon et sage, est aussi le *premier commencement*, le *commencement originaire*, autrement dit que l'Un existe aussi *actu avant* le multiple – en bref cette difficulté consiste en ce qui, aujourd'hui encore, constitue la croix de la philosophie, sur laquelle on a cloué M. Jacobi après beaucoup d'autres.

Après de telles explications, chacun trouvera avisé pour *notre théologien* de ne plus chercher à se mêler aux *anciens* théologiens. Ils se trouvent bien trop hauts pour lui ; qu'il tente plutôt sa chance avec nous, qui leur sommes inférieurs !

9) « Nous ne pouvons nous imaginer que nous sommes quelque chose de vivant appartenant à ce qui est mort, une lumière allumée par les ténèbres, une monstruosité sortie en rampant de la nuit stupide de la nécessité, du hasard ; nous ne pouvons nous imaginer, en tendant follement notre vivacité intellectuelle, *que la vie est venue de la mort*, que celle-ci s'est avisée peu à peu de celle-là, comme la déraison le fit peu à peu de la raison, l'extravagance de l'acte intentionnel, le désordre d'un monde » (2).

C'est pitié de voir de quelle lamentable façon M. Jacobi expose les opinions de ses adversaires en *tendant* de manière littéralement folle *sa* vivacité intellectuelle. Notre théologien est assurément passé maître dans l'art de réfuter les autres en se contentant d'exposer, de modifier et d'exagérer quelques traits, d'une manière tout d'abord larmoyante, puis grotesque et finalement exécrable. Personne au monde n'a jamais conçu et moins encore affirmé les choses comme il les présente ici. Il s'agit de véritables *aegri somnia* (3).

Cet homme plein d'esprit trouve-t-il le contraire si naturel, à savoir que la mort procède de la vie ? Qu'est-ce qui peut conduire le vivant à créer ce qui est mort, s'il est vrai que Dieu est un Dieu des vivants et non des morts (4) ? Il est infiniment plus concevable que la vie sorte de la mort, d'une mort qui n'est pas une mort absolue, mais seulement celle qui renferme de la vie, plutôt que la vie, inversement, passe dans la mort et se perde en elle (5).

78 | Aux yeux de notre théologien, l'être et la vie, le néant et la mort constituent donc bien, me semble-t-il, des choses équivalentes. « Le Dieu

du théisme, comme il le dit, *fait naître du non-être* l'être » (1). Nous ne serions donc qu'un vivant *échappé* de la nuit stupide du néant, notre vie viendrait donc véritablement de la mort. Conformément à son principe fondamental, notre savant théologien devrait même dire que le Dieu du théisme fait naître de l'être (de son être propre) le non-être (l'être nul des choses du monde).

La même chose vaut de la lumière et des ténèbres. Que la lumière ait engendré les ténèbres lui paraît plus compréhensible que l'inverse, à savoir que la lumière soit née des ténèbres. À ma connaissance, personne n'a dit que les ténèbres *faisaient jaillir* la lumière (bien qu'on puisse prêter un sens inattendu à ces mots), mais que les ténèbres renferment en soi du feu, cela l'expérience la plus commune, frotter du métal ou heurter des galets pour obtenir du feu, nous l'apprend. – Même le récit mosaïque de la création, que notre théologien éclairé interprète après Herder comme une représentation allégorique du matin (une sorte de panorama du lever du soleil), ignore tout d'une provenance lumineuse des ténèbres.

Ma véritable opinion, je ne le cache pas, est que toute vie sans différence provient d'un état d'enveloppement puisque, par rapport à l'état ultérieur de développement ou de dés-enveloppement, elle est comme morte et pleine de ténèbres, pareille à la graine avant qu'elle soit jetée en terre[1].

J'affirme également, à l'opposé de toute la logique jacobienne, qu'il est parfaitement possible, même dans la *pensée* et la *recherche*, de se donner des concepts prétendument clairs, mais qu'on ne saurait en *partir*, car ils nous collent inévitablement sur place. Ils sont d'ordinaire si clairs et si inconsistants qu'on ne peut s'appuyer sur eux pour progresser vers ce qui est proprement obscur, à savoir vers le réel. Je crois plutôt que le mouvement sain, naturel et *par conséquent seul fécond* que doivent emprunter la pensée et la recherche est de clarifier les concepts obscurs et de passer, par une détermination progressive, des ténèbres à la lumière, de la matière chaotique et de la confusion des pensées | à l'ordre et au **79**
déploiement adéquat.

Non fumum ex fulgore, sed ex fumo dare lucem (1).

C'est là (je le répète encore) la manière de faire du véritable artiste – et aussi celle de Dieu.

D'après la philosophie que doit professer notre théologien en tout point limpide, la divinité est à l'œuvre dans la création comme le soleil qui crée et

1. *Cf.* p. 441.

rassemble les nuages; d'après la philosophie qu'il regarde avec horreur, comme le soleil qui divise les nuages *préexistants*[1] (2).

Finissons par le résultat le plus sublime qu'a atteint pour le coup la philosophie jacobienne.

10) « Sans doute y a-t-il un *savoir* du supranaturel, de *Dieu* et des choses divines et ce savoir est-il ce qu'il y a de plus certain dans l'esprit humain; c'est un savoir absolu, jaillissant immédiatement de la raison humaine, mais ce savoir ne peut prendre la forme d'une *science* » (p. 152) (4).

Cet aveu dissimulé dans une note de bas de page et la distinction qui lui correspond ne peuvent que susciter l'étonnement de tous les fidèles admirateurs de M. Jacobi et de ses quelques imitateurs. Ils demanderont ce qu'il est advenu de ce non-savoir si apprécié et accepté par eux *utiliter* et ce qu'est devenu le principe plein d'esprit « un Dieu qui serait connu (autrement dit dont il y aurait un *savoir*) ne serait plus un Dieu »[2], ainsi que tant d'autres traits de même nature, tels que celui-ci : « tous les philosophes voulaient *savoir* le vrai, *ne sachant pas* que si le vrai pouvait être humainement *su* (donc par la raison humaine), il devrait cesser d'être le
80 vrai pour devenir une simple *créature* |*de l'invention humaine, d'une activité qui forme et produit des imaginations dépourvues de réalité* » (1), ou encore celui-là : « par sa raison (par celle-là même d'où provient un *savoir absolu de Dieu*, autrement dit ce qu'il y a de plus sûr dans l'esprit humain ?) sont donnés à l'homme non pas la faculté d'une science du vrai, mais seulement le sentiment et la conscience de son ignorance du vrai, un pressentiment du vrai »[3].

Mais si les dits admirateurs attribuent aussi la déchéance du non-savoir, qui jusque là existait principalement par rapport à Dieu, au fait qu'il n'apparaît que dans une note de bas de page (à vrai dire comme un déchet), puisqu'il y a lieu d'espérer que ce nouveau savoir ne trouve jamais à s'exprimer dans le *texte*, qu'il ne s'élève jamais jusque là, – si par ailleurs ils ont encore en mémoire la distinction subtile établie entre la science et le savoir, comment s'y prendront-ils pour harmoniser la dernière partie de cette affirmation avec l'énoncé figurant en note selon lequel « la croyance trinitaire, généralement non philosophique (!), en Dieu, la nature et l'esprit

1. Il s'agit là encore une fois de la véritable doctrine platonicienne. – Celui qui ne bredouille son Platon qu'à partir de la version latine, ou qui ne le connaît que par la traduction de Stolberg, de Kleuker ou, depuis quelques années, de Schleiermacher (toujours inachevée) (4), ne devrait en toute équité pas avoir voix au chapitre à propos de cet auteur.

2. P. 26 (5).

3. P. 29 (3).

personnel doit aussi pouvoir devenir philosophique au sens *le plus rigoureux du terme*, c'est-à-dire confirmée dans la *réflexion* (est-ce à dire dans la science?) » ? (2) On le voit : la confusion des représentations est considérable et les différentes parties de ce livre incohérent se disjoignent de tous côtés[1].

| M. Jacobi pose qu'il existe un savoir inconditionné de Dieu – selon **81**
toute vraisemblance d'un Dieu *personnel* –, issu directement de la raison. Je ne puis lui accorder ce point et, si mon maître m'autorise à le dire, il affirme bien plus que je n'ai jamais demandé. Le pur, l'immédiat savoir de la raison peut seulement être un savoir conforme à sa loi absolue (le principe d'identité), c'est-à-dire une connaissance de la *contradiction* ou de *l'absolue identité de l'infini et du fini* comme de ce qu'il y a de plus haut. Cette connaissance est certes aussi une connaissance de Dieu pour autant que l'essence de cette identité absolue est déjà Dieu *implicite*, ou, pour le dire plus exactement, dans la mesure où elle est la *même essence* qui se transfigure en un Dieu personnel. Mais on ne peut pas l'appeler un savoir ou une connaissance du Dieu personnel. Aussi ne l'ai-je jamais donnée pour telle, mais ai-je expressément affirmé le contraire[2]. – Je pose que Dieu est le début et la fin, l'alpha et l'oméga. Mais, en tant qu'alpha, il n'est pas ce qu'il est en tant qu'oméga ; et en tant qu'il n'est Dieu *sensu eminenti* que comme O, comme A, il ne saurait être Dieu au même sens, ni même, au sens

1. On trouve également à la p. 8 de la dissertation qui ouvre le livre : « pour celui qui ne voit pas Dieu, la nature est une chose absurde » (4). À la p. 177 (5), la nature est de nouveau dite absurde. – On dit à ce propos (il est vrai encore une fois seulement en note) : « l'entendement, *isolé*, est matérialiste et irrationnel : il nie Dieu et l'esprit. La raison, *isolée*, est idéaliste et inintelligente : elle nie la nature et se fait elle-même Dieu. L'homme tout entier, l'homme intégral, réel et vrai, est *tout ensemble* rationnel et intellectuel ; il croit indivisiblement et avec une égale confiance en Dieu, en la nature, en l'esprit personnel » (6). – En plus de toute une série d'étrangetés, on assiste ici à la réconciliation de l'entendement et de la raison, ce qui implique aussi une réconciliation possible du théisme et du naturalisme, puisque, si l'on en croit la p. 177 (7), ces deux facultés se comportent l'une à l'égard de l'autre comme le font ces deux doctrines. Mais, si l'on en croit la p. 150 (du texte (8)), il n'y a entre ces deux doctrines « aucun rapprochement possible, bien moins encore aucune réunion en une troisième où | elles parviendraient à l'égalité ». L'entendement lui aussi ne conserve, par rapport à la raison, que le droit de se taire.

Les annotations de l'auteur se rapportent à son propre texte comme beaucoup de commentateurs se comportent à l'égard d'un texte étranger. On souhaiterait presque, si cela pouvait aider, qu'il ne rédige à l'avenir que des remarques sans texte, *uniquement* des notes de bas de page, puisqu'il semble à court de texte (2).

2. Voir le traité *Sur l'essence de la liberté humaine* dans mes *Philosophischen Schriften*, Bd. I, p. 505 (3).

strict, recevoir le nom de Dieu[1], puisqu'il serait alors, comme on l'a dit expressément, le Dieu *non encore développé*, *Deus implicitus*, alors que c'est en tant qu'O qu'il est *Deus explicitus* (1).

Un savoir immédiat d'un Dieu personnel ne peut être à son tour qu'un
82 savoir personnel, reposant comme tout |savoir de cette sorte sur un commerce, sur une expérience réelle. Mais cela ne relève pas de la philosophie, ce n'est pas, je le répète, l'affaire de la raison (1) et ce n'est d'ailleurs même pas vraiment ce que M. Jacobi avait en tête, lui qui confond allègrement tous ces concepts.

Mais cette existence de Dieu en tant qu'être personnel est précisément l'objet même de la *science*, et pas seulement d'un point de vue général : il s'agit de son objet suprême, ultime, du *but* de tous ses efforts ; c'est pour elle, depuis toujours, qu'elle a lutté et c'est elle qu'elle *atteint* maintenant, précisément grâce à cette philosophie que notre gaillard accuse d'athéisme, et ce au moment même où M. Jacobi (qui aurait bien du mal à donner un sens intelligible à ces mots : le *savoir* de Dieu ne saurait se développer jusqu'à la *science*, puisqu'il faudrait bien plutôt dire que le savoir doit se développer *à partir* de la science) entreprend de l'arracher à sa vue.

1. Dans la première exposition de mon système (*Zeitschrift für speculative Physik*, Bd. II, *Heft* 2 (4)), à laquelle il me faut constamment renvoyer, je me suis gardé de donner à l'Identité absolue le nom de Dieu, puisque, chacun s'en convaincra par lui-même, je ne l'avais pas encore développée jusqu'au point désigné plus haut. Ce n'est que dans des expositions ultérieures (5), moins rigoureuses, que je m'en suis écarté, car je ne me souciais pas alors des malentendus pouvant naître à ce sujet.

3. L'UNIVERSEL

| (Une vision allégorique) 83

Si, dans ce qui précède, j'ai réussi à démontrer la fausseté, voire l'absurdité, des accusations portées non pas simplement contre ma doctrine, mais aussi contre moi-même, et à découvrir en même temps les causes et les sources dont ces accusations proviennent, on me permettra maintenant de considérer les choses de manière plus libre et plus détendue.

Quelques remarques générales, que je crois devoir à la cause de la science et du libre examen, s'imposent pourtant au préalable.

Le théisme, répandu sur toute la partie cultivée de la terre, consolidé par des institutions divines, des usages, des mœurs et des lois, est le système de l'humanité, la croyance officielle de toutes les constitutions où résident la justice et l'ordre.

Mais cette universalité et ce caractère public du théisme éveillent d'autant plus le souhait, voire l'exigence, d'en faire le centre de *toute* compréhension humaine et donc de le regarder lui-même comme l'objet d'une recherche scientifique tant que l'ensemble des connaissances n'est pas pénétré par lui et directement ou indirectement mis en relation avec lui.

Le sentiment qui veut qu'une connaissance aussi extraordinaire que celle d'un être personnel qui, avec un cœur et un esprit semblables à ceux
de l'homme, | dirige le monde, ne puisse rester isolée, coupée de toutes les 84
autres, pour soi, mais qu'elle doive de plus en plus devenir l'âme de toutes les autres connaissances, – ce sentiment était il y a peu universellement partagé, encore que l'on ne cherchât pas toujours, et plutôt même très rarement, à atteindre le but de la manière appropriée.

Sur quoi s'appuyaient par exemple ces innombrables tentatives physico-théologiques, quand bien même elles se trouvaient réduites à quelque chose de mesquin, sinon sur l'idée que le théisme ne serait parfaitement fondé et élevé à sa juste valeur que lorsqu'il aurait pénétré non seulement tout ce qui est humain, mais également tout ce qui est naturel ?

De simples essais partiels et empiriques ne pouvaient suffire à une telle compréhension. Celle-ci n'était possible que grâce à une science véritablement centrale, englobant tout, autrement dit grâce à la philosophie. La croyance théiste requérait donc elle-même pour sa transfiguration d'ensemble la philosophie comme science.

Mais la philosophie est une chose que l'on ne peut produire que d'une manière entièrement libre. Aussitôt qu'on lui impose un but précis, qu'elle doit ou a absolument à atteindre, elle cesse d'être philosophie, c'est-à-dire libre aspiration à la science. Si on admet donc partout de la philosophie, on doit aussi accepter qu'elle découvre par elle-même et porte au jour librement, au terme d'une recherche désintéressée et selon une nécessité purement intérieure, ce qu'il y a de plus haut, ce à quoi l'homme tient le plus et qu'il désire par-dessus tout.

C'est pourquoi le théisme ferait obstacle au but véritablement nécessaire s'il s'attribuait une force limitante à l'égard de la science, s'il voulait s'opposer à elle en tant que *système* – comme s'il était déjà achevé et n'admettait plus aucune fondation.

S'il se reconnaît lui-même objet d'une libre recherche, il doit aussi accepter qu'on le considère comme encore douteux scientifiquement, il doit même permettre autant que possible qu'on laisse venir au jour le contraire de sa doctrine par la même voie.

S'il voulait faire obstacle à cette liberté, il nous retirerait aussi la
85 possibilité de nous élever grâce à la science. | Il serait alors « plus *fanatique* que toutes les religions fondées sur la tradition »[1] et ferait de l'*idée*, qui semblait destinée à donner à l'esprit humain son élan suprême, le moyen de le paralyser à jamais.

Mais si la croyance publique ne peut exercer aucune force limitante à l'égard de la science, combien moins peut-on accorder ce droit à un principe qui présente la philosophie comme essentiellement athée et le théisme par conséquent comme essentiellement non philosophique[2].

1. Ces mots sont de M. Jacobi et reflètent, semble-t-il, sa propre opinion (*cf.* l'explication qu'il donne de l'intention philosophique de Nathan dans *Wider Mendelsohns Beschuldigungen*, p. 76 (1)).

2. Je constate que M. Jacobi, après avoir établi les propositions ci-dessus au début de la première partie des *Lettres sur Spinoza*, (p. 39), après les avoir expliquées et cherché à les

Ce principe *fanatique* au sens ordinaire du mot devrait, comme de juste, être odieux aux hommes autant qu'à la divinité, non seulement parce qu'il instaure une scission éternelle entre la conviction de Dieu et l'entendement humain et place ainsi l'homme lui-même dans une contradiction indépassable avec sa propre nature, mais aussi parce qu'il met entre les mains de chaque chercheur une arme dangereuse dont pourraient se servir la persécution, la basse soif de vengeance ou la méchanceté délibérée – et il va même jusqu'à donner | l'apparence d'une pensée audacieuse se hissant au- **86**
dessus des systèmes habituels. Car l'esprit troublé qui a fini par se convaincre de ce principe ou qui prétend en être convaincu, peut certes, *si bon lui semble*, tourner en dérision le chercheur qui, depuis les profondeurs de la connaissance, travaille au développement des idées suprêmes, et le présenter comme un homme qui s'est sincèrement abusé. Mais qu'est-ce qui l'empêche d'accuser à sa guise ce même homme d'être un fraudeur intentionnel, qui, tout en donnant l'apparence de fonder la doctrine de l'existence de Dieu, cherche plutôt à en saper artificiellement les bases ?

Or tous les penseurs qui ont la tête et le cœur droits ne devraient-ils pas, selon toute raison, s'élever unanimement contre un tel principe, celui-ci ne serait-il établi que théoriquement ? Combien plus le devraient-ils si ce principe avait déjà été mis en application et si, pour ainsi dire sous sa protection, le premier venu se permettait d'épancher son cœur en compensant par une prétendue connaissance de la *conviction la plus intime de l'adversaire* l'absence des arguments que, pour étayer ses accusations, il aurait dû tirer des propos que ce dernier a véritablement tenus ! Qui se permet une telle chose a rompu la loi fondamentale de tout commerce savant et s'est placé de lui-même en-dehors de toute loi. Si tout esprit du bien commun pouvait s'éteindre dans la république des savants au point qu'on en arrivât à tolérer une telle prétention, s'en serait bientôt fait de la

conforter, remarque en outre (2) qu'il n'avait aucunement l'intention de les ériger en thèse et de les défendre contre toute attaque, en ajoutant cette considération bien humaine que, dans le royaume des sciences aussi, on gagne rarement par la guerre. Or il avait avancé ces propositions (p. 223) comme étant l'essence même de ses affirmations. Mais des affirmations constituent pourtant bien des prises de position, quelque chose que quelqu'un affirme et *affirmer* quelque chose veut dire le défendre contre toute attaque. – Cette remarque plus ancienne à laquelle M. Jacobi entend se référer, n'est donc qu'un nouvel exemple de la manière qu'il a d'avancer impudemment ses opinions, tout en esquivant habilement le moindre examen sérieux (on lui avait en effet entre temps annoncé que Mendelssohn allait procéder à un examen). Du reste, l'opinion (de l'athéisme nécessaire de la raison – ou, comme il le dit maintenant, de l'entendement) qui lui est attribuée (par moi également) ne s'appuie pas uniquement sur ces trois propositions, mais ce tout dernier écrit contient des preuves de ce qui a déjà été mentionné plus haut. On citera plus loin dans le texte d'autres passages.

liberté qui préside à toutes les recherches et la bienveillance dont font preuve de grands et magnanimes souverains lorsqu'ils octroient cette liberté au genre humain, viendrait à nouveau à se perdre parmi les savants eux-mêmes et par leur propre faute, en raison de l'impudence d'un certain nombre d'entre eux et de la lâcheté et la bassesse des autres.

Qui lutte ouvertement contre une telle présomption mérite bien de la communauté littéraire en général et défend effectivement, peu importe les circonstances, non pas son affaire personnelle, mais celle de la liberté scientifique que requièrent toute pensée et toute recherche en général.

La légèreté avec laquelle l'accusation d'athéisme a été assez souvent
87 portée ces derniers temps, autoriserait à penser que | le public ferait preuve d'une incroyable indifférence quant à cette affaire si l'on ne devait supposer qu'il sait déjà que ces différentes voix ne sont que les échos démultipliés d'une seule et même classe réduite à de tels expédients par sa nullité scientifique et si l'on ne rappelait en même temps quel mépris instinctif éprouve naturellement chaque homme honnête pour de telles accusations haineuses. Jamais – je le dis fortement – un homme d'honneur ne se permettra, jamais un homme d'honneur ne s'est permis d'attaquer un chercheur purement scientifique en l'accusant, lui et sa doctrine, d'impiété. Car, outre le fait qu'un recenseur qui élude les *fondements* d'un système, peut difficilement en comprendre le résultat, un homme soucieux de la *vérité*, même s'il s'y prend timidement, aurait suffisamment fait en contestant victorieusement les premiers fondements d'un système ou la validité de son développement. Mais, si cette dernière chose est difficile, la première est en revanche très facile ; comme M. Jacobi reconnaît qu'il lui a paru impossible de contredire les fondements sur lesquels s'appuyait Spinoza[1], il lui était très facile de désigner sa doctrine comme un athéisme. Seuls des *enfants*, qui, de nos jours, se mêlent de littérature sans sérieux, ni application, ni expérience, ou *des esprits faibles*, qui veulent réduire à néant, mais sans la force et les moyens pour le faire, toute aspiration qui les dépasse, jouent avec ces concepts comme avec des bagatelles ou s'en emparent comme celui qui se saisit en cachette du poignard parce qu'il n'a ni le courage ni la force de porter ouvertement le glaive.

C'est précisément pour cela, me semble-t-il, que le public ne devrait jamais prendre à la légère l'accusation d'athéisme, mais qu'il devrait y prêter à chaque fois la plus grande attention, cette accusation pouvant être poussée à un point tel qu'il ne serait plus permis, même à l'homme du

1. Dans son français : *qu'il n'en a jamais pu venir à bout avec de la bonne métaphysique*. *Cf.* la lettre à M. Hemsterhuis, p. 156 (1).

commun, de demeurer indifférent. Car, même si un État philosophique ne poursuivra jamais les blasphémateurs les plus endurcis (dans les questions de foi, toute contrainte est en effet déraisonnable), il est impossible, telle est ma conviction, que l'on tienne pour capables de conduire des charges publiques des hommes |qui se *jouent* du nom de Dieu et en *abusent* (1), 88
serait-ce parce qu'il faut présumer que celui qui ne croit en rien d'invisible et ne songe qu'à tricher avec les choses les plus saintes, ne tiendra pour sacrés aucun serment ni aucun autre engagement, lesquels ne reposent en fin de compte que sur des raisons invisibles. Celui qui reproche à un philosophe qui a eu une certaine influence sur son époque, de chercher seulement à induire en erreur, à tromper, à abuser délibérément en employant les mots de Dieu, de liberté morale et de bien et de mal, affirme de lui qu'il détruit *secrètement* les bases de la société humaine, qu'il cherche *insidieusement* à dissoudre les liens sur la conservation desquels repose le véritable bien intérieur et extérieur de l'individu et de peuples tout entiers et cherche à faire (*non* sans raison, hélas !) de ce nom de philosophe déjà détesté de lui l'objet de l'aversion publique.

Ici, l'opinion publique est en *droit* d'exiger qu'on lui donne l'explication la plus sincère et la plus directe qui soit afin d'éviter ou bien qu'un être indigne abuse de la confiance que lui vaut le statut d'homme de science, ou bien que celui qui a usé d'une si criminelle calomnie, devienne pour d'autres, du fait de l'impunité publique, un exemple à suivre pour de semblables sacrilèges et que, de cette manière, les scandales publics, au lieu d'être empêchés et atténués, soient bien plutôt encouragés et amplifiés.

À partir de là, le public peut comprendre avec quel sérieux j'ai cru nécessaire de recevoir les accusations portées contre moi par M. Jacobi, puisque beaucoup pourraient estimer qu'elles auraient tout au plus mérité qu'on les tournât en dérision ou qu'on les représentât par leur côté ridicule, et non qu'on les contredît.

Une fois toute la justice rétablie sur ce point, en particulier grâce à la précédente section scientifique, j'éprouvais néanmoins fortement le besoin d'aller au bout de la question, car je ne pouvais en toute bonne conscience me contenter de ce que j'avais écrit jusque là.

Voilà donc les arguments, me disais-je à moi-même, avec lesquels M. Jacobi conteste la philosophie scientifique dans son ensemble et grâce auxquels il entend l'accuser |d'athéisme nécessaire : voilà donc les 89
arguments dont il s'est jusque là tant vanté. Je ne puis que regretter qu'ils ne soient pas de meilleure qualité : je serais également venu à bout d'arguments plus étoffés. Une connaissance aussi superficielle et générale de quelques principes philosophiques, voire tout simplement des

premières règles ou des déterminations essentielles de la pensée rigoureuse lui donne le courage de s'attaquer à un édifice scientifique soigneusement conçu. En méconnaissant à ce point les principales articulations de mon système, il croit pouvoir, les yeux fermés, lui couper les nerfs. Mais combien peu a-t-on cerné par là cet individu polymorphe ! La science ne représente manifestement que la part la plus négligeable en lui. La part de loin la plus importante est l'art avec lequel il sait se donner une certaine épaisseur aux yeux du monde, avec l'habileté de celui qui s'entend à produire beaucoup avec peu de moyens, en se servant de concepts sans grande valeur ni grande importance, qu'il tourne et retourne de tous les côtés.

Suivant ces considérations, il me parut que l'on ne pouvait mieux prendre la mesure de cette duplicité qu'en la voyant à l'*œuvre*, autrement dit en observant comment M. Jacobi se tournait et retournait de tous côtés et comment il revenait en place à chaque fois.

Cette idée m'absorbait bientôt si entièrement qu'en peu de temps, elle avait pris forme dans tous ses détails et s'était finalement changée en une véritable vision, dont le récit, je puis l'espérer, donnera à cet écrit la fin qui lui convient.

*
* *

Je vis devant moi une foule immense d'hommes de toute sorte, de toutes les races, de tous les âges et de toutes les occupations (1), en laquelle, après quelques hésitations, je dus reconnaître ce que nous appelons notre bien aimé public ou notre époque tant décriée. M. Jacobi se tenait devant cette foule tel un orateur. Je voyais qu'il s'exprimait avec beaucoup d'ardeur, mais n'entendais rien de ce qu'il disait à cause du grand éloignement. À mesure qu'il parlait, la foule fondait comme de la neige, ses mots faisant sur elle l'effet d'une pluie douce : une partie s'en allait d'un
90 côté, l'autre de l'autre; seul un petit noyau résistait encore, que | l'on ne pouvait tout simplement pas déloger. Je pus ainsi m'approcher et remarquais que l'un de ceux qui restaient avait déjà commencé à lui répondre. De ses mots, je n'entendis que ce qui suit.

« Puisque vous incarnez le plus bas degré du théisme, en-dessous duquel une religion aurait le plus grand mal à s'exercer, le postulat pratique de votre griffonnage n'est rien de moins que l'universelle négation de Dieu. Mais vous ne pouvez passer votre temps à démontrer que Dieu n'existe pas[1], en particulier parce que des émotions beaucoup plus fortes d'une religion vivante, voire les signes précurseurs d'un christianisme non pas allégorique mais véritablement pensé, apparaissent du côté où vous vous attendiez le moins.

« Vous, le sauveur du théisme ? – Avouons que vous vous comportez par rapport à lui d'une bien étrange façon : un peu à la manière d'un commandant d'une ville fortifiée qui non seulement livrerait à l'ennemi qui encercle la ville la pièce d'artillerie, avec la poudre et les boulets, mais ferait aussi sortir les réserves de la garnison, cela uniquement dans l'intention de montrer son *bon cœur* et en ayant la certitude que, s'il mourrait de faim, on ne pourrait *lui* prendre sa forteresse. | Au lieu de **91**
combattre l'entendement au moyen d'un entendement plus puissant, vous préférez qu'il disparaisse comme s'il ne pouvait plus rien pour vous ou comme si tous les autres le perdaient si vous vous défaisiez du vôtre. C'est le vieux stratagème de l'autruche, qui, en enfouissant sa tête sous le *sable*, croit être devenu aussi invisible au poursuivant que celui-ci l'est devenu pour elle.

« Est-ce le vrai théisme qui affirme non seulement qu'il n'existe aucune connaissance scientifique de Dieu, mais que nous devons tenir pour *impossible* la nature d'un tel être personnel d'après notre mode de représentation[2] ? – Ou est-ce le théisme, le chef-d'œuvre de la création, l'image de Dieu, “qu'Il s'est réservé à lui-même de créer, à qui Il insuffla son esprit”, qui tient pour *stupides* ceux qui se permettent de dire (p. 168) qu'il lui est *impossible* de prouver que la nature – la vôtre j'entends, celle que vous foulez aux pieds – n'est *pas Dieu, le créateur*, mais seulement

1. On pouvait lire cette année dans un journal officiel un hommage de circonstance en l'honneur de M. Jacobi dans lequel on le glorifiait entre autres de la manière suivante :

> Tu es le théologien [le théolo-rien] de notre époque impie (1).

Voilà qui est presque aussi touchant que le fameux poème de Nicolai (évoqué par M. Jacobi lui-même) :

> Il est un Dieu, ça Moïse l'a déjà dit,
> Mais la preuve, c'est Moses Mendelssohn qui l'a fournie (2).

Bien qu'une certaine langueur dans l'ensemble et une conception de Dieu aussi *étriquée* que celle de Jacobi (on le verra par la suite) poussent à conclure qu'il s'agit d'un poète peu doué, on sait pourtant que de tels clients s'entendent à flatter leur chef. On peut donc sans peiner supposer que ce fameux vers contient la véritable opinion que le glorifié se fait secrètement de sa profession, si l'on ne trouvait dans l'ensemble de ses écrits la preuve parfaitement avérée qu'il partage réellement cet avis.

2. Jacobi, *David Hume ou Sur l'idéalisme et le réalisme*, p. 189.

œuvre et créature, et qu'il est donc impossible de réfuter à l'aide de l'entendement le fétichisme le plus primitif des plus frustes sauvages ?

« Qu'il vienne celui qui nous enseignera le vrai théisme, qui nous fera voir les profondeurs et les sommets de ce merveilleux système ! (1) Il lui sera fait le meilleur accueil une fois que nous aurons non pas certes reconquis la foi naïve de nos pères, mais, amèrement instruits de leur insuffisance, entièrement extirpé de nous ces concepts vides d'une croyance ou d'une incroyance prétendument philosophiques dont nous nous sommes si longtemps vantés. Si vous pouviez enseigner le vrai théisme, l'époque vous porterait aux nues et vous n'auriez pas à vous lamenter dès la page de titre de votre livre sur "les temps qui ne sont point réceptifs". Le temps présent n'est certes pas réceptif, mais d'une double manière : pour certaines choses parce qu'elles sont au-dessus de lui, pour d'autres parce qu'elles sont *en dessous* de lui.

« Exposez le contenu fondamental de la croyance théiste et permettez qu'on le compare à *votre discours*.

92 | « Le premier article de cette foi était que Dieu a librement créé le monde actuel, que ce monde n'existe donc pas de toute éternité, mais qu'il a, par nature, un début et une fin – et que par conséquent le temps de ce monde est un temps *déterminé*.

« Vous déclarez au contraire : "que Dieu ait *nécessairement* créé *de toute éternité*, même le théiste *plus profond* ne le nie pas" (p. 174) (1). Ah, puissiez-vous n'avoir jamais prononcé cette phrase ! Elle prouve à elle seule que vous n'avez aucun sens pour la véritable profondeur, pour le suprême paradoxe de ce système, qui, une fois surmonté, se résout dans les pensées les plus audacieuses et en même temps les plus simples, – et que, même si vous assurez continuellement que *l'entendement* est antithéiste, vous n'avez vous-même aucunement le courage de dire, mais évitez d'un cœur léger, ce qui, dans ce système, paraît réellement heurter l'entendement, mais exige précisément pour cela la force suprême de l'entendement. À celui qui est allé une fois au-delà de ce point, qu'y a-t-il encore qui soit incompréhensible dans le théisme, ou qu'y a-t-il de choquant dans cette idée d'un temps éternel, qui constitue votre principal chef d'accusation, voire votre unique argument théorique contre le panthéisme[1] ?

1. Jacobi comprend en effet le panthéisme de cette manière : comme si, du fait que les choses se meuvent et se transforment, Spinoza avait conclu qu'elles devraient s'être mues et transformées de toute éternité (ajout sur le manuscrit). *Cf.* les *Lettres sur Spinoza*, p. 410, à comparer avec l'Avant-propos du même livre, p. XX.

« Un autre des principaux articles de la croyance théiste est que nous nous tenons aussi dans un rapport libre et immédiat à Dieu du fait de notre libre vouloir et que cette volonté a une racine indépendante de cet *être personnel en tant que tel*, qui le rend capable de l'un comme de l'autre, à savoir se tourner vers lui dans l'amour ou se détourner de lui en se repliant sur soi. Mais vous déclarez que la liberté du vouloir humain consiste purement et simplement dans une force incompréhensible *pour le bien*, jamais dans le malheureux pouvoir, comme vous dites, de vouloir *le mal comme* le bien. L'homme, ajoutez-vous, est plutôt simplement, pour autant que ce malheureux pouvoir est présent en lui, *non libre* (p. 97) (2). Qu'est-ce que cela signifie sinon conserver le mot de liberté, mais ôter à l'homme la force de la liberté, le vouloir proprement dit[1] ? | Et avec tout cela, vous 93
vous permettez l'ambiguïté impardonnable de dire que, depuis *toujours*, on appelle cette faculté de déterminer ses penchants sensibles de façon à les mettre en accord avec les exigences de la *vertu*, *la* liberté morale (p. [64]), ce qui constitue ou bien un incompréhensible aveuglement historique ou une allégation manifestement mensongère, d'autant plus trompeuse que sa fausseté repose sur le simple article *la*. Le sentiment naturel, ainsi que l'entendement, nous disent que, s'il n'y a pas de volonté libre pour ce qu'on appelle le mal, il est impossible que le mal soit véritablement un mal ; mais *vous* refusez d'approuver ce terme et, pour échapper à toute autre question concernant cette contradiction non seulement matérielle, mais formelle, vous vous retirez dans cette obscurité pleine de secrets qui vous est coutumière. Pourtant, si vous vouliez encore passer par-dessus cet abîme de la science sur le pont si facilement établi de votre non-savoir, pourquoi ne pas avouer aussitôt que vous ne comprenez absolument rien à l'affaire au lieu de chercher à nous en enlever jusqu'au concept en feignant d'affirmer qu'il existe une liberté morale ?

« Un troisième article essentiel de cette croyance est l'idée d'une réunion dans un avenir proche avec le Dieu que nous ne voyons pas, avec le Dieu personnel, et d'un futur éloignement de lui également possible, autrement dit l'idée d'une séparation du bien et du mal, que l'on ne saurait

1. Dans sa recension du *Woldemar*, *Friedrich Schlegel* s'exprime comme suit à ce sujet : « puisqu'il (Jacobi) nie la volonté malgré *ses beaux éloges de ce qu'il prétend être la liberté*, en l'identifiant pour une part à l'instinct rationnel (*Lettres sur Spinoza*, p. XXIX, XXXVIII, *Allwill*, p. XVII n.), pour une part à une "expression de la volonté divine", à une "étincelle de la pure lumière éternelle", à une "force de la toute-puissance" ou à une "marque du cœur divin au plus profond de notre | cœur" (*Lettres sur Spinoza*, p. XIV, 253, *Allwill*, p. 300), son éthicité peut donc être seulement amour ou grâce et il semble tout vouloir ignorer d'une vertu qui honore les lois et se prouve par des actes ». *Cf.* les *Caractéristiques et critiques de A. W. Schlegel et F. Schlegel*, t. I, p. 40-41 (1).

en aucun cas concevoir sans l'existence d'un authentique *monde des* 94 *esprits*. Mais *vous* faites passer|sans la moindre gêne la nature pour l'*ensemble* du fini et affirmez que "tout ce qui est, Dieu excepté, *appartient à la nature* et ne peut *subsister* qu'en relation à elle" (p. 103).

« Ah ! Que ne vous êtes-vous tu ! Vous voulez enseigner un autre théisme et ne savez rien tirer des éléments essentiels de cette doctrine – vous y renoncez même, comme c'était le cas avec le premier article principal, au profit d'une opinion plus ancienne et meilleure[1]. Vous reprochez à d'autres de jouer et de mentir avec les mots. Mais comment appeler la manière dont vous procédez avec le concept de liberté morale ? Vous accusez à tort une doctrine que vous détestez personnellement en disant qu'elle aurait dû renoncer non seulement à l'idée de Dieu et de la liberté, mais aussi à celle d'immortalité (p. 110) et que, pour elle, il n'existe rien en dehors de la nature (p. 98). Or vous niez vous-même ouvertement la croyance à la fois la plus chère et la plus douce à l'humanité, celle d'un monde des esprits (2), avec laquelle disparaît en même temps le concept d'une durée personnelle. – Depuis vingt-cinq ans, nous supportons que vous nous rebattiez les oreilles de *déplorations* au sujet de la religion et de la foi sans que cela nous ait un tant soit peu fait progresser dans la compréhension et la connaissance ou même aidé à conforter nos convictions. Comprenez que maintenant nous nous détournions de vous puisque, d'après ce que vous dites, nous ne pouvons accorder qu'une maigre confiance à vos idées et même à la fermeté de vos convictions. Rien d'étonnant à ce que nous en arrivions là car là où il n'y a pas d'entendement, il n'y a pas de sérieux. Comment l'aveugle guiderait-il des aveugles ? ».

À ces mots, tous se détournèrent du théologien de notre époque impie et le laissèrent derrière eux, tout interdit. Pendant ce discours, certains auditeurs s'étaient pourtant à nouveau rassemblés, mais ils m'apparaissaient dorénavant divisés en différentes classes, de sorte que partout, ostensiblement, les semblables s'associaient aux semblables. Moi-même, qui étais plutôt dans la position d'un élève que d'un maître, je me trouvais près d'un de ces hommes qu'il me fallait tenir, d'après leur aspect extérieur, pour des philosophes scientifiques, tandis que, non sans surprise, 95 je |crus aussi voir là des défunts et même en plus grand nombre que les vivants.

Notre homme étonné sembla bientôt se ressaisir. « Je le vois bien, s'emporta-t-il contre ceux qui s'éloignaient, c'est ce maudit entendement

1. *Lettres à Moses Mendelssohn*, p. 414 (1).

qui domine ici. Seuls peuvent s'exprimer ainsi des hommes *purement intellectuels* ou *entièrement terrestres*, qui n'ont jamais goûté à cette nostalgie céleste qui rassasie les âmes divines davantage que n'importe quelle compréhension et connaissance au monde, et à cette mystique incompréhensible que produit un esprit comme le mien ou qui n'en ont jamais eu le moindre pressentiment. Non, aucun entendement, aucune philosophie transcendantale, ne peut m'arracher ce cœur du corps ».

Je fus quelque peu surpris de ce revirement, étant donné qu'il me parut convenir au précédent discours comme, pour employer un proverbe, le poing à l'œil. Mais je me retins d'autant plus d'intervenir que M. Jacobi se tourna bientôt vers l'un des groupes qui venaient de se former en les appelant *amis de la raison* et qu'il commença, sans doute afin de contredire ce qui précède, à dire tout le mal possible de l'entendement en adressant en revanche à la raison les plus grands éloges. Mais quelle ne fut pas ma surprise de voir parmi ces personnes un homme trapu avec une physionomie de docteur Luther prendre la parole et lui répondre ainsi :

« Vous nous faites l'honneur de nous tenir pour des amis de la raison. Nous le sommes en effet, aussi surprenant que cela puisse vous paraître, à condition d'ajouter aussitôt que la haine que vous aviez autrefois pour la raison nous paraît bien préférable à l'amitié que vous avez actuellement pour elle et que vous lui donnez même le meilleur prétexte qui soit de formuler ardemment ce vœu bien connu : que Dieu me garde de mes amis car de mes ennemis, je m'en charge (1) !

« Vous croyez rendre hommage à la raison en faisant de l'entendement le bouc émissaire universel de l'humanité. Selon vous, il est par essence athée et fataliste (p. 34, 177 *sq.*) (2). Cela veut-il dire qu'il faille renoncer à tout entendement pour croire à Dieu et à la liberté morale, et puisque, dans cette optique, vous opposez le cœur à l'entendement, que | seul le cœur, 96
dont le proverbe dit qu'il est stupide, serait fait pour croire en Dieu ? Voulez-vous dire que la raison est capable de juger l'entendement de manière à ce point déraisonnable ?

« Vous devez manifestement devenir le fondateur d'un nouvel ordre dont le vœu serait celui de bêtise volontaire, tout comme d'autres ordres ont fait vœu de pauvreté, de chasteté ou d'obéissance volontaires. Vous auriez cependant le plus grand mal à enrôler dans cet ordre d'autres membres que ceux qui seraient déjà affligés d'une stupidité involontaire et d'une pauvreté d'esprit naturelle. Des hommes vraiment spirituels ne se contentent pas de connaître Dieu, quand bien même il ne serait qu'un entendement en général et pas véritablement *l'entendement suprême*. Si Dieu existe vraiment, il ne peut être connu comme l'être le plus parfait que par l'entendement le plus parfait, et non, comme vous dites, par l'absence d'entendement. Alors que vous prétendez avoir une notion de Dieu, on ne peut connaître par ce biais que ce qui se trouve le plus bas, le véritable non-étant, et jamais ce qui se tient le plus haut, le seul étant par soi.

« L'entendement est un don et une œuvre de Dieu et il ne peut, pas plus que n'importe quel autre don et n'importe quelle autre œuvre, renier son donateur et créateur. Vous répondez que l'entendement nous est donné non pour les choses divines mais pour les choses du monde et que, si donc il juge des choses divines, il devrait les méconnaître et les rejeter. Si on suppose, sans l'admettre, ce que vous-même présupposez, l'entendement devrait d'abord se prouver à lui-même l'entendement, car l'entendement qui se prendrait pour quelque chose qu'il ne peut pas être ou qui s'érigerait comme tel, ne serait plus entendement mais non-entendement. Ne cherchez donc pas à paraître plus savant que les Écritures, qui disent simplement : *l'insensé* dit en son cœur : il n'y a point de Dieu, et non pas, comme vous le faites : *l'homme doué d'entendement* devrait dire dans son cœur : il n'y a point de Dieu.

« Mais que vous vouliez maintenant[1] élever la raison au-dessus de
97 l'entendement, | c'est justement là votre plus grande erreur, votre plus grand péché contre la raison et l'entendement. Car tous ceux qui vivent dans l'esprit, qu'ils soient religieux ou même philosophes, s'accordent à dire à ce sujet qu'il ne faut pas croire, comme vous l'avez fait jadis, que, dans le domaine des choses spirituelles, la raison n'a aucunement son mot à dire, mais qu'elle n'a pas le *premier* mot, la voix la plus éminente. La raison est, dans le domaine des choses spirituelles, comme la femme à l'église (1) : elle doit se taire[2], car seul l'esprit est homme. Mais, quand

1. Je dis « maintenant » car, sur ce point, M. Jacobi s'est déjà aussi montré d'un avis opposé (*cf.* les *Lettres sur la doctrine de Spinoza*, p. 166 (2)) : « une telle voie pratique, la raison tombée dans l'indigence, la raison devenue spéculative, la *raison* déchue ne peut ni en faire ni en laisser faire la louange. Elle n'a ni main ni pied pour creuser, elle a honte aussi de mendier. Aussi lui faut-il se traîner péniblement ici et là derrière la *vérité qui s'en est allée avec l'entendement intuitif*, derrière la religion et ses biens, etc. ». Dans la deuxième édition, avec cette phrase, on fait déjà à la raison une sorte de réparation d'honneur, qui signifie au fond qu'il n'est pas ici question de la raison véritable, mais de la déraison (3). M. Jacobi admettait donc à l'époque l'existence d'un *intellect intuitif*, avec lequel, telles une autre *Astrée* (4), la *vérité* et la religion se sont enfuies en emportant tous leurs biens, et derrière lequel la raison tombée dans l'indigence et qui n'a ni pied ni main, cherche tout juste à *se traîner*. Mais, depuis un certain temps, c'est bien plutôt l'entendement qui est estropié et qui doit boiter derrière la raison, laquelle, grâce à M. Jacobi, se trouve aujourd'hui réellement pourvue *de pieds et de mains* (qui voudrait le nier ?), et c'est lui qui est censé faire comme elle et l'imiter comme le singe imite l'homme.

2. *Mulier taceat in ecclesia.*

l'homme a parlé, elle a son mot à dire, et même elle doit le dire, tout comme un pieux époux ne contraint pas sa femme à suivre aveuglément ses décisions, mais cherche en argumentant à la convaincre de ce qui convient le mieux. Tandis que l'esprit est une chose impétueuse et ardente qui, jusque dans les meilleures, voire dans les plus spirituelles des choses, se comporte souvent avec le moins de mesure, ce principe féminin qu'est la raison est comme une épouse fidèle et avisée qui modère son impétuosité et lui dit avec les mots les plus doux ce qui convient et ne convient pas. Mais, puisque, chez beaucoup d'hommes, elle outrepasse ses limites et agit à la manière de ces mauvaises et imprudentes épouses qui parlent quand elles devraient écouter et jugent lorsqu'il leur faudrait prêter l'oreille, la raison, que vous vouliez jadis jeter en dehors du temple, convient de ce fait tout aussi peu. La raison est soumise à la vanité, comme toutes les autres
|créatures de Dieu, et pourtant l'homme pieux ne la rejette pas pour cela **98**
loin de lui : il sait faire le départ entre ce qui est essentiel et la vanité et la folie. L'or est et reste toujours de l'or que ce soit une goton ou une femme pieuse et honnête qui le porte. Un corps impur est tout autant une créature de Dieu que celui d'une honnête matrone. De même, la raison, si elle est devenue impure aux yeux des sophistes, demeure néanmoins la raison, quand bien même elle serait pervertie. On doit donc mettre à part et rejeter la vanité et l'œuvre de la folie, mais pas l'essence et la substance, ou la créature créée et donnée par Dieu [1].

« Que dire alors de vous qui arrachez notre douce raison à sa paisible limitation, qui la contraignez à devenir un porte-parole, une *virago* et finissez par en faire réellement ce qu'elle est, comme nous l'avons dit plus haut, chez les sophistes ? Tandis que vous condamnez l'entendement, le principe masculin, à se taire, vous lui retirez le privilège divin d'être le maître dans sa propre maison. Sur quelles preuves, sur quels arguments cette condamnation s'appuie-t-elle ? Vous dites qu'en philosophie le mal provient de l'entendement. – Il faudrait dire : de l'entendement immodeste. Dans le spinozisme par exemple, qui est l'unique système philosophique que vous reconnaissiez, il y a manifestement trop de raison et trop *peu* d'entendement. Un entendement plus puissant le développe en un tout autre système. Si les choses divines pouvaient devenir si facilement connaissables, si elles n'exigeaient pas la plus haute force et le plus haut développement de l'entendement pour être comprises, pourraient-elles être des choses divines ?

1. Ce dernier point provient presque littéralement des *Propos de table* du Dr. Martin Luther, chap. XII (3).

Dans toutes les langues, dans tous les discours des hommes, on place l'entendement au-dessus de la raison. Il n'était venu à l'esprit de personne d'en douter avant la confusion kantienne des langues (1). La raison est ce qui est *universel* ou impersonnel en l'homme (2), de même que, dans l'épouse innocente, nous voyons apparaître de la manière la plus pure qui soit l'humanité universelle, qui, chez l'homme, apparaît déjà troublée par le caractère et la personnalité. À tous les hommes, nous attribuons la raison,
99 mais à combien l'entendement? Dire d'un homme qu'il est rationnel | est un piètre compliment, le dire doué d'entendement est bien meilleur que vous ne le pensez. En revanche, une *femme* raisonnable est une chose délicieuse, mais une femme intelligente, si elle n'est rien d'autre, est un être ambigu.

« Comment faites-vous pour renverser ainsi tout ordre de la nature et du langage ? – L'entendement n'est certes qu'un *mot* faible et commun pour ce qu'il s'agit véritablement d'exprimer; celui-là pense pourtant naturellement qui, quand il parle de l'entendement comme d'une force agissante, parle de l'entendement non pas aveugle mais éclairé, tel celui qui, parlant de l'œil comme de l'instrument de la vision, pense spontanément que l'œil ne voit pas dans l'obscurité, mais dans la lumière. L'entendement éclairé est l'esprit et *l'esprit* est ce qui est personnel ; il est la seule faculté agissante en l'homme, la seule aussi qui comprenne les choses spirituelles. *Cette faculté-là* échappe à la différence que vous établissez entre la raison et l'entendement. Il n'est nulle part question d'elle chez vous.

« Que dire alors de vos croisades contre l'entendement puisqu'elles ont en même temps érigé la raison en chevalier ? – Absolument rien sinon que vous paralysez ainsi le nerf de la virilité, que vous mettez la nature efféminée à la place de la force virile et que vous travaillez habilement, comme d'autres dans d'autres disciplines, à cette dévirilisation générale de notre nation rationnelle (1), dont tout le monde *se plaint* et dont vous vous plaignez *vous*-même.

« Ah !, dit notre homme, ces hommes rationnels sont pires que les hommes simplement intelligents ; en tous les cas, ils s'expriment beaucoup moins poliment. L'impudence de cette faculté de connaître prétendument supérieure, l'arrogance dont font preuve l'entendement et la raison, malgré les nombreuses humiliations que Kant et moi leur avons infligées et la diète sévère, voire la nourriture du pauvre que, depuis longtemps déjà, tel Rumford (2), je leur ai imposée suivant mon procédé – ne sont entretenues que par l'illusion d'une philosophie scientifique à laquelle, il faut le remarquer, quelques uns s'accrochent encore. C'est pourquoi il me faut

maintenant prendre pour cible les *philosophes de profession*, sonner l'alarme contre cette race arrogante et toute philosophie scientifique et entreprendre de la renverser en une seule violente attaque. | – Nous savions **100**
donc à quoi nous attendre. Mais ce que personne n'escomptait, c'était que ce soit sur moi qu'il se précipite et qu'il m'attaque avec une furie et un désespoir extrêmes, ce qui ne pouvait s'expliquer que d'une seule manière, à savoir qu'il me prenait pour le plus faible de tous vu je ne l'avais jamais attaqué et que j'avais bien plutôt cherché de toutes les manières possibles à le laisser en paix. Or, puisque je n'avais plus aucun choix, étant donné qu'il ne s'attaquait pas à mes véritables principes, mais, de la façon la plus grossière qui soit, d'abord à ma personne, à ma manière de penser et à ma sincérité et cherchait par là à me désarmer en altérant mes propos, en déformant mes discours et en projetant des inventions, je ne pouvais naturellement pas rester passif. Il me fallait d'abord, pour avoir le champ libre, ôter du chemin toute cette masse de mensonges, de fausses accusations et de calomnies, puisque je n'avais d'autre choix, à ce moment-là, que de m'en prendre à lui directement : pour cela, je le repoussais pour ce qui est de la philosophie jusqu'au point où il était d'abord parvenu, mais ensuite, ce fut sur leur propre terrain que je mis en déroute un à un tous les arguments avancés contre la philosophie scientifique, un peu comme j'avais fait auparavant avec l'écrit en question, mais avec plus de vigueur, d'intensité et de puissance.

La guerre parut alors prendre fin de ce côté. L'adversaire se retira dans une sorte de monologue au cours duquel il ne put s'empêcher de nous lancer de loin encore quelques invectives. « Je reconnais, entendit-on entre autres choses, que la légèreté spécifique de mon génie ne devait pas être mise en jeu contre de vulgaires philosophes de métier. Est-ce une façon de faire la guerre, quand on est salué à coups de flèches, que de répondre par des balles ? Appelez-nous, moi et mes semblables, idiots, de notre côté, nous vous appelons entre nous athlètes [1]. Mais je veux à l'avenir, continua-t-il en s'effondrant d'un ton pleurnichard, | pour purifier ma conscience, me **101**
dévoiler *encore davantage* et *me mettre à nu*, à la face du monde, avec mon peu de virtuosité philosophique, devant ces authentiques virtuoses et maîtres de sagesse » [2].

1. Ici apparaît une chose remarquable : le mot grec ἰδιώτης désigne au sens propre celui qui ne prend aucune part à l'éducation physique publique et ne cultive donc pas la santé, la force et l'habileté de son propre corps. En ce sens, on oppose l'ἀσχητής à l'ἰδιώτης et, chez Platon, l'ἰδιοτινών à l'ἀγωνιζύμενος. *Cf.* Schneider (1).

2. *Lettre à Fichte*, JWA 2, 1, p. 197.

Nous remarquâmes alors qu'il dirigeait ses pas d'un tout autre côté, vers une douce colline où l'assemblée choisie des grands auteurs, des poètes, des orateurs et des historiens paraissait vivre pour se reposer, sous les hauts palmiers et les laures qui ombrageaient ce lieu plaisant, du combat victorieux qu'ils avaient livré. Il se répandait là un air si pur, si élastique et transparent que l'on pouvait non seulement percevoir tout ce qui se passait avec la plus grande clarté, mais aussi entendre très distinctement ce qui était dit.

L'un des philosophes fit cette remarque assez injuste: «qui n'appartient pas à la bonne corporation et n'est ni tout à fait poète ni tout à fait philosophe, ni totalement chrétien ni totalement un sage accompli, qui est un peu de tout mais n'est rien entièrement, peut peut-être pour cette raison espérer encore trouver sa place dans la catégorie générale des écrivains».

Celui qui approchait fut amicalement accueilli à l'entrée. Un homme paisible s'adressa à lui: «nous nous réjouissons que vos pas vous aient mené jusqu'ici, certains parmi nous vous ont longtemps attendus et vous ont gardé une place auprès d'eux. – Cependant, que portez-vous qui répande une odeur si peu familière à cet endroit?» – En vérité, M. Jacobi parut n'avoir rien sur lui que son livre récemment paru, *Des choses divines et de leur révélation*, qu'il tenait à la main et sur lequel, par conséquent, le premier soupçon tomba naturellement (1). L'autre le lui prit, mais à peine
102 l'avait-il seulement reniflé | qu'il le jeta dans le champ derrière lui, par-delà le cercle des collines, avec tous les signes d'une sensation extrêmement désagréable. M. Jacobi parut s'en irriter et s'en indigner grandement; l'autre l'apaisa cependant en lui disant avec douceur: « vous ne devez pas entrer ici avec des choses pareilles; ne voyez-vous pas le mauvais effet que provoquent dans un air comme celui-ci toutes ces puanteurs dont vous ne paraissez toujours pas pouvoir vous défaire? Ici règne le pur éther, qu'aucune jalousie, aucune méchanceté n'empestent de leurs senteurs empoisonnées. Ici, chacun s'occupe de soi; chacun ne s'appuie que sur soi. Dans tout ce jardin, vous ne trouverez aucun arbre qui n'ait poussé sur sa propre terre, aucune plante qui, incapable de s'élever elle-même du sol, aurait besoin de s'appuyer sur d'autres.

« Rappelez-vous que ce grand poète vous disait autrefois *avec amour, avec courroux*, *avec menace*, de ne plus *rester bouche bée*, mais de regarder vos *propres* mains, que Dieu avait aussi rempli d'art et de toutes sortes de forces[1] (1). Peut-être voulait-il ainsi vous détourner peu à peu de

1. Dédicace de la première édition du *Woldemar*.

ces commérages savants pour lesquels, comme en témoignent vos déballages au sujet du spinozisme de Lessing, vous montriez déjà un penchant avéré et dont vous n'avez jamais pu vous délivrer depuis. Qu'apprenez-vous de ce rappel à l'ordre sinon à ne plus regarder du côté des autres, mais à créer de vos propres mains quelque chose qui repose sur soi et ait sa propre force ?

« Cette tendance maladive que vous avez à vous élever en vous appuyant sur les autres et que vous avez déjà dû bien souvent payer cher, est seulement le signe que vous doutez de pouvoir produire et présenter une œuvre autonome. Vous avez même une double façon de vous hisser vers les hauteurs sur le dos des autres et plusieurs de ceux qui vivent ici s'en sont déjà plaints : en premier lieu en multipliant les citations d'œuvres qui vous conviennent, sur la trame desquelles vous brodez et qui le plus souvent, dans vos écrits philosophiques, constituent le seul lien entre les idées, lesquelles ne croissent pas organiquement du fait de leur force interne. Vous n'avez d'ailleurs pu composer votre chef d'œuvre théologique, le *Woldemar* (2), qu'en vous appuyant sur |d'interminables passages de **103**
Plutarque et de Dieu sait quels autres écrits (1) ! De cette façon de se servir des autres naissent beaucoup d'autres abus. Ce n'est pas autre chose qu'une manière de *tirer profit* des vivants et des morts car, à vous *entendre*, Jacobi parle réellement comme Platon et Platon comme Jacobi (2). En outre, cette façon de faire est l'indice d'une manière de lire égoïste et intéressée qui n'embrasse jamais la totalité d'un auteur, mais se délecte de quelques passages, dans lesquels le lecteur retrouve ses propres idées ou qu'il croit pouvoir employer à ses fins. L'autre façon que vous avez de vous hisser vers les hauteurs est assurément moins louable encore ; c'est celle que vous avez employée avec Mendelssohn et Kant et dont vous vouliez maintenant vous servir avec un philosophe plus jeune et encore vaillant (3). Vous voyez à quel point cela vous réussit.

« Vous pourriez néanmoins vous montrer encore belliqueux, à condition de le faire comme il convient. On s'est rendu compte que vous n'écrivez bien que sous le coup de la passion et que votre langue et vos qualités d'exposition s'émoussent sans cet échauffement polémique. Mais jamais un grand écrivain ne peut perdre la mesure, serait-ce sous l'empire d'une véritable passion, et il ne peut en particulier jamais oublier les règles élémentaires du bon goût. Rumeur et calomnies s'opposent au ton ordinairement admis dans la bonne société et l'homme de goût les fuit comme la plus déplaisante des odeurs. Le bon art d'écrire et les mœurs en usage à notre époque interdisent même formellement qu'on use du ton et des manières d'un dominicain criant à l'hérésie. À juger votre livre à la simple odeur, il ne saurait y avoir plus grande joie pour votre persévérance intolérante ou votre intolérance persévérante (4) que d'envoyer au bûcher votre adversaire, le créateur de la philosophie de la nature, sous prétexte qu'il a instauré un nouveau culte des fétiches, des plantes, des animaux, du lingam et de Moloch (5), peu importe quel argument on utilise contre lui ». –

Celui qu'on interrogeait chercha à répondre, mais l'air pur lui fit perdre la voix. Aussi l'autre le fit-il taire avec quelques mots bien choisis.

104 « Seul un ignorant ou un homme ayant perdu le sens pourrait | douter de votre virtuosité littéraire. Aussi je vous engage à accepter un bon conseil. Ici chacun apprend d'autrui ou se fait le modèle de l'autre, quand bien même chacun pour soi cherche à s'élever. Nous souhaitons seulement que tous s'en trouvent aussi bien que nous. Mais nul ne peut en arriver là s'il se montre incapable d'entendre la vérité, s'il reste opiniâtrement attaché à soi et se plaît à se diviniser.

« Ce qu'il y a de plus significatif dans votre manière d'écrire, c'est une heureuse sobriété de l'expression qui ne voile pas la pensée, mais la laisse transparaître comme les habits mouillés laissent deviner les contours d'une belle silhouette. La seule chose qui puisse un tant soit peu atténuer cette qualité, c'est l'importance excessive que vous accordez le plus souvent à vos propres idées. Vous ne faites pas comme votre ami Asmus qui "éteint les rayons des pensées les plus brillantes avant même qu'elles n'apparaissent" (1), mais vous vous attachez au contraire à souligner par tous les moyens chacun de vos traits d'esprit en semblant craindre qu'on ne les remarque pas. Ah, si vous pouviez atteindre la sérénité du grand écrivain, qui expose calmement ses pensées et leur laisse leur propre poids, certain que la balance penchera en sa faveur ! Mais, quand l'auteur s'assied lui-même dans la balance, nous pouvons toujours imaginer qu'il conçoit quelques doutes quant au poids et à la force de ses propres idées.

Nous ne pouvons vous considérer comme un écrivain à part entière, mais seulement, d'après le moyen terme que vous introduisez entre théologie et philosophie, comme un auteur théologico-philosophique. Vous aimeriez obtenir pour vos écrits le titre de *defensor fidei* comme Henri VIII d'Angleterre (2) ou acquérir de haute lutte le nom de philosophe très chrétien au moyen de votre polémique, comme le roi de France s'est acquis le nom de roi très chrétien grâce à son épée. Vous souhaitez réunir ces deux qualités ensemble en employant un style grandiose et imposant.

Mais il faut absolument pour cela des pensées solides qui aient du poids par elles-mêmes et qui ne peuvent naître en ces matières qu'à condition de
105 faire s'élever la religion depuis les profondeurs de la connaissance. | Vous

avez cependant renoncé, non seulement pour vous mais pour l'esprit humain en général, à ce que l'on obtienne de telles idées en partant du matériau rugueux de la science. Vous avez toujours manifesté une grande tendance au spirituel. Or, en vous survolant impatiemment vous-même, vous avez jeté par-dessus bord le matériau indispensable à ce processus et vous avez choisi dès le départ de ne garder que le spirituel. Mais si le spirituel est à nouveau spiritualisé, que peut-il bien devenir ?

« Vous ressentez le manque d'un élément matériel, de quelque chose qui vous résiste, grâce à quoi et à partir de quoi vous pourriez développer le spirituel; en d'autres termes vous ressentez votre impuissance philosophique aussi vivement que votre vouloir. C'est pourquoi vous passez constamment du point de vue scientifique à ce qui est universellement humain et du domaine philosophique au statut d'auteur édifiant. Car le seul thème de l'existence de Dieu ne suffit pas : aussi cherchez-vous à l'amplifier selon les règles d'une homilétique (1) philosophique inventée par vous et à l'utiliser contre ces philosophes scientifiques que vous combattez. Il n'y aurait guère lieu de s'étonner que l'un d'entre nous finisse par vous lancer ce que le grand Johannes Kepler répondait aux prédicateurs qui voulaient réfuter le système copernicien en s'appuyant sur la Bible : "ne rabotez donc pas le fer sinon le rabot ne vaudra même plus pour les copeaux de bois !" (2) Le rabot qui vaut pour les copeaux de bois, ce sont toutes ces considérations édifiantes, le fer, c'est la science.

« Que valent sincèrement tous les jolis vers et toutes ces belles sentences que vous empruntez en particulier à Herder pour preuve que la religion est un privilège de l'homme ? (3) À qui peuvent-ils bien servir ? Le religieux n'en ressent pas le besoin; ils ne convainquent pas l'athée scientifique; quant au philosophe, ils lui sont parfaitement inutiles. Un tel discours n'a par essence ni but ni mesure; avec un peu d'attention, même en tant que simple orateur, vous deviez bien vous rendre compte que vous vous êtes entièrement fourvoyé et que vous vous épuisez lamentablement dans un désert immense, où rien ne laisse de trace. Comme ce *Discours sur la prophétie de Lichtenberg* dans lequel vous vous êtes servi d'un mot de cet homme paisible | d'une manière qui l'est infiniment moins, la plupart de 106
vos exposés prennent du fait de ces erreurs la forme de véritables capucinades (1). Le non philosophe lui-même le sent : vos épanchements éloquents reposent à chaque fois sur une illusion première, un *prîton yeàdoj* passé sous silence, car, de la façon dont vous procédez, on ne peut pas philosopher ni même comprendre une autre manière de philosopher. La philosophie demande de l'abnégation et du silence, la volonté de faire retour aux commencements et de progresser paisiblement à travers tous les

moments du développement jusqu'au dernier, non de pousser des clameurs incohérentes avant même d'avoir rien entendu ou de s'agiter à tort et à travers sans direction ni but.

« Vous éprouvez plus vivement encore votre impuissance et êtes pris de *colère* : par quoi vous faites plus de mal à vous-même qu'à vos adversaires, car, si fort que tous les hommes honnêtes s'attachent à Dieu et aux vertus, personne n'accepte qu'on les leur impose brutalement, ce qui aurait l'effet exactement contraire à celui recherché. Il faudrait d'abord leur faire perdre leur croyance pour la leur rendre de cette nouvelle manière. – Le Christ a-t-il enseigné de la sorte ou l'un des sages au miroir desquels vous aimez à vous contempler? Socrate était certes bien placé pour savoir ce que *vociférer* veut dire, mais nous ne voyons pas que, dans ses discours, serait-ce contre les sophistes, il ait employé le ton de Xanthippe (2).

Vous finissez bien entendu par en perdre la voix et mobilisez toutes les différences possibles de l'expression, en multipliant les points d'exclamation et les signes d'énervement, pour donner de la force à vos propos : un nombre incalculable de points d'exclamation se tiennent l'un derrière l'autre comme autant de battants de cloche sonnant sans trêve ou comme de véritables poteaux d'alarme (3). Les mots imprimés en caractères toujours plus gros, et plus gros encore, puis en lettres énormes, et qui enflent enfin en de véritables *sesquipedalibus verbis* (4), donnent de votre prose l'image d'un champ labouré de petites et grandes taupinières où le promeneur court le risque de se déboîter les membres : vous pensez pouvoir finalement, par tous ces moyens, attirer l'attention du lecteur inattentif et indifférent et le tirer de son sommeil.

107 |Tout cela s'achève lorsque, après vous être grandement échauffé, vous tombez d'épuisement, et non quand vous avez réussi à instruire ou à convaincre les autres… ».

Celui à qui on s'adressait de la sorte n'attendit pas que l'on finisse. – Pour la première fois, on vit apparaître une trace de contrition sur son visage. Le chemin le conduisait à passer devant le livre *Des choses divines* jeté à terre, il le regarda un moment et se demanda s'il devait le ramasser. Mais il le laissa en fin de compte sur le sol. – *Finalement*, il se sentit envahi par le sentiment du néant des choses dans lesquelles il avait jusque là recherché gloire et fierté; une bonne résolution parut se frayer la voie dans son âme, mais, quand il l'exprima, l'ancien préjugé qui voulait que la vraie religion, le sentiment et la connaissance de Dieu ne puissent s'unir qu'au non-entendement et à la non-philosophie, le pervertit. On entendit en effet très clairement ces mots : « je vais maintenant tourner le dos à la fois à la raison et à l'entendement, à la philosophie et au bon goût et m'adresser aux vrais religieux, aux véritables illuminés, aux enfants de Dieu ».

Parmi les collines qui formaient notre horizon, il s'en trouvait une, au milieu de toutes les autres, pareille cependant à une île, à une véritable île des Bienheureux (1), dans laquelle, semblait-il, aucun bruit extérieur ne pénétrait. On voyait des hommes avec des gestes dignes venir vers lui de tous côtés, des mères qui tenaient leurs enfants devant les autels décorés solennellement, d'où s'élevaient de délicates odeurs de sacrifice ou de saintes flammes, des groupes d'enfants jouant paisiblement, tous d'un calme serein; un éclat de soleil s'attardait sur l'herbe fraîche, qui semblait en retour raviver son rayonnement. Tout semblait réuni ici pour évoquer l'image d'un âge d'or.

Le sauveur du théisme dirigeait ses pas vers cet endroit et il était déjà tout près du cercle de ces hommes quand surgit une des plus surprenantes apparitions que l'on puisse imaginer de voir : alors qu'il pénétrait pour ainsi dire dans la sphère d'influence de ce petit monde, une résistance palpable se matérialisa devant lui, comme sous l'action de forces invisibles, tel un véritable | mur qui le repoussa instantanément à une certain **108**
distance. Dès qu'il avait atteint cette distance, la force répulsive sembla disparaître ou, comme il le dit, le mur fondit sous ses yeux. La répulsion se changea alors à nouveau en attraction ; mais, dès qu'il revenait à proximité de la colline, le jeu de répulsion recommençait, ce qui s'accompagnait pour lui d'une sorte de coup ou de choc physique, comme s'il s'était précipité la tête contre un mur. On aurait dit que les lois de la nature matérielle étaient transposées dans le monde des esprits : de même que les corps légers sont alternativement attirés et repoussés par une surface chargée électriquement, de même les esprits légers semblaient imperceptiblement mis en tension et attirés par les émanations actives d'une vie supérieure, puis aussitôt repoussés par elles à une certaine distance.

On voyait sans peine que ce mouvement était entièrement involontaire, un va et vient perpétuel en ligne droite, par lequel celui qui se trouvait en même temps attiré et repoussé perdait tout contrôle de lui-même et se mettait à répéter inlassablement le mot de Job : « *si je vais droit devant moi, il n'est pas là ; si je me retourne, je ne trouve pas sa trace* ! » (1).

Une fois entré dans un tel champ d'influences, il aurait vraisemblablement continué à subir sans fin ce mouvement, s'il ne s'était présenté un étranger curieusement habillé, qui, aussitôt qu'il l'approcha, annula pour ainsi dire par une puissance opposée la violence de ces forces attractive et répulsive, et rendit le malheureux à lui-même.

Celui-ci, ayant été pris d'une sorte de vertige du fait de ce mouvement alternatif toujours plus rapide et de la commotion que lui infligeait à chaque fois la poussée en arrière, recouvra aussitôt ses esprits grâce à la seule présence de l'étranger, auquel il s'empressa dès lors d'ouvrir son cœur. Il développa devant lui les théories que nous connaissons, tout en se plaignant qu'une telle aventure lui arrivât régulièrement, encore que ce ne soit jamais dans des circonstances aussi marquantes : chaque fois, en effet,
109 qu'il voulait | s'approcher des choses divines, l'entendement, qui est par essence naturaliste et athée, et en outre un vrai magicien, édifiait devant lui un mur ou une cloison qui l'obligeait à chaque fois, sous l'effet d'une répulsion sensible, à rebrousser chemin, aussi vide et dépourvu de connaissances qu'auparavant; mais, une fois atteint une certaine distance, il ne pouvait pas s'empêcher de s'approcher à nouveau de ces choses. Aujourd'hui, cependant, il s'est trouvé emporté par un véritable tourbillon de forces attractives et répulsives.

« Voilà sans doute, dit alors l'étranger, l'auteur de cette brochure *Sur les choses divines* que j'ai trouvée sur la route, traînant par terre, et que j'ai rapidement feuilletée.

C'est bien moi, répondit Jacobi, je revendique cet ouvrage.

« Maintenant, dit l'étranger, ne soyez pas surpris si je me réclame à mon tour de ce qui, dans cet *ouvrage*, est présenté comme le seul bien, à savoir : "qui accorde à chacun de ses frères *comme à soi-même* le droit d'être intolérant, celui-là seul est *vraiment* tolérant" (1). Accordez-moi donc aussi le droit à une intolérance déclarée, si ce n'est contre vous, du moins contre votre livre : au moins, vous ne manquerez pas de trouver dans mon discours un ton de sincérité et d'honnêteté.

Ah ! Dieu !, se dit M. Jacobi, il semble qu'aujourd'hui, je sois condamné à ne rencontrer que d'authentiques honnêtes gens; en voilà assurément encore un de cette espèce, pareil à celui que j'ai pris pour un *homme raisonnable*. – *Vous* m'obligeriez beaucoup en m'expliquant l'idiosyncrasie de mon esprit et en me disant si je dois la tenir uniquement pour telle ou si elle est une destinée universelle du genre humain.

« Il se pourrait que cela soit déjà fait, dit l'étranger. – On lit par exemple dans la lettre de Jacques (celle du vrai Jacobi, pas la vôtre) : "celui qui doute est semblable au flot de la mer, agité par le vent et poussé d'un côté et de l'autre" (2).

« Vous dites dans votre ouvrage que la science doit rester *neutre* à l'égard de la doctrine de Dieu, de la liberté et de l'immortalité (3). – Neutre ? À l'égard des vérités les plus hautes et les plus spirituelles ! – Neutre ! Mot justement haï, à la simple pensée duquel Solon avait imposé

la peine de mort lors des assemblées | (1) : croyez-vous qu'une division de 110
l'homme en esprit et en cœur, en entendement et en raison, puisse avoir cours devant Dieu. On nous dit : tu dois aimer, et donc, puisque aimer, c'est connaître, tu dois connaître Dieu, ton Seigneur, de toute ton âme, de tout ton cœur et *de toutes tes forces*; et non pas : tu ne dois le connaître qu'avec le cœur et t'abstenir avec la tête. – Dante, le grand poète chrétien, voit en un lieu qui n'est ni le ciel ni l'enfer, *l'un et l'autre étant sans valeur*, les misérables qui ont déplu à Dieu et à ses amis et *qui jamais ne furent vivants*, mêlés

> a quel cattivo coro
> Degli angeli, che non furon ribelli,
> Ne sur fideli a Dio, ma per se foro (2).

L'homme est un être indivisible, il ne peut être au ciel par le cœur et, par l'entendement, compter au nombre de ces êtres abjects qui eux aussi voulaient rester *neutres*.

« *Neutre* ! La science tout entière ? – Bien que, selon la conformation particulière de votre faculté spirituelle, vous ne voyiez ni ne trouviez aucune voie qui conduise à connaître Dieu scientifiquement – personne ne vient d'abord à Dieu par cette voie –, vous dites pourtant qu'*Il est* ! (3) Maintenant que vous L'avez trouvé (pouvait-il en être autrement ?), pourquoi ne pas consacrer toutes vos forces à l'adorer, ce qui ne peut se faire en affichant partout le sentiment que vous avez de lui (par quoi vous vous louez seulement vous-même), mais seulement par de vrais actes de l'esprit, en dépassant ce qui vous fait face, à savoir l'obscurité de la nature (qui, à vous entendre, cache Dieu (4)) et en perçant réellement à travers le monde pour aller jusqu'à Lui ? – Mais qui veut dépasser le monde se doit de l'affronter vraiment. Il ne suffit pas simplement d'ignorer l'ennemi, de ne pas vouloir le connaître. Or vous ne vous souciez nullement de la nature et du monde, vous utilisez toute la force spirituelle dont vous êtes capable pour les laisser de côté, tandis que ce qu'il reste de votre personne vit par là avec eux en toute sérénité.

| « Qu'est-ce donc que ce quiétisme scientifique, assorti du droit que 111
vous revendiquez haut et fort d'être appelé un grand sage, sinon un désir de rester neutre entre Dieu et le monde ? Car on ne peut servir Dieu qu'en affrontant le monde. Les orientaux appellent l'homme un combattant de Dieu sur Terre. S'il avait seulement voulu nous bercer comme des enfants contre son sein, il ne nous aurait pas jeté dans ce monde hostile. Mais vous voudriez, à ce qu'il semble, être seulement le paresseux dans la maisonnée du Seigneur quand tous se donnent de la peine et rester assis à la maison comme l'enfant gâté : vous vous en flattez encore vous-même et regardez

les autres de travers d'un air moqueur ; vous les jugez plus médiocres que vous et dénigrez ceux qui se tiennent vaillamment dehors sur le champ de bataille que vous leur avez assigné, et qui ne se délectent pas de sensations passives et de plaisirs interdits à l'homme. En vérité, je vous le dis : ils sont plus chers à Dieu qu'une armée d'oisifs spirituels. Même s'ils ne réussissent pas toujours à se rendre maîtres de l'ennemi, Dieu les regarde d'en haut avec plaisir comme le sage stoïcien regarde l'homme courageux aux prises avec le destin et ne manquera pas de conduire un jour les égarés à la lumière. Oui, vraiment, l'athée lui-même, si seulement il se sert de ses forces spirituelles, si seulement la science, comme vous dites, l'emporte véritablement dans son système, vaut davantage en son genre que celui qui se contente de *parler* de Dieu et des choses divines sans transfigurer le sentiment qu'il en a en une conscience spirituelle supérieure. Tel un animal, à vous croire, il loue le Seigneur sans être capable de le connaître, au moins autant que le fait le rossignol par son chant ».

Ce qu'il y a de plus sacré doit-il apparaître dans la clarté de l'entendement ? Faut-il désacraliser les plus délicats mystères en les exposant à la lumière indiscrète de la science ?

« Votre propre expérience ne vous a-t-elle pas précisément montré que, même baignés par la plus vive lumière du soleil, ils demeurent des mystères et que des gardiens invisibles repoussent les hommes impurs qui s'en approchent, encore que ce ne soit pas toujours si manifeste ? Mais des mystères *qui craignent la lumière*, comme ceux que vous voulez célébrer, que peuvent-ils bien cacher d'autre que des concepts, des mots ou des œuvres des ténèbres ? "Ceux qui affirment, dit un vrai illuminé, que les
112 | choses spirituelles ne peuvent aucunement souffrir la lumière de la raison (qui ne fait qu'une lumière avec celle de l'entendement), on doit les considérer non comme les *prêtres* de notre seigneur Dieu, mais comme ceux du *démon* ; qu'ils aillent le rejoindre, lui qui vit dans les ténèbres, et qu'ils l'adorent (1)".

Que Dieu nous préserve d'un ciel dans l'entendement pur (2).

« Mais qu'Il nous préserve tout autant d'un ciel sans quelque entendement que ce soit. –

« Prenez garde ! L'entendement pourrait bien un jour inverser cette phrase et dire : tu me reproches d'être impuissant car tu *veux* que je le sois. Ton désir de rester neutre par l'esprit n'est finalement pas autre chose que ta maudite paresse de cœur. Tu n'es pas à même de connaître quoi que ce soit car ton cœur n'y est pas. On peut dire ici à bon droit : là où est ton cœur, là aussi est ton esprit (3). Qu'est-ce que la vraie connaissance sinon l'amour, l'amour est-il autre chose que la plus haute connaissance ? Pour apercevoir les qualités les plus évidentes d'un être, les caractéristiques les plus dignes d'être aimées, nous devons vouloir les connaître. Qui s'entête à se voiler les yeux, qui ne veut pas voir, ne *peut* pas voir. Mais il n'y aurait pire folie que de reprocher à l'œil sa cécité, comme tu me le reproches. La volonté relâchée, la volonté mauvaise entrave la connaissance et le manque de profondeur d'esprit a bien plus souvent son fondement dans le manque de profondeur de cœur que l'inverse ».

Mais voyez comment Job lui-même, cette gloire et cette fierté de Dieu (4), crie les mots que vous m'avez entendu prononcer dans ma détresse – et le Christ lui-même a lancé sur la croix cet appel bouleversant : mon Dieu, mon Dieu, pourquoi m'as-tu abandonné ? (5), puis, en mourant, il remit l'esprit entre les mains du Père. – Ce combat de l'entendement qui ne trouve Dieu ni devant ni derrière lui et cette victoire finale du cœur, voilà le christianisme et c'est de ce christianisme que l'auteur du livre mis à mal se réclame.

« Vous entendez donc vous servir même du christianisme, si tant est que votre indécision de cœur vous le permette, si tant est que le "coursier ailé" se tienne tranquille assez longtemps (6). – Non seulement des hommes tels que Platon et Aristote, mais aussi *un homme tel que le Christ* (7), doivent parler |comme vous, uniquement pour qu'à l'inverse, 113
un homme comme vous parle comme le Christ. – Lui aussi, qui est venu dévoiler les *profondeurs* du Père, vous aimeriez le convertir à votre inepte non-savoir. – Vous citez les noms de ceux qui n'ont pas craint de soutenir, encore à notre époque, la doctrine selon laquelle celui qui nie le Fils n'a pas non plus le Père et vous vous donnez l'apparence de vouloir approuver héroïquement ces *fanatiques, ces exaltés qui se livrent au culte idolâtre d'un homme* (1). De ce mot, vous donnez l'interprétation morale suivante : celui qui, dans l'élément supranaturel de son intériorité, ne reconnaît pas Dieu dans un homme sacré, et *uniquement* en celui-ci, ne voit Dieu nulle part ; et vous l'expliquez ainsi : "seul le christianisme, *compris avec cette pureté*, est une religion. Hors de lui, il n'y a qu'athéisme *ou idolâtrie*" (2). Et nulle rougeur ne flottait sur votre visage quand, après avoir donné cette interprétation et l'avoir expliquée, vous faisiez de ces hommes, plus résolument et plus ouvertement que n'importe lequel de leurs détracteurs, des *fanatiques et des idolâtres*, puisque vous étiez parfaitement conscient que ces hommes n'entendaient pas ces paroles dans ce que vous appelez leur *pureté*, autrement dit leur vacuité, mais qu'ils se figuraient, littéralement et au sens fort du terme, un Dieu, non pas simplement allégorique, comme n'importe quelle idée d'un homme saint, mais capable de se manifester activement, un véritable Fils de Dieu, – un intermédiaire non

pas universellement humain mais personnel, pas uniquement moral mais universellement dynamique, et dont seule la médiation permet à l'homme de connaître véritablement Dieu *comme esprit*. – Il est clair en effet que vous donnez le nom d'idolâtrie non seulement à une philosophie soigneusement réfléchie ou scientifique, mais au christianisme lui-même tant qu'il n'est pas transposé dans cette *pureté*, autrement dit tant qu'il n'est pas privé de sa véritable substance et de sa force.

« Que croyez-vous que le christianisme puisse être, avec tout son côté physique et sensible, avec ce que vous appelez ses *preuves physiques* (3) ? Le christianisme est pour vous quelque chose de bien trop réel, de bien trop massif, et lui-même tient pour rien cette écume ténue puisée à même la
114 surface de la religion rationnelle la plus moderne |, ce prétendu théisme qui retire à Dieu tout ce qui est naturel, qui tient pour pure folie les expressions physiques du livre divin, et même ce qu'il y a de physique dans la doctrine et les dogmes, et qui n'a pour leur sérieux d'autres égards que des moqueries d'une présomption insensée et se sent obligé de recouvrir leur prétendue stupidité d'une interprétation qui se dit morale, en d'autres termes d'une interprétation qui simplifie et aplanit la profondeur du sens.

Si je puis me permettre, ne le criez pas trop fort, sinon je n'oserais même plus me réclamer dans mon action du pur théisme chrétien, qu'il n'est pourtant pas inutile de défendre dans cette époque impie.

« Et dire qu'un homme qui se réclame du théisme chrétien cherche à mutiler non seulement l'Écriture mais Dieu lui-même et à commettre à son égard le plus grand des forfaits, celui que, d'après la fable du païen aveugle, Saturne commit à l'époque archaïque à l'endroit d'Uranus (1) ! Et dire que, malgré tous ses *discours* sur la révélation, il préfère encore retirer à Dieu tous les moyens et organes nécessaires à cette dernière, et même le premier et le plus ancien d'entre eux, repoussé dans la dissimulation primordiale ou ce silence que certains gnostiques ont personnifié sous la forme de leur Sig» comme l'état précédant l'engendrement du *Verbe* ! Qui veut nier la nature comme organe divin, qu'il nie simplement toute révélation (2) ! Sans cette première et plus ancienne révélation, toutes les révélations qui se communiquent ou se sont communiquées par la suite à l'individu et à l'ensemble du genre humain, en particulier la révélation ultime et suprême par le moyen de l'incarnation du Verbe, auraient été impossibles. Ces deux révélations, la révélation initiale et la révélation ultime, ne vont pas l'une sans l'autre, elles ne sont qu'une seule et même révélation, elles se produisent seulement en des temps différents et par des moyens différents.

« Le grand Hamann, dont vous avez pu arracher quelques plumes, mais tout au plus pour écrire et non pas pour voler, l'affirme : “les sciences de la

nature et l'histoire sont les deux piliers sur lesquels repose la vraie religion. L'incrédulité et la superstition se fondent sur une physique et une histoire superficielles" (3). – À propos de la physique superficielle, il déclare justement ceci : "vous rendez la nature *aveugle* et vous vous êtes *vous-même crevé les yeux* | *pour que l'on vous prenne pour des prophètes*". Vous 115
voulez régner sur la nature[1] et vous vous liez vous-même pieds et mains[2] "pour pouvoir *chanter en fausset* de manière d'autant plus touchante sur les chaînes adamantines du *destin*"[3] (3) et il ajoute, contre toute forme d'histoire superficielle, que "toute l'histoire est peut-être, *pareille à la nature*, un livre scellé, un indice caché, une énigme qui ne se laisse pas résoudre sans labourer avec un autre attelage que notre *raison*" (4) – laquelle ne connaît en elle que des choses impersonnelles et abstraites, mais n'y aperçoit aucune présence *physique*, ni main, ni doigt, ni empreinte de pas, ni *preuve matérielle* de l'existence d'un Dieu, et ne reconnaît pas le Christ incarné, réel, comme son centre, mais le transforme en un être universel et allégorique.

« Mais comment comprendra-t-il les paroles d'un mort celui qui n'a pas entendu la voix d'un vivant ! Parle, honnête Asmus (5), dis combien tu as apprécié que l'on cherche à t'introduire dans la société distinguée avec ces semelles épaisses (6) dont ton maître de cérémonie à la fois théiste et chrétien est bien incapable de défaire les lanières. Dis comment on a voulu *excuser* cette folie *innocente qui t'attache par hasard* à un solide christianisme littéral, c'est-à-dire conforme à la lettre et revendiqué comme tel, et te convaincre insidieusement que ton attachement au Christ *effectif* et *historique* n'est qu'un *culte des images et* une *secrète idolâtrie* (p. 62) (7). Dis combien t'a plu la *permission* que l'on t'a généreusement donnée de t'enivrer des écrits divins, à la manière du vieil Hamann, comme d'autres s'enivrent des chants d'Homère (8) et de trouver en eux tout ce que tu cherches, comme un forcené ou un amant qui adore non seulement les qualités, mais aussi les défauts et les faiblesses de | l'objet aimé. – Pourrais- 116
tu dire, honnête messager, de quelle manière tu comprends la position qu'occupe ton recenseur *partial* (1), qui prétend s'affirmer avec une conviction toute particulière *entre* ce qu'il appelle les deux partis ? Je gage

1. L'homme révèle Dieu pour autant qu'il s'élève par l'esprit (mécaniquement, cela va de soi, et au moyen du concept, et non pas dynamiquement et réellement comme le saint qui produit des miracles) *au-dessus* de la nature (*Des choses divines*, p. 189) (1).

2. La raison n'a pour creuser ni pied ni main (*Lettres sur Spinoza*, p. 220) (2).

3. La nature cache Dieu, car elle n'est partout que (!) destin, une chaîne de simples causes efficientes, que rien ne peut interrompre et qui n'a ni commencement ni fin (?) : elle exclut tout aussi nécessairement providence (?) et hasard (p. 189) (9).

que toi, vrai messager, apôtre des simples, tu as sur les lèvres, à l'usage de ces mêmes hommes *partiaux*, l'expression peu amène de n'être ni chaud ni froid, avec tout ce que cela implique »[1].

Ces mots prononcés, l'étonnant étranger reprit sa marche et disparut rapidement sous nos yeux. Nous nous étonnions de la manière dont il avait pu prendre M. Jacobi de si haut et nous nous attendions à ce que celui-ci soit profondément consterné par ce discours.

Nous nous convainquîmes pourtant du contraire en le voyant s'approcher d'un philosophe qui se tenait à proximité de lui et lui tenir ce langage : « parmi ces hommes qui me révoltaient par leur superstition répugnante, par leurs opinions contraires à la raison, qui sont pour moi le plus douloureux scandale, j'en ai trouvé plusieurs chez qui cette superstition, ce défi de la déraison, le zèle s'y rattachant inspiré par la crainte des idoles étaient aussi seulement sur les lèvres » (2).

De même que les hommes sont capables de s'indigner violemment de choses extérieures relativement insignifiantes tandis que, là où il s'agit de ce qui est véritablement intérieur, ils trouvent sans peine les moyens de se rassurer, de même me parut-il curieux, même en rêve, alors que j'avais si souvent et si abondamment entendu M. Jacobi parler de signes et de
117 miracles, que, maintenant qu'il se produisait avec lui quelque chose |de véritablement merveilleux et même de magique, il ne s'en trouvât pas particulièrement remué et qu'il oubliât même aussitôt à nouveau ce qui s'était passé.

Il parut bien plutôt que cet incident n'avait servi qu'à le ramener une fois encore à ses anciennes lubies. Chacun étant en effet avide de savoir vers quoi il allait dorénavant se tourner, il s'arrêta brusquement devant les philosophes scientifiques et leur déclara : « celui qui dit cela n'est pas seulement un *penseur indépendant*, mais c'est à ce point encore un philosophe *de profession* qu'au fond, il n'en a vraiment jamais exercé ni conçu aucune autre, – il est maintenant quelque peu âgé et peut bien tirer de sa profession autant de vanité que possible et réclamer pour cela d'occuper la place qui lui revient dans cette honorable assemblée » (1).

1. *Apocalypse selon saint Jean* 3, 14-19 : « voici ce que dit le témoin fidèle et véritable. – Je connais tes œuvres. Je sais que tu n'es ni froid ni chaud : ah, puisses-tu être froid ou chaud ! Ainsi parce que tu es *tiède* et que tu n'es ni froid ni chaud, je te vomirai de ma bouche. – Tu dis : je suis riche et je n'ai besoin de rien ; tu ne sais pas que tu es malheureux et misérable, pauvre, aveugle et nu. – Je te conseille d'acheter de moi de l'or éprouvé par le *feu*, afin que tu deviennes riche et des vêtements blancs, afin que tu sois vêtu et que la honte de ta nudité ne paraisse pas ; et un collyre pour oindre tes yeux afin que tu voies » (3).

Ce discours renfermait diverses étrangetés. En premier lieu, le fait que, pour attester qu'il était un philosophe de profession, Jacobi assurait fortement ne jamais en avoir véritablement conçu ni exercé *d'autre*, comme si tous ceux qui ne pratiquent *aucune* activité correctement étaient en quelque sorte par là-même des philosophes de profession. En deuxième lieu, le fait qu'il disait être tel, comme il venait de le faire sous nos yeux avec diverses autres professions (c'est pourquoi il fallait bien insister sur le mot *correctement*, auquel il n'y avait rien à objecter). En troisième lieu, le fait qu'il parlait de son âge, comme si l'on pouvait obtenir ici grâce à l'âge une forme de maîtrise, ainsi que c'est le cas dans d'autres professions. En quatrième lieu, le fait qu'il cherchait désormais à obtenir une place parmi les philosophes scientifiques alors qu'il y a peu, il les avait encore appelés philosophes vulgaires, *artisans* et *athlètes*.

Mais ce qui parut être la plus grande folie, c'était qu'il croyait possible de prendre physiquement possession de cette place : cela prouvait qu'il ne dépendait que des autres qu'on la lui accordât ou non. C'est pourquoi l'un des philosophes lui répondit en ces termes :

« On ne peut *occuper* une place parmi les sages scientifiques qu'en la *remplissant* et ce qui, dans d'autres cas, est le moyen *le plus sûr* pour paraître quelque chose, | est aussi dans le cas présent l'*unique* moyen. Vous **118**
semblez croire que nous pouvons vous donner ou vous refuser cette place. Rien de tout cela n'est en notre pouvoir. Qui est philosophe, est philosophe, le monde entier s'y opposerait-il. Ici, cela signifie : *sapere aude* ! (1) *Montrez-vous* philosophe et vous le deviendrez, voilà la seule réponse que nous puissions vous donner ».

Jacobi assura cependant que, dans les conditions présentes, il n'était pas vraiment à même d'occuper cette place. On le pressa de dire pourquoi.

Il montra alors qu'il était le plus grand des rêveurs car il affirma tout de go qu'un large et profond fossé, qu'il était humainement impossible de franchir, séparait la place où il se tenait de notre point de vue. Bien que personne n'ait aperçu quoi que ce soit qui ressemblât à un fossé et que le sol, quoique en pente, continuait à plat, tous les efforts pour le persuader du contraire n'aboutirent à rien sinon à le plonger dans une véritable angoisse, car il s'écriait constamment : « n'essayez pas de me tromper, je vois bien le fossé devant moi et celui qui me dit qu'il n'y en a pas veut mon malheur : il veut qu'en le suivant, j'y tombe la tête la première et me casse le cou ».

Or, comme il devait croire, d'après son idée, que les philosophes faisaient délibérément en sorte de ne pas le comprendre, il se sentit obligé de clarifier ses propos et déclara que, si seulement ils voulaient bien abandonner leur point de vue et s'abaisser jusqu'au sien, chacun y trouverait son compte, qu'il se tiendrait parmi les philosophes et eux auprès de lui. Il ne manqua pas de présenter cette place comme étant la plus éminente et le point de vue des philosophes comme le plus misérable. À supposer qu'il existe un tel fossé, il serait tout aussi impossible aux philosophes de descendre jusqu'à lui qu'à lui de monter jusqu'à eux. Il ne semblait pas même y avoir pensé.

Mais, tandis qu'il continuait à exhorter et à prier et bien que les philosophes ne se crurent pas même obligés de lui répondre, l'un d'eux eut
119 l'idée de lui crier: « vous auriez ici la|plus belle occasion qui soit d'effectuer le fameux *salto mortale* dont vous avez chanté les louanges à Lessing et dont jusqu'à présent nous avons toujours espéré vainement voir le succès ».

Cette idée ne plut pas à la majorité des philosophes car ils ne pouvaient en attendre qu'un nouveau scandale, qui, aux yeux de la plupart des hommes sans instruction, finirait par rejaillir sur la philosophie elle-même, et ce d'autant plus, disaient-ils, qu'en se tenant toujours aux limites de la philosophie, ainsi que par les sauts dont il était coutumier, M. Jacobi avait déjà attiré sur lui l'attention d'une foule de spectateurs étrangers à cette discipline et au sérieux de la science. Or, ces propos venaient d'un psychologue, qui entendait justifier pleinement ses dires en se servant d'arguments de cette sorte :

« Toute la non-philosophie de Jacobi repose donc sur la représentation profondément enracinée en lui de l'existence d'un tel fossé, lequel n'empêche personne d'autre que lui de quitter son point de vue et de s'élever à une considération véritablement philosophique; si on lui permettait seulement de s'arracher à cette place qui le tient pour ainsi dire ensorcelé, peu importe par quel moyen et serait-ce au prix d'une illusion, on pourrait espérer que, d'un point de vue supérieur, tout lui apparaisse de soi-même sous un jour différent. L'étranger avait bien insisté en disant que, s'il avait véritablement accédé à l'idée suprême, peu importe par quel moyen, il ne serait pas resté lui-même inactif, mais aurait cherché à appliquer et développer cette idée de toutes les manières possibles (1). Toutes les personnes présentes étaient bel et bien convaincues que la différence qui existait entre elles et M. Jacobi ne reposait pas seulement, comme celui-ci l'affirmait, sur le fait qu'il possédait dans le non-savoir cela même qu'elles possédaient dans le savoir, mais qu'elle consistait en ceci qu'ils parlaient véritablement de deux *idées* entièrement différentes, ou bien plutôt que les uns parlaient de l'idée effective elle-même et l'autre de la non-idée. Si maintenant on pouvait accéder à l'idée effective, serait-ce par une voie sortant de l'ordinaire, ce serait la fin de ses problèmes; c'est pourquoi on devait plutôt l'inciter à accomplir sa promesse de *salto mortale* que l'en empêcher ».

| Ces arguments convainquirent effectivement un grand nombre d'entre 120
eux et l'affaire suivit librement son cours. Depuis la première exhortation du psychologue, on percevait dans notre soi-disant philosophe de profession un conflit : la représentation d'un danger attaché au saut périlleux et le désir de se voir attribuer une place parmi les philosophes scientifiques entraient manifestement en lutte. La dernière possibilité, soutenue par les exhortations de nombreux philosophes, s'imposa finalement.

Il se prépara effectivement à accomplir son saut périlleux en s'éloignant du prétendu fossé de façon, comme il disait, à prendre l'élan nécessaire ; ensuite, il prit congé avec émotion de tous ses amis réunis sur l'autre bord et, une fois achevés tous les préparatifs qu'un homme prudent a coutume de faire avant de partir pour de lointains et dangereux périples, il se banda les yeux avec un foulard. Il marmonna encore différents propos inintelligibles, dans lesquels on ne pouvait rien distinguer sinon qu'il était abondamment question de l'ici-bas et de l'au-delà, du naturalisme et du théisme. Enfin il conclut par ces mots : « qu'on me libère de la puissance de la nature ! Qu'on ait l'audace de le faire ! Je place mon sort entre les mains du ciel et de Notre Dame ! »[1]. On le vit alors donner à ses bras et à ses jambes un mouvement puissant mais imprécis, de sorte qu'il finit par sauter sur lui-même, mais sur une faible hauteur.

« Dieu soit loué !, dit-il aussitôt avec le soupir de celui qui a accompli la tâche la plus pénible, je sens à nouveau le sol sous mes pieds et je ne suis pas blessé. Venez, mes amis, serrez-moi dans vos bras ; félicitez-moi pour l'œuvre accomplie ; je suis arrivé sain et sauf sur cette Terre promise de la philosophie que, jusque là, je pouvais seulement apercevoir de loin, comme Moïse » (1). En prononçant ces mots, il ôtait le foulard de ses yeux.

« Mais quel ne fut pas son étonnement lorsque, après avoir jeté quelques regards autour de lui, il lui fallut déduire de tout ce qui l'entourait
qu'il se | tenait encore et toujours au même endroit, que ce maudit fossé se 121
trouvait toujours devant lui et qu'il n'avait peut-être pas avancé d'un pouce.

La plupart des philosophes se reprochaient d'avoir cédé au psychologue, dont la prévision, comme c'est souvent le cas ici, avait entièrement échoué. Le plus triste était que Jacobi apercevait toujours devant lui le large fossé : puisque cette imagination n'avait pas même cédé

1. « Selon toute vraisemblance il s'agit de la raison » (ajout sur le manuscrit).

à l'idée d'avoir accompli le saut, on pouvait alors aisément en conclure qu'elle devait avoir un fondement plus profond, qu'on ne pouvait guère supprimer. En même temps, le côté grotesque de cette tentative affectait également la philosophie elle-même, car la plus grande partie des spectateurs présents, qui donnaient le nom de philosophes à tous ceux qui s'occupent de philosophie, peu importe si celle-ci est bonne ou mauvaise, réussie ou pas, ne faisaient pas de différence et n'avaient pas hésité à se moquer autant qu'ils le pouvaient de cette expérience.

Et, en effet, il était difficile de se défendre de l'impression que M. Jacobi avait une façon qui lui était toute personnelle, pour ainsi dire un véritable talent pour réussir à demeurer sur place tout en multipliant les mouvements apparents. Quelqu'un employa même cette comparaison bien connue : il avait dressé sa philosophie comme on voit souvent dressés des chevaux d'apparat, qui galopent sans se déplacer réellement ou de façon perceptible[1].

Les philosophes comprirent que, pour éviter que se produise un jour un autre scandale, ils devaient se résoudre à lui parler franchement et même à profiter de ce dernier incident pour le faire renoncer à son obstination à être un philosophe de profession au vrai sens du terme. Après qu'ils eurent délibéré quelque temps à ce sujet, le plus âgé d'entre eux prit la parole et lui dit :

« Après ce qui vient de se passer, un bon conseil paraît plus instructif que n'importe quelle information ou réfutation et plus utile que tout ce que
122 le savant | peut attendre d'un autre savant. Acceptez-le donc amicalement, recevez-le de bonne grâce tel qu'il vous est donné ».

« Quelques unes des descriptions que l'on trouve dans vos premiers discours et écrits pouvaient laisser croire un instant que vous vous étiez au moins une fois hissé sur ces hauteurs. Une vue dégagée se découvrait à l'arrière-plan, non seulement comme on peut d'ordinaire en jouir depuis ce point de vue, mais plus vaste que ce que peuvent seulement apercevoir ceux qui, depuis cette hauteur, tendent à s'élever toujours plus haut et, avec les ailes d'un aigle, à dépasser de leur vol de visionnaire les plus lointains sommets. Cette vision était cependant à chaque fois si nébuleuse et si floue qu'on avait le plus grand mal à discerner quoi que ce soit de vraiment précis; de temps à autre, comme par magie, un éclair qui traversait brusquement le ciel illuminait la foule l'espace d'un instant. On dut

1. Dans cette vision allégorique, le rêveur avait peut-être à l'esprit un fragment de Friedrich Schlegel selon lequel « le *salto mortale* tant vanté des philosophes n'est souvent qu'une *fausse alerte*. Ils prennent en pensée un élan impressionnant, mais à y regarder de plus près, ils en sont toujours au même point. C'est Don Quichotte voyageant dans les airs sur un cheval de bois » (*Caractéristiques et critiques*, « Première partie », p. 233) (1).

constater par la suite que cette vision ne venait jamais au premier plan, qu'elle restait toujours en retrait. En même temps, ces descriptions semblaient souvent ne pas concorder avec ce que vous rapportiez plus posément à propos de ces mêmes objets ou d'autres s'y rapportant. Nul ne pouvait croire que ces contradictions se trouvaient chez vous comme chez ces grands maîtres qui n'appréhendent véritablement les choses que dans la totalité et la grandeur puisqu'on vous a vu veiller scrupuleusement au moindre détail, que vous vous employiez à consolider en multipliant les restrictions et les définitions.

« Il était frappant de voir que vous refusiez d'admettre à votre tour que cette vue puisse être prise d'un côté légèrement différent. Car il est naturel que ce qui se transmet de manière purement historique ne puisse être modifié, tandis que celui qui a observé une chose de la nature conçoit bien qu'elle apparaisse sous différents aspects, quoique toujours comme une seule et même chose (1).

« On serait bien en peine d'expliquer ces remarques si l'on ne supposait que les fragments de cette grande vision vous ont été transmis par d'autres ayant véritablement exploré ces hauteurs ou des régions plus élevées encore. Avec une imagination ardente et débordant de sentiment, vous vous êtes efforcé de donner vie à ces fragments. Mais ce qu'il en est résulté de mieux n'est jamais venu de votre propre intuition immédiate : | ce que 123
vous aviez de meilleur visait d'ordinaire à l'inexprimable et était davantage le signe de l'aspiration et de la tendance vives du sentiment à le formuler néanmoins, que la marque d'une exposition sûre, guidée et animée par la vision de l'objet effectif. Il manquait aussi à vos œuvres l'ample harmonie d'ensemble qui s'étend également à chacun des côtés, et plus particulièrement le centre perspectif qui permet seul aux fragments de former un tout. Au lieu de chercher, sinon dans la nature du moins en vous-mêmes, les fondements derniers de cette harmonie, vous vous contentiez pour ainsi dire du simple commerce de détail des idées et des opinions, par lequel vous pouviez certes soutenir la concurrence avec ce qui manquait également de la profondeur de l'harmonie, mais pas avec ce qui en porte la marque.

« Tout cet état de chose donnait à votre manière d'exposer vos arguments ce que j'appellerais une excitation contre-nature, et en particulier ce ton irrité que vous avez peine à dissimuler à l'endroit de ces maîtres qui se montrent, dans leurs expositions, plus adroits, plus détaillés et plus clairs. Bien que tout artisanat ait sa démarche, sa manière de procéder et ses avantages, tout ce qui relève de la forme et de la méthode en philosophie vous paraissait négligeable et vous alliez même jusqu'à tourner en dérision, en le comparant à des choses de moindre valeur, l'art philosophique de construire des totalités scientifiques. Aussi ne manquiez-vous pas de susciter l'aversion de beaucoup d'hommes sérieux et aguerris, et l'un d'eux constatait, alors que vous vous présentiez comme un philosophe de profession, que vous l'étiez à la manière dont beaucoup de ceux qui se disent maçons sont des maçons.

« Cette irritabilité apparaissait de manière plus éclatante encore à l'occasion de vos polémiques. C'est une observation bien connue qu'un homme qui prétend par exemple avoir été en Amérique, mais n'a jamais vu cette partie du monde, quand on l'assaille de questions précises, détaillées et supposant de véritables connaissances, se trahit aussitôt par l'éner-
124 vement avec lequel il les reçoit. | Vous montriez, il est vrai, le plus souvent une certaine habileté à esquiver ces questions, en passant rapidement d'un sujet à un autre. On voyait cependant que chaque remarque scientifique visant à la précision des concepts faisait naître en vous un certain mécontentement, une certaine impatience. Vous exigiez une véritable *croyance* non seulement à l'égard des choses divines mais aussi pour ce qui touche à vos propres affirmations philosophiques.

« Mais vous ne paraissiez même pas toujours avoir compris en profondeur ce à quoi vous vous montriez hostile et vous faites preuve, concernant un certain nombre de systèmes, d'une innocence que l'on dirait touchante si elle ne s'accompagnait de tant de revendications. Du panthéisme par exemple, vous ne connaissiez que cette forme efféminée et fade qui s'appuie sur une simple affinité réciproque des choses les unes envers les autres ; à ce panthéisme réellement effrayant qui enferme en soi un sujet, vos concepts trop policés ne se sont pas élevés (1). Devant la nature, vous êtes saisi d'une sombre épouvante dont vous ne connaissez pas la cause, puisque vous n'avez qu'à peine ressenti le véritable effroi qu'elle suscite. – Et comment l'auriez-vous pu ? Plutôt que de plonger dans son effroyable profondeur, vous devisiez paisiblement en surface et laissiez "l'illimité s'étendre dans l'herbe" (2).

« L'affect du philosophe, dit Platon, est l'étonnement[1]. Mais, pour ce qui concerne les objets de l'admiration, vous et votre philosophie avez toujours pour une part fait preuve d'une certaine largeur d'esprit, semblable en quelque sorte à celle des pharisiens, qui filtraient les moustiques et avalaient les chameaux (3) ; vous étiez poursuivi par la peur étrange et totalement infondée de voir la science et la compréhension faire

1. Μάλα γὰρ φιλοσφον τοῦτο πάθος, τὸ θαυμάζειν. οὐ γὰρ ἄλλη ἀρχὴ φιλοσοφίας ἢ αὕτη (*Théétète* 155d (5)).

disparaître ce qui est digne d'émerveillement, chose qui n'est nullement l'idée d'un *authentique platonicien* (4). Car, si l'étonnement est bien la passion du philosophe, celui-ci se détournerait de la philosophie si le fait de la pratiquer détruisait l'objet de sa passion. L'étonnement ne peut |s'appeler l'affect du philosophe que dans la mesure où celui-ci cherche 125
avec passion à découvrir ce qui est ultime, absolument étonnant, auprès de quoi la science cesse et où commence le non-savoir manifestement non *compris* par vous[1] (1).

« Voilà où mène l'opinion que vous avez publiquement défendue au sujet des sciences et qui suffisait certes à faire de vous le dieu des demi-savants et de tous ceux qui se plaisent à jouer les érudits sans grande érudition, mais qui vous éloignait d'être le compagnon des philosophes sérieux et scientifiques. Suivant la plus spirituelle de vos comparaisons, toutes les sciences ne sont qu'une sorte de *jeu du solitaire* tel qu'on le pratique à Nuremberg : elles ne nous répugnent pas tant que nous ne connaissons pas encore tous leurs tours. Si nous les connaissions tous, elles nous deviendraient insupportables (5).

« Pour ne pas gâter votre goût au contact des sciences, vous avez manifestement pris la précaution de n'en approfondir aucune et de vous contenter du statut de *dilettante universel*, plutôt que d'oser mettre en danger votre amour des sciences en devenant un véritable érudit.

« Dans ces circonstances, le moyen auquel on a recours pour dissimuler le manque spécifique de science sous le large manteau d'une ignorance universelle, à savoir la prétendue ignorance *socratique*, ne peut guère avoir l'effet escompté. L'époque que vous avez offensée prend ce terme non, comme Socrate, pour de l'ironie mais pour argent comptant. Vous savez bien de toute façon que nos contemporains n'ont pas le sens de l'ironie et, quand on dit de la philosophie de Jacobi qu'elle enseigne l'ignorance, ils répondent : c'est bien cela, en effet, l'ignorance.

| « Considérez en outre que vos principales affirmations, par exemple 126
qu'il ne saurait y avoir de philosophie naturelle du surnaturel (1) (à condition de ne pas exagérer le sens philosophique qu'on donne ici à cette

1. Johann Georg Hamann professa lui aussi un *non-savoir*, en un autre sens toutefois que celui qu'on a donné plus haut à ce terme et en un sens cette fois entièrement différent de celui de Jacobi (2). La note des *Lettres sur la doctrine de Spinoza*, (p. 331), dont l'auteur, semble-t-il, n'a pas vu qu'elle devrait montrer le chemin à suivre à sa prétendue profondeur d'esprit, doit déjà amener le lecteur à se demander *de quelle manière* M. Jacobi a compris ce grand auteur (3). De même pour le concept de *révélation*, dont il a jusqu'ici esquivé toute réelle explication. – En outre, que le mot *raison*, *Vernunft*, provienne du verbe percevoir, *vernehmen*, est une tradition issue de Hamann (4). Nous avons vu plus haut quel usage en a été fait.

expression), sont toutes réfutées par le fait. Rappelez-vous tout l'art qu'il vous a fallu, toutes les explications que votre philosophie a dû donner uniquement pour faire apparaître sous un jour plus favorable l'histoire de la maladie qui affecte votre esprit et songez au peu de joie et à tous les mécontentements que cela vous a apportés; rappelez-vous à quel point vous craigniez d'être méconnu ou bien de la tête ou bien du cœur, pris comme vous l'étiez entre philosophie et non philosophie, à quel point vous vous êtes enferré dans les contradictions que faisaient naître les concepts essentiels de votre vision des choses, par exemple ceux de raison et d'entendement, de révélation, de sentiment et de pressentiment, de savoir et de non-savoir, etc., tandis que vous n'étiez pas même capable, après un tel temps, d'expliquer avec précision le moindre d'entre eux; rappelez-vous que vous entendiez vous servir de la philosophie toujours seulement comme d'un moyen et qu'il n'y a pas lieu d'espérer aujourd'hui encore que vous la compreniez comme une fin (2); songez enfin que, d'après Friedrich Schlegel, votre véritable *directeur de conscience*, il vous fallait dissimuler et embellir à chaque phrase "pour vous et pour les autres des contradictions manifestes, des fautes de raisonnement et des équivoques en vous montrant dans certains passages d'une profondeur géniale, en vous présentant sous le jour le plus avantageux, et même en ayant recours à des autorités" (3). – Ah ! que n'avez-vous suivi les tranquilles mises en garde d'hommes tels que Lessing, dont la voix fut parmi les premières à vous interpeler : "*des mots, mon cher Jacobi, des mots!,* vous disait-il. *La limite que vous voulez poser ne se laisse pas déterminer, et d'un autre côté, vous donnez libre cours au rêve, à l'absurdité et à l'aveuglement!*" (4). Songez-y, ainsi qu'à tout ce qui s'est passé aujourd'hui, en particulier à la manière dont tous vos arguments se sont littéralement retournés contre vous, puis à votre dernier essai, sur le succès duquel je ne veux pas m'appesantir, puisqu'il est assez clair pour soi. Voyez quels déplorables moyens vous devez employer pour
127 |défendre une réputation scientifique chancelante et comprenez à quel point ces moyens pris ensemble sont de peu de secours. Réfléchissez, méditez, considérez, pensez à tout cela et vous comprendrez que le conseil que nous vous donnons est le plus pertinent ».

« Vous regardez le point de vue philosophique comme une sorte de place forte entourée de fossés infranchissables par vous. Vous savez qu'on appelle de tels lieux inviolés des "vierges parmi les forteresses" (1).

« Cela dit uniquement pour que vous ne m'accusiez pas d'employer des images inadéquates tandis que je vous lis le conseil plein de bienveillance qu'ont rédigé d'un commun accord les personnes ici présentes.

« Notre conseil est le suivant :

« Jacob travailla sept ans pour Rachel, qu'il aimait, et ensuite sept autres années, en tout quatorze ans. Il la reçut pourtant pour épouse après les sept premières années : celles-ci lui semblèrent n'avoir duré qu'un jour, tant il l'aimait (2). Jacobi sert la philosophie depuis sept fois sept ans. Tout ce temps, il a dû le passer avec cette Léa aux yeux fragiles qu'on lui avait substituée. Rachel ne lui a rien accordé; à ce qu'il dit, un Laban au cœur sec, auquel il donne le nom d'entendement pur, la lui refuse. Mais la jeune femme semble elle-même manquer de désir, elle a compris que l'amour dont elle est l'objet n'est pas un amour inconditionné, qu'on la désire seulement afin de matérialiser à travers elle quelques unes de ses opinions favorites, sans quoi elle n'aurait eu aucune peine à se soustraire à un père inflexible ou à lui dérober ses idoles et à les cacher sous la paille (3). Nous lui conseillons donc d'écrire à cette ingrate nous ne disons pas une lettre de rupture, mais une lettre d'excuses, et de se détourner d'elle afin qu'elle aussi le laisse en paix et ne charge pas sa tête de questions qui accablent à ce point son entendement ».

Notre homme répondit sans réfléchir : « voilà qui ne me coûtera pas trop et qu'importe si l'on prend mon dernier livre, *Des choses divines et de leur révélation*, pour une telle lettre d'adieu ». Une philosophie scientifique, continua-t-il, | cela n'existe pas; voilà ce dont l'expérience l'avait une 128
nouvelle fois convaincu; tout ce que l'on opposait à cela et les prétendues réfutations par le fait n'étaient que du vent, de même que la prétention de s'élever à ces points de vue supérieurs que l'on ne peut atteindre que là-haut. Toutes les sciences ne consistent en vérité qu'en un jeu avec des nombres vides de réalité, avec des théorèmes que l'on élabore seulement pour continuer à calculer, sans approcher *d'un cheveu* d'un résultat vrai, de nombres ayant une signification, de la vérité authentique (1). Qu'il remercie Dieu de s'être fait en peu de temps une opinion si mesurée de toutes les facultés humaines. Nous autres hommes pouvons seulement « produire *hors de nous* des mouvements et des combinaisons de mouvements et par là (mécaniquement) des formes et, *en nous*, des concepts et des combinaisons de concepts se rapportant, par le sens externe ou le sens interne, à des perceptions » (2). Par là il accorde, pour ce qui est de la théorie de notre faculté de connaître, plus de droits qu'on ne le pense aux philosophes français, lesquels en fin de compte déduisent eux aussi tout de *sensations* et ramènent tout au *mouvement* (interne ou externe). Voilà pourquoi il reconnaît aussi comme eux qu' « il ne peut y avoir, au sens propre et rigoureux du terme, que deux sciences, la mathématique et la logique ». Cette belle théorie ne l'empêche cependant pas, mais elle

l'autorise plutôt, elle l'encourage même à occuper une place, et même très éminente, parmi les philosophes de profession, en qualité de *polémiste.*

Tous s'étonnèrent de cette nouvelle idée. La plupart des philosophes s'éloignèrent, craignant que ce discours ne produisît de nouveaux scandales. Les spectateurs commençaient déjà à s'y résigner et l'un d'eux s'exclama : « ne pensez-vous pas que ce méchant et large fossé va toujours vous faire obstacle, peu importe que vous vous présentiez en ami ou en ennemi ? ».

J'aurais dû, il est vrai, y penser plus tôt, répondit-il : l'ennemi n'aurait pas pu me battre sur mon propre terrain [1].

Comme souvent en cas de gêne soudaine, il se fit un moment de silence
129 général, jusqu'à ce qu'une sorte | d'écuyer que le polémiste avait auprès de lui y mette fin en disant d'un air sage :

« je crois pouvoir faire une proposition tout à fait utile. – Je me suis souvent dit que les nombreux exemplaires superflus de vos œuvres complètes pourraient être utilisés de bien meilleure manière. Comme vous vous représentez cet endroit comme une sorte de forteresse entourée par un large fossé, qu'est-ce qui vous empêche de faire de vos œuvres complètes, en particulier des ouvrages polémiques, un moyen de combler ce fossé et de marcher dessus comme sur une sorte de passerelle ? Non seulement tous ces merveilleux livres rempliraient ainsi leur véritable destination suprême et accompliraient entièrement le but pour lequel ils ont été écrits, mais votre éditeur lui-même ne vous sera jamais assez reconnaissant de cette utilisation.

Le ton et les gestes montraient que l'écuyer parlait sérieusement. Après une courte réflexion, le polémiste s'écria à l'attention des spectateurs attroupés autour de lui : « des messagers partent bientôt de tous côtés pour apporter ici mes écrits, en particulier le traité *Sur l'entreprise du criticisme de ramener la raison à l'entendement* et la *Lettre à Fichte*, en autant d'exemplaires qu'il en existe encore. Mais, à cette fin, je recommande avant tout mon livre *Des choses divines et de leur révélation*. Je connais les vertus de cet écrit ; c'est véritablement un livre bon à remplir les fossés ».

Des messagers partirent en effet aussitôt aux quatre coins du monde. Le polémiste en eut chaud au cœur puisqu'il voyait la difficulté majeure aplanie de manière si inattendue, si rapide et si heureuse. Tout réjoui par ses pensées, il laissa éclater un concert d'éloges au sujet de la polémique et se mit à exprimer des sentiments pleins d'héroïsme.

1. Ce paragraphe a été raturé dans le manuscrit.

« Ce qui ne *résiste* pas ne *subsiste* pas non plus : mais toute résistance est en même temps une attaque. Ce qui subsiste en résistant, exclut. Toute vie exclut, toute existence individuelle, toute propriété aussi ; et, pour tout cela, on a le droit et le devoir de lutter contre l'agresseur, de le traiter en ennemi car, par sa nature, il ne peut être dominé que par des exclusions et |*par la guerre* » (1). – Qui fait profession de ce grand métier de la guerre **130**
scientifique peut, comme un soldat ordinaire, prétendre aux plus hauts honneurs et aux plus grandes dignités (2). Quelle gloire immortelle n'ai-je pas déjà récoltée simplement sur ce champ et quelle gloire gagnerai-je encore en faisant apparaître les faiblesses des systèmes dominants et surtout en obligeant à se confesser publiquement ceux qui préfèrent se taire ? Pour ce faire, nul n'est plus qualifié que moi, qui au fond ai été non seulement le cofondateur, mais aussi le précurseur de toute la nouvelle philosophie, que ce soient des philosophies kantienne ou fichtéenne ou de la doctrine athée de l'identité : en tant que *pré*-découvreur, je suis mieux, voire bien mieux, placé pour savoir ce que chacune d'elles affirme que ne le sont les *post*-découvreurs. Ce n'est du reste qu'aujourd'hui que j'en ai fait l'épreuve sur ce présomptueux défenseur du naturalisme, qui voulait lui aussi *dire quelque chose* de Dieu et des choses divines, puisque j'ai fini par le contraindre à afficher la couleur, de façon à ce que chacun voie clairement qu'il défend l'existence du Dieu des naturalistes et qu'il entend même (ce qui paraîtrait en effet incroyable s'il ne l'avait révélé de son propre chef) fonder le théisme au moyen de l'athéisme, voire le faire dériver de lui.

J'avoue à ma plus grande confusion que, bien que j'aie été moi aussi tenté de me retirer dans mon for intérieur plus profondément que dans cette verte forêt à l'ombre de laquelle les autres cheminaient, ce discours prétentieux me fit rebrousser chemin. En même temps, il était étonnant que j'aie pu donner l'impression d'avoir oublié tout ce qui venait de se passer et que j'aie pu m'adresser à M. Jacobi comme s'il était encore auréolé de gloire : la seule explication était que, puisque la vision touchait à sa fin, mon âme cherchait instinctivement à revenir au point de départ. Je finis néanmoins par ramasser presque toute la morale de cette fable en une seule apostrophe.

« Quel plaisir que d'affronter de grands penseurs. La polémique est certes une chose magnifique, le simple mot en est déjà superbe et nous rappelle que, comme les affaires des peuples, les plus hautes questions qui se posent à | l'homme intérieur ne peuvent manquer de conduire à la guerre. **131**
Que le ciel nous garde la polémique ; celui qui veut défendre solidement une opinion se doit d'en faire d'abord usage. Si son idée est vraie, chaque

objection surmontée devient un matériau nouveau à partir duquel il pourra donner une forme nouvelle à sa pensée fondamentale et la plus forte résistance qu'il rencontre ne sert qu'à le hisser à un niveau supérieur. Mais de quelle utilité peut lui être une polémique où il doit répondre à chaque attaque : "ce n'est pas vrai", et où, pour employer une de vos images, la lame de l'adversaire cherche à trouver la sienne, mais n'y parvient pas et s'agite dans le vide ? (1)

« Il appartient au genre polémique que celui qui est pris pour cible soit effectivement attaqué. Mais, pour ce qui vous concerne, vous faites plutôt en sorte d'éviter l'attaque que de la pousser à bout. Vous vous contentez du tumulte qu'elle fait naître, ainsi que de l'énorme nuage de poussière qu'elle soulève et qui vous masque entièrement l'adversaire. – Vous tournez alors les talons et appelez attaque ce qui ne vous oppose même pas un antagoniste.

« Comment se fait-il que vous vous plaisiez tant à *abêtir* votre adversaire et que ce soit là à chaque fois votre principal objectif ? Celui qui commande des soldats peu valeureux peut à bon droit leur faire croire que l'ennemi est faible en nombre et davantage encore dénué de force morale. Comme vous procédez ainsi, ne vous étonnez pas si vos arguments plient bagage au moment où vous prendrez vraiment conscience de la force de l'adversaire ; mais, puisque chez vous il n'est guère question d'arguments et que vous faites le plus souvent la guerre *aux personnes*, vous pouvez seulement chercher par là à vous donner vous-même du cœur au ventre. Car celui qui combat pour *la vérité* cherche plutôt à renforcer les arguments de son adversaire, et même à lui en prêter s'il n'en a pas[1]. Dans les procès
132 scientifiques comme devant | les juridictions civiles, il ne s'agit pas en effet de gagner par n'importe quel artifice, mais par la force du droit et de la

1. La citation qui suit fera voir combien les temps ont changé eu égard à notre auteur et par conséquent à ses principes : « l'essentiel était pour moi non pas de rendre *absurde* la thèse adverse, mais de la rendre *raisonnable*. Il fallait que je découvre le fondement de l'erreur, que je montre sa possibilité chez un bon esprit et que je puisse me mettre dans la manière de penser de celui qui se trompe, au point d'être en état de me tromper avec lui et de sympathiser avec sa conviction. Avant d'en être arrivé là, *je ne pouvais me persuader d'avoir bien saisi l'homme avec qui je* combattais. Raisonnablement, je préférais douter de moi-même, je supposais la bêtise de mon côté et présumais chez l'autre un esprit plus profond et une foule de raisons en réserve. Jamais je ne me suis départi de ce procédé et *j'espère le conserver jusqu'à la fin de ma vie* » (*David Hume*, p. 77-78 (2)). Bien que, d'un certain côté, on soit tenté de regarder cette phrase comme une de ces *captatio benevolentiae* (3) dont regorgent les écrits de l'auteur, on voit qu'à l'époque encore, il *avait connaissance* des principes. Qui ne dira après avoir lu le présent écrit d'un bout à l'autre : « que n'a-t-il également suivi ces principes avec la philosophie de notre époque et supposé de la bêtise de son côté plutôt que de prêter à l'adversaire un non-sens manifeste » ? Mais cet *espoir* ne s'est hélas pas plus concrétisé que les autres.

vérité, sans que rien ne soit décidé d'avance. Réfuter de véritables erreurs est chose honorable, et plus encore lorsqu'elles sont pleines d'esprit ou qu'elles sont apparentes. Mais lutter contre le non-sens n'apporte en soi pas le moindre honneur.

« Que vous soyez devenu si habile à changer les principes de l'adversaire en galimatias (1) aurait plutôt dû vous retenir que vous pousser en avant. Tout ce qui vient trop vite est en soi suspect. Quand vous soutenez par exemple que le système de l'identité proclame l'indistinction de la raison et de la déraison, du bien et du mal, vous êtes d'autant moins fondé à l'affirmer que l'on pourrait dire, d'après le désir que vous avez une fois exprimé d'unir raison et entendement (voir ci-dessus p. 80 n. 2 (2)), que vous estimez que la croyance propre à l'homme sain et indivis consiste à unir négation de Dieu et divinisation de soi. Croyez-vous que je puisse me résoudre à ce que l'on déforme à ce point mes propos ? Puisque votre imagination, là même où elle opère librement, manifeste une inclination évidente pour les choses viles et détestables[1], il vous fallait plutôt contrebalancer ce penchant par des attentions artificielles et considérer votre habileté à peindre votre adversaire sous des traits repoussants comme une preuve non pas de force mais bien plutôt du contraire.

| « Une imagination déréglée pourrait-elle jamais réprimer quoi que ce **133**
soit dans le libre royaume des esprits ? Pourriez-vous imposer au moindre objet de la nature des caractères ou des effets qu'il n'a pas ? Sachez que l'homme aussi est une objectivité et d'une tout autre nature certes qu'une pierre ou une plante et qu'il mérite qu'on cherche à le connaître si l'on veut avoir le plaisir de parler de lui !

L'ennemi des tyrans que vous êtes (p. 190) (1) aimerait jouer en littérature le rôle d'un petit Néron et fouler aux pieds ce qui ne passe pas le seuil de son esprit. Mais vous oubliez qu'il faudrait d'abord avoir en son pouvoir, comme le voluptueux qui mourut en s'écriant *qualis artifex pereo!* (2), de faire arracher au lion ses griffes et ses crocs ! Au lieu de quoi vous vous efforcez d'attribuer « sans plus » (3) à l'adversaire des conséquences et des résultats tirés *arbitrairement* d'idées à peine esquissées (pour ne rien dire de ce que vous avez forgé de toutes pièces) comme autant de propositions qu'il aurait effectivement défendues. Mais s'il était jamais permis d'étouffer un système sous les conséquences qui s'en dégagent, il faudrait au moins ne les déduire qu'avec une extrême probité et les présenter seulement à chaque fois *pour ce qu'elles sont.* Les mettre telles quelles dans la bouche de l'adversaire, s'y référer comme à des principes

1. *Cf.* Friedrich Schlegel, *Recension du Woldemar, passim.*

avérés de son système, est en revanche une manière honteuse et détestable de disputer.

Cette *immoralité* de votre polémique[1] ne correspond-elle pas de toute évidence à cette immoralité subtile, mais d'autant plus pernicieuse, qu'un critique définissait autrefois comme l'esprit propre à votre œuvre
134 descriptive[2] ? J'avoue avoir été frappé plus d'une fois | par cette impression d'immoralité en lisant vos œuvres *scientifiques*.

« Vouloir jouir sans travailler est un désir aussi vieux que le monde et qui, s'il n'est pas combattu sans relâche, ressort encore et toujours dans la nature humaine. Qu'il serait agréable d'être regardé comme un grand héros si cela n'exigeait ni effort, ni abnégation, ni maîtrise de soi, – et si l'on pouvait du même coup jouir de tout le reste ! Qu'il serait enviable d'être un philosophe au plein sens du terme s'il ne fallait pas en même temps l'être selon le caractère, si l'on n'avait pas à vivre en vrai philosophe ou si l'on pouvait le devenir sans travail, sans étude, ni renoncement, pour ainsi dire en dormant ! C'est encore une fois l'image du pays de cocagne enchanté où la broche déjà garnie tourne d'elle-même au-dessus du foyer et où l'homme n'a qu'à admirer tout ce qui s'accomplit pour son plaisir.

« Le temps est venu d'être sérieux. Conquérir quelque chose, mais ne serait-ce aussi que l'affirmer, exige de l'effort. Une débauche d'âme (1) qui s'est prise pour la divinité la plus pure, une paresse d'esprit qui s'est donné l'apparence d'une aspiration à l'infini, une pensée dénuée de toute rigueur qui s'est persuadée de sa génialité suscitent inévitablement une lassitude universelle. Ce sybarite (2) qui préférait tout attendre d'un destin favorable plutôt que d'avoir à lutter, qui préférait sentir que connaître, recevoir que chercher, est aussi un homme beaucoup trop faible pour une polémique ouverte et violente. S'introduire dans les idées de l'adversaire, les pulvériser de l'intérieur, il en est bien incapable ; tout ce qu'il sait en revanche, c'est que l'époque et ses aspirations, c'est qu'untel ou untel n'ont pas l'heur de lui plaire. Cet obscur sentiment de malaise le pousse à se défaire le plus vite possible des importuns, sans examiner leurs idées ni les affronter vraiment. Il croit pouvoir le faire en leur prêtant des doctrines et des

1. Lessing a magistralement expliqué ce concept d'une polémique *immorale* dans un passage sur lequel M. Jacobi s'est lui aussi une fois arrêté. Citons-le à notre tour : « vous pouvez voir en moi un adversaire *manquant de bienséance*, mais pas de *moralité*. Nous devons toujours garder à l'esprit cette différence entre malséant et immoral, qui est très importante bien que les deux mots signifient étymologiquement la même chose. C'est seulement votre manière *immorale* de disputer que je veux mettre au grand jour, et comment le faire autrement que la façon la plus *malséante* qui soit ? » (Deuxième partie des *Contributions dictées par la nécessité* (4)).

2. *Cf.* Friedrich Schlegel, *Recension du Woldemar*, p. 39 (5).

opinions qui vont à l'encontre de tout sentiment moral, peu importe que ces opinions aient ou non été les leurs. Il lui suffit qu'ils soient jetés bas de la place à laquelle il prétend, qu'*eux-mêmes* ne disent rien de ce dont *il* parle et ne le troublent pas dans ses rêves les plus doux.

| « Voilà comment *vous* avez procédé avec moi. – L'ambiguïté de votre **135**
caractère philosophique du fait de la position étrange que vous occupez entre théisme et athéisme, l'idée que vous vous faites d'une philosophie qui devrait se plier à vos désirs et qui pourrait être utilisée arbitrairement afin de satisfaire le moindre de vos souhaits, la manière que vous avez d'esquiver toute prise de position scientifique en vous servant de mots équivoques et indécis, le fait de constamment battre en retraite en un lieu que vous dites inaccessible à la science (1) – tout cela, pris séparément ou ensemble, ainsi qu'un certain nombre de qualités étincelantes, pouvait vous valoir le nom de *sophiste* moderne ou de grand style (le style de Protagoras par exemple) (2). Étant donnée votre présente manière de faire, ce nom paraît désormais encore trop bon et *sycophante* est le seul que puisse vous valoir une telle façon d'agir » (3).

J'étais frappé de voir qu'au fur et à mesure de ce discours, M. Jacobi semblait aussi passer progressivement à un état plus réfléchi : cela se laissait déduire du fait qu'il commençait à avoir froid et qu'il se couvrit du manteau des philosophes, dont il s'était défait au moment de son pèlerinage vers les grands auteurs. Alors que j'avais prononcé ce discours, il se répéta tout en pensée et laissa tomber ces mots : « ô vous hommes entièrement intellectuels, et vous hommes pareillement rationnels, vous grands auteurs et vous hommes pieux, vous philosophes naturalistes et vous sages de profession, vous avez aujourd'hui calculé la valeur globale de mon existence et découvert que cette somme ne vaut pas même la plus petite fraction de ce tout pour lequel je me suis jusqu'ici donné au monde et dont on me tient réellement pour une partie ! – Ce qui me sauve est que vous ne vous réunissiez jamais et que celui qui me trouve léger seulement dans sa partie, me croit sans peine capable de peser particulièrement en d'autres, de sorte que l'idée globale que l'on se fait de mon poids ne change pas. Ou bien alors, quand, comme aujourd'hui, vous vous rassemblez, il n'y a personne pour réunir le tout et faire la somme de tous les jugements isolés ». – Mais mon rêve m'avait convaincu que j'avais à prendre sur moi cette peine et à mettre par écrit tout ce dont j'avais été témoin, puisque c'était la seule façon à mes yeux de représenter comme il convenait un homme si ondoyant
et | qui se prévalait d'une si grande influence sur le monde. **136**

Lorsque, au terme de sa récapitulation, il arriva au mot *sycophante*, il tira aussitôt deux masques de son manteau philosophique. Le premier était fait de telle sorte que, s'il le plaçait devant son visage, l'ensemble du public s'exclamait aussitôt: quel homme respectable!; l'autre, dès qu'il le mettait, faisait s'écrier tous les journaux : ce noble Jacobi ! Cependant, l'un et l'autre masques étaient brisés et troués en tant d'endroits qu'ils ne tenaient plus nulle part. Même s'il les pressait fermement contre son visage, ils se détachaient toujours à nouveau. Comme il prenait conscience de cette terrible réalité et comme il avait du même coup dévoilé, au lieu de *choses divines*, des *intentions parfaitement anti-divines*, il se répandit en imprécations contre moi et déclara que j'avais brisé ses masques au moment du premier assaut. Je lui répondis : « dans le feu de votre attaque, vous n'en avez pas pris soin comme vous le faites d'habitude et vous vous êtes démasqué ! Et si même je les avais brisés, en quoi serait-ce un si grand mal ? Heureux celui qui n'a pas besoin de masque et qui, en homme vrai et probe, peut hardiment se présenter devant tous à visage découvert ! ».

Comme il lui était à nouveau rappelé les pratiques déloyales auxquelles sa passion l'avait conduit, pratiques que nous avons détaillées dans la déclaration liminaire de cet écrit, il se répandit en lamentations et gémit comme ont l'habitude de le faire les personnes qui, *se* croyant tout permis, n'épargnent aucune autre personnalité, mais qui, une fois leurs œuvres rendues publiques, voyant qu'elles ne sont pas appréciées à leur juste mérite, sortent de leurs gonds et se plaignent devant Dieu et le monde d'un tort qu'on leur aurait fait: ah, qu'il *était mal compris* et ses *bonnes intentions* mal interprétées !

Or, comme je n'ai jamais été l'ami des pleurnicheries et des plaintes outragées, je finis par m'éveiller et accomplis aussitôt le projet exprimé dans le rêve, avec pour seul regret de ne pas en avoir rêvé plus tôt pour donner à tout l'écrit cet aspect.

DOSSIERS

FRIEDRICH SCHLEGEL

SUR LE WOLDEMAR (1796)

|Woldemar, *Nouvelle édition revue et augmentée, Königsberg, Fr. Nicolovius, 1796 (1).* KFSA II, 57

« Qu'il y ait en l'homme une faculté divine (2), bien que du reste il doive être au plus profond de lui-même un être dépendant et fragile, et que Dieu n'est pas un vain rêve » est le thème majeur de ce roman philosophique, animé en toutes ses parties par le sentiment moral le plus délicat et l'aspiration la plus ardente à l'infini. Dévoiler l'existence d'un instinct désintéressé et d'un amour pur est le but principal ou le dessein caché de plusieurs ouvrages de Jacobi, qui est un philosophe non de profession mais de *caractère* (3). Dans cette œuvre en partie dissertative, en partie descriptive (4) (Jacobi, *Woldemar*, 1779), il dévoile sinon la meilleure, du moins une part importante de tout ce qu'il a perçu, ressenti, pensé et pressenti du caractère de cette force libre, de ses égarements possibles et naturels et de la seule vraie direction qu'elle peut emprunter, à ceux qui possèdent le génie de l'amour et de la vertu, en un mot aux *visionnaires* (*Zufällige Ergießungen eines einsamen Denkers* (5)).

On ne saurait, il est vrai, inculquer la liberté à celui qui n'en porte pas en soi le germe. Mais le germe a besoin d'une impulsion extérieure qui l'incite puissamment à faire éclater son écorce, il réclame des soins et de la nourriture. Où pourrait-il mieux les trouver que dans des œuvres qui représentent le principe divin en l'homme avec une énergie vivante jusque dans ses expressions les plus particulières ? Dans des œuvres où la poésie semble flotter autour des idées comme une enveloppe légère, et laisse entrevoir le Dieu invisible ? Le *Woldemar* est une œuvre de ce genre-là !

Ce n'est pas le moindre mérite de cet écrit et de la plupart des œuvres de Jacobi que d'opposer si fortement l'incroyance à la vertu et à l'ensemble
58 des idées. | « Toute sublimité du caractère prend sa source dans une idée débordante » (1); et la force et la validité pratiques des idées constituent une condition nécessaire, provisoire et subjective de toute philosophie. – Nul ne peut empêcher que ceux qui n'adhèrent et ne croient qu'aux choses terrestres, imaginent que l'on se moque d'eux quand on leur parle des idées, comme le pense le vieil Hornich quand on en appelle à son sentiment (2). Une autre forme d'incroyance est née de la philosophie et a rendu craintifs et méfiants ceux-là même qui se montrent capables du plus haut enthousiasme, mais à qui répugne toute exagération. La majeure partie des ratiocineurs étaient en fait absolument incapables, non seulement avec leur tête, mais aussi avec leur cœur, de s'élever jusqu'aux idées. Ils niaient d'autant plus volontiers l'existence de ce qui dépasse leur horizon que certains penseurs conséquents, placés à un point de vue par trop inférieur et ne voulant pourtant rien laisser inexpliqué, leur avaient ouvert la voie. Ils réussirent ainsi en quelque sorte à confirmer et systématiser la pensée commune en fédérant tous les esprits médiocres en une église invisible. Or les chefs de paroisse sont sur le qui-vive et là où ils croient apercevoir quelque chose qui s'apparente à de l'enthousiasme, ils crient au mysticisme ou à l'exaltation mystique! (3) – Jacobi n'entend pas même se servir d'arguments pour repousser les attaques des plus résolus sceptiques, mais un ouvrage comme le *Woldemar* convaincra bien vite en vérité tous ceux qui sont à même d'aimer et de vouloir les choses suprêmes que cet amour n'est pas une invention et un rêve. Si on rassure de la sorte au moins un seul de ces nobles esprits suspicieux, le gain n'est pas négligeable pour l'humanité.

La philosophie vivante de Jacobi est un résultat longtemps mûri de son expérience individuelle et une adversaire résolue de la philosophie morte qui ne se soucie que de la lettre (4) ou des « fantômes de ce qui fut réel » (5), c'est-à-dire d'une forme qui a survécu à son esprit, qui est le sédiment et la lie de la connaissance humaine et qui « prend sa source dans l'abus le plus criant de la faculté de dénomination arbitraire » (6). – La séparation et la désunion totale des forces humaines, qui ne sauraient subsister sainement que dans une libre association, sont à proprement parler le péché originel de la culture moderne (7). On voit désormais au grand jour à quel point est énorme et répandue partout la sottise de nos froids ratiocineurs aussi dénués de sentiment et de cœur que de jugement, et nos plus grands penseurs paraissent eux-mêmes ne pas être entièrement délivrés de l'idolâtrie de la raison. Jacobi défend les droits du cœur face à une telle

ingérence despotique | et démontre par l'exemple cette grande vérité que 59
« la vertu ne s'acquiert point en raffinant » (1). De ce point de vue *polé-
mique*, les écrits de Jacobi peuvent avoir une influence très bénéfique,
puisque la nature a de toute manière fait en sorte qu'au moins à notre
époque, sa haine de la raison ne puisse tourner à l'épidémie générale (2).

Cette nouvelle édition du *Woldemar* montre de manière réjouissante à quel point le public allemand est réceptif aux idées. Elle confirme avec quel soin l'auteur entend peaufiner ses œuvres et avec quelle application il compte les façonner, car toutes les modifications qu'il leur apporte constituent en même temps des améliorations.

Dans les premières pages, il fait disparaître les nombreuses épigraphes qui se pressaient autrefois comme devant les portes du sanctuaire et qui défilent maintenant comme des Suisses à l'entrée d'un château (3). De même pour *ce qui tient lieu d'avant-propos* à la deuxième partie et pour la dédicace à « un vieil ami, à cet homme puissant qui autrefois l'exhortait avec amour, avec courroux, avec menace à ne plus rester bouche bée, mais à regarder ses propres mains, que Dieu avait aussi rempli d'art et de toutes sortes de forces » (4). La caractéristique provisoire de Woldemar insérée p. 14-15 abonde d'informations précieuses non seulement sur lui, mais sur l'esprit et la genèse de l'œuvre tout entière (5). « Tout ce qui pouvait l'émouvoir, son cœur le saisissait avec force, et il s'en abreuvait à longs traits. Dès que des pensées purent se former en lui, chaque sensation devenait chez lui une pensée et chaque pensée, à son tour, faisait naître une sensation. Ce qui l'attirait, il le suivait de toute son âme ; *il s'y abandonnait lui-même à chaque fois tout entier*, etc. » (6). « Plus près s'approchait-il de son objet que son objet s'éloignait de lui dans la même mesure ». Une transition bien amenée (7), l'histoire de la haine d'Hornich pour Woldemar, laquelle se développe tout d'abord à la toccadille (8) pour atteindre son apogée au moment de déguster une dinde de Calicut (9), et les propos de table échangés chez Dorenbourg clarifient et complètent l'affaire. Ah si seulement l'artiste ne s'était pas servi à cette fin de figurants aussi repoussants qu'Alkam ou aussi insignifiants que Sidney (10) ! Cet Anglais est justement un disciple de l'excellent Thomas Reid (11) et de ce Ferguson (12) dont l'essai sur l'histoire de la société civile a jadis constitué pour Woldemar l' « épreuve du feu » (p. 80), « puisque non seulement les nouveaux sages, mais aussi les grands ancêtres ne l'avaient jusque là baptisé qu'avec de l'eau » (13). En revanche, le caractère d'Hornich est
remarquable, | bien que son adversaire direct ait l'air d'appartenir à la 60
communauté des saints. À sa façon, ce vieux négociant est comme possédé (1) : il s'enthousiasme pour l'esprit philistin et sa divinisation

servile de la lettre ne demande qu'à prendre son essor (2). – Quelle heureuse chose que d'avoir fait disparaître les larmes d'Henriette à la lecture de la lettre de Woldemar (p. 27 de l'ancienne édition) et le changement répété de son teint, qui se fige en une pâleur durable (3). Ce n'est pourtant pas assez. Car, bien que l'un et l'autre aient constamment à la bouche leur sublime dégoût de s'unir

comme il est normal entre homme et femme dans la race humaine (4),

beaucoup de traits n'en démentent pas moins ces protestations, lesquels ne peuvent prendre leur source que de l'amour charnel et avoir pour fin l'union. – Dans le deuxième tome, outre plusieurs modifications mineures (p. 194, 208, 218, 254, 273 de la première partie, p. 13, 14, 100, 136, 220, 221 de la seconde) (5) et quelques suppléments utiles à la clarté du propos (p. 157, 160, 186) (6), on met un peu plus de soin à faire entrer Plutarque dans le cercle familial (7), en même temps qu'on y procède à une consultation médicale du cœur de Woldemar, qui a chuté (p. 187-190) (8). Comme, par chance, Biederthal possédait une copie de la tirade de Woldemar (9), cette pauvre Henriette, qui venait de perdre connaissance et avait improvisé un long discours après l'autre au pied levé, n'avait plus besoin de garder si longtemps ce livre épais dans son giron.

Il faut connaître intimement ce livre pour en apercevoir toutes les contradictions, le mélange de ce qui est excellent avec ce qui est dangereux et répugnant, encore que chacun de ces aspects attirent également l'attention au premier regard. Il convient de séparer très nettement l'un et l'autre, car avec la seule aspiration à l'infini l'affaire n'est pas close. Une œuvre peut, en dépit de cette noble tendance, être entièrement malhonnête et fautive et celui qui cherche à embellir ce qu'il reconnaît être de la non philosophie et une inconvenance, ne mérite pas que l'on prête attention à son jugement ou bien ne sait pas ce qu'il veut. Dans ce cas, quand bien même on aimerait être clément, on ne peut se permettre aucune demi-mesure. Car une œuvre géniale comme le *Woldemar* ne peut séduire et mener au bord de l'abîme que ceux qui en sont les plus dignes. Qu'on ironise sur le manque de cohésion du tout et la maladresse ou l'inexactitude des détails ne peut offenser celui qui analyse l'ouvrage de près et le regarde d'un œil pénétrant.

61 |Quel n'est pas alors notre embarras pour rendre compte précisément du caractère propre, de l'intention suprême et du résultat final de l'ensemble. On ne saurait pourtant l'apprécier à sa juste valeur tant que ces points n'ont pas été tirés au clair. Si, d'après une indication de l'avant-propos sur ce qui le distingue et le sépare de l'*Allwill* (1), on regarde notre

livre comme une œuvre poétique, il lui manque une conclusion satisfaisante et la confusion et le « repentir de Woldemar laissent à chaque fois un arrière-goût absolument insupportable » (2). Quoi de plus révoltant que son mépris de lui-même et le vertige qu'il éprouve au tréfonds de son cœur ? (3) L'histoire s'achève sur une dissonance non résolue. L'intérieur et l'extérieur de Woldemar sont irrémédiablement déchirés. Après s'être ainsi repenti, il peut sans doute devenir obéissant comme un bon serviteur, mais jamais il ne s'élèvera à la dignité d'un homme libre. Sa relation avec Henriette est réellement brisée. Elle n'est plus son amie, il a besoin de se confier à leur sujet à quelqu'un d'autre qu'elle, et il se presse contre la poitrine de Biederthal (4). L'amitié, dont dépend entièrement sa tranquillité d'âme, doit inévitablement se rompre ou se dissiper. Et nous ne disons rien de l'impression pénible, détestable et par conséquent non poétique que donnent tous les caractères, toutes les situations et passions exposés, et notamment l'aspect contre-nature de la principale péripétie : nous le ressentons à chaque instant et il occasionnerait dans un poème un désordre irréparable (5). Un tel malentendu ne serait en aucun cas survenu entre Woldemar et Henriette si seulement il avait existé en eux toute cette confiance, toute cette délicatesse qu'exigent même les rapports sociaux les plus ordinaires. Ils invoquent certes inlassablement les grands idéaux de l'amitié et débattent formellement de la vraie nature de leur relation (à propos de quoi des êtres réellement délicats se seraient entendus tacitement) : là où la plus grande franchise serait en revanche indispensable, ils préfèrent ruminer de leur côté des offenses réelles ou supposées et boudent pleins de méfiance. Leur explication finale ne peut les avoir guéris, elle doit plutôt heurter leur sensibilité ; l'anxiété passionnée de Woldemar et la retenue virginale d'Henriette constituent une source inépuisable de malentendus et devront tôt ou tard aussi contaminer cette Alwina peu méfiante. Henriette et Alwina doivent elles aussi tôt ou tard succomber. Woldemar n'aurait guère de peine à concilier son amitié pour Henriette avec son inclination pour Alwina. Aimer une femme comme si c'était un homme, être aimé d'un ami avec une indulgence et une adoration toute féminines, c'était là ce que désirait son cœur trop gâté, sans que cela réclame de sa part aucune pureté ou fermeté du sens moral particulières. | Ces deux qualités, on les trouvait seulement du côté des deux **62**
femmes. Jamais Woldemar n'a envisagé la possibilité que la nature s'opposât à son égoïsme et que des aspirations plus hautes, d'autres désirs pussent par la suite s'éveiller dans le cœur des deux femmes aimées. Il ne s'est pas opposé à ce que, pour accomplir entièrement son idéal, Henriette renonce à une part d'elle-même. Car que doit être réellement Henriette ?

Quant à nous, que pouvons-nous croire, sinon qu'elle était vouée à être une femme asexuée sous une agréable apparence féminine (pour qui pourrait-elle alors présenter encore un intérêt?)? – Ou bien qu'il lui manque l'un de ces caractères pour pouvoir jouir de l'autre. Quand bien même cet état ne serait pas un état de tension, peut-il véritablement durer? Henriette peut bien ressentir un instant la douleur de cette privation. Je ne parle pas ici d'une influence passagère de la passion ou du sentiment. Mais si elle est vraiment femme, elle peut d'autant moins échapper à la nostalgie de presser contre elle un enfant qui soit le sien qu'elle doit être quotidiennement témoin de la félicité maternelle. Elle sera ainsi la première surprise par cette béatitude lorsqu'elle verra un enfant sur les genoux d'Alwina: ici la compassion doit bien sentir qu'elle n'atteint pas au sentiment propre. Ce qui faisait jusqu'alors les délices de sa vie ne lui semblera-t-il pas désormais stérile? – Si nous réunissons tous les traits qui suggèrent la féminité d'Henriette, sa confusion devant l'hilarité de notre héros (1), son silence, sa timidité, sa si grande anxiété, elle paraît bien être une victime de Woldemar. – Et Alwina? Il est à prévoir qu'elle va se former, fortifier son esprit et gagner en détermination. Le regard enfantin qu'elle lève vers Henriette deviendra au fil des ans un regard d'égal à égal. Elle avait jusque là reçu des mains de ses amis tout tel qu'ils le lui donnaient. Son innocence aurait pu même la conduire à se dénaturer, mais son sens ingénu devait bientôt précisément lui faire sentir que Woldemar lui cachait quelque chose (ce qui est bel et bien le cas) et que son sentiment plus adulte, qui accompagne nécessairement une conscience plus élevée, ne peut manquer de se révolter contre cet état de chose. Même si elle est encore loin d'éprouver une véritable jalousie, la méfiance et l'inquiétude ne doivent-elles pas s'emparer d'elle?

Une foule de contradictions doit naturellement résulter d'une situation qui, dans sa disposition première, est en tout point contradictoire, ce que tout l'art de l'auteur ne pouvait supprimer, ni même seulement cacher. L'amitié d'Henriette ne doit pas être de l'amour et elle n'est pourtant visiblement rien d'autre. « La timide et modeste jeune femme, qui jusque-là n'avait pu arriver au développement complet de son être le plus propre et y parvenait maintenant par le commerce intime et continu d'un ami formé
63 par l'expérience, | au caractère déjà déterminé en soi et qui savait donner à ses meilleures idées, à ses meilleurs sentiments, jusque-là isolés ou renfermés en elle, une liberté, une fermeté et une invincible certitude » (1) – cette jeune femme est fortement encline à se marier, mais n'est pas assez autonome pour l'amitié, qui ne doit pas être fondée sur la dépendance mutuelle, mais doit être reçue aussi pure que possible de toute relation au

besoin (2). Tout son être est aimanté par un besoin et se rapporte à l'homme qui doit lui donner tenue, direction et harmonie, avant de les lui reprendre. Son âme cherche à l'étreindre, à se limiter exclusivement à lui et ne peut trouver une satisfaction complète que dans l'union la plus intime avec lui. Cette aspiration est un véritable amour féminin et cette union la plus intime par tous les liens terrestres et célestes, où deux êtres forment un tout indéfectible du fait de leurs besoins et de leur dépendance mutuels (3), n'est pas autre chose que le mariage. Une femme qui aime un homme « par-dessus tout », « qui reçoit de lui le meilleur de son existence, toute son existence », qui « ne veut ni ne peut vivre sans lui » (4), – cette femme est, au fond de son cœur, une épouse.

Henriette est à la fois trop femme et trop fille pour être l'amie de Woldemar. Il pourrait certes exister une amitié entre un homme et une femme, qui, du fait de leur passion, passerait pour un amour véritable, mais différerait de lui par essence (5). Cependant, pour être capable d'une telle amitié, l'homme devrait être autre chose que ce Woldemar sensuel, vain et délicat : il devrait être maître de lui-même. La femme devrait non seulement se hisser au-dessus de l'horizon des épouses, qui ne vivent qu'à travers leurs enfants et leurs maris et être à même d'aimer activement les idées, sans se borner à raisonner paresseusement sur elles (puisque l'amitié n'est pas autre chose qu'un amour commun, un enthousiasme réciproque), mais elle devrait aussi s'élever résolument au-dessus des besoins et des préoccupations propres aux jeunes filles. – Henriette est à ce point une jeune femme que la pure magie de sa fréquentation peut transformer deux jeunes épouses enjouées à nouveau en jeunes filles (6), de même qu'un vrai prophète change tout ce qu'il touche en révélations et en voyants (7). Henriette cache à Woldemar la promesse qu'elle s'est laissé arracher (8). Voilà qui est très féminin, mais n'est pas du tout sympathique, et l'on doit reconnaître à Woldemar le droit de se sentir ainsi « séparé d'elle » (9).

Même le méfiant Woldemar n'aurait pas pu en arriver avec son « frère Henri » (10) à de tels malentendus. Ces derniers sont eux-mêmes si pénibles pour le spectateur que celui-ci aurait volontiers admis n'importe quel moyen pour | leur mettre définitivement un terme, ne serait-ce que ce **64**
moyen vulgaire que la Circé d'Homère proposait déjà à Ulysse :

> Mais allons ! Remets ton glaive dans son fourreau et étendons-nous
> Sur mon lit ; qu'unis sur cette couche et devenus amants,
> Nous puissions désormais nous fier l'un à l'autre (1).

Certes, on ne saurait les y mener sans avoir recours à la force puisqu'ils regardent avec un immense dédain et une si grande commisération tous ceux qui, ne serait-ce que de loin, leur suggèrent de faire ce qui constitue à leurs yeux un inceste et un péché contre-nature. « Le nuage » qui s'immisçait entre eux (2) serait alors bel et bien dissipé, mais en même temps tout le roman aurait fini avant d'avoir commencé. Tout repose sur l'inépousabilité réciproque d'Henriette et Woldemar (pour quelque chose d'aussi extraordinaire, on nous permettra également une expression extraordinaire) : d'elle dépend entièrement le caractère singulier de leur entente et de leur malentendu. Comme le poète ne pouvait pas la justifier, il se voyait obligé de la postuler et de rejeter au moyen d'assertions tranchantes les questions auxquelles il n'était pas en mesure de répondre. Quel déplaisant expédient ! Peu importe la force de l'atout qu'il abat, personne ne le croit sur parole quand il dit que, « dans la sympathie, les joies de l'épouse et de la mère s'élèvent bien plus haut que dans le sentiment de soi » (3). – Il est dommage que la nature aimable d'Henriette doive tant souffrir de son caractère singulier car il en résulte une apparence de pruderie ordinaire. En supposant qu'Henriette aime réellement Woldemar, la façon qu'elle a de renoncer à lui et sa décision de « vivre pour servir d'exemple aux tantes » (4) sont très aimables et également très féminines, car qu'une jeune fille à l'âme tendre renonce à la moindre occasion, précisément par amour, à la possession de son amant, n'est en rien contre nature.

Woldemar a bien raison de dire : « nous devînmes amis comme des personnes d'un même sexe ne peuvent le devenir » (5). Mais quand il ajoute « et comme des personnes de sexe différent ne l'ont peut-être jamais été », ce n'est alors que pure présomption, à laquelle seule la fureur d'être unique pouvait le conduire. La tendance à trouver exceptionnels, singuliers, étonnants et incompréhensibles leur propre nature, leurs actes et leurs relations, considérés pour soi et l'un par rapport à l'autre, est un des traits de famille caractéristiques des êtres que dépeint Jacobi. Mais aucun n'est entièrement possédé par ce penchant comme l'est Woldemar. Il ne peut pas même relever avec son amie un panier renversé sans se répandre en adorations sur la singularité dont elle fait preuve (et lui aussi par la même occasion) (6). – Vraiment, il ne passe guère une journée sans que, par
65 centaines, de telles | amitiés entre personnes de sexes opposés voient le jour, s'accomplissent ou soient troublées par une faute personnelle ou étrangère, car rien n'est plus commun que ce mélange de force et de faiblesse, d'amour véritable et d'authentique égoïsme. Aussi cet abandon de soi sans limite, mortel pour la liberté, mais que Jacobi loue si souvent, tantôt directement, tantôt indirectement, comme la plus belle vertu féminine, alors qu'il détruit précisément la racine même de la vertu, n'a rien de bien rare, puisqu'il est le caractère ordinaire de toutes les femmes

qui ont eu accès à la culture, mais pas à l'autonomie. Voilà bien ce que Woldemar attend de ses amis autant que de sa femme, et son idéal d'amitié prétendument inouï, l'union la plus intime aux dépens de l'autonomie, ne trouve que trop souvent à se réaliser dans des mariages ordinaires : on pourrait parler là d'un mariage outré.

Rien n'est moins à même d'inspirer « confiance dans la puissance de l'amour » (1) que l'exemple de Woldemar car, dans un cœur tel que le sien, l'amour doit, quel que soit son objet, oublier sa noble nature simple et occasionner un dommage permanent. La première des deux affirmations sur lesquelles l'œuvre s'achève, ne peut être en aucun cas ce pour quoi elle se donne ouvertement, à savoir le résultat de l'ensemble de la réflexion. Mais la seconde : « qui se fie à son cœur est un insensé » (2) n'est pas plus conséquente que la morale de tant de fables, ésopiques ou non (3), encore qu'un grand nombre de choses paraissent se référer à elle soit directement soit indirectement, et même n'exister que pour elle. Quand bien même il faudrait la prouver de manière simplement rhétorique, la force ne devrait pas manquer à Woldemar et il devrait chuter uniquement par orgueil. La chute d'un homme dont on voit si rapidement la fragilité ne nous surprend ni ne nous trouble outre mesure. « Woldemar ne peut s'épargner », pas plus qu'à nous, lecteurs, « de se couvrir de mépris » (4) et de trouver le châtiment qu'il mérite sans qu'on se fasse pour autant une meilleure opinion de la servitude.

On lit certes parfois beaucoup de mal de Woldemar, mais sans que l'artiste l'ait pensé bien sérieusement, car il entendait nous donner de la considération et de la sympathie pour son personnage, qui en vérité ne mérite ni l'une ni l'autre. Dorenburg donne à ce dernier le nom de jouisseur intellectuel (5). Il l'est en effet, mais à un plus haut degré que ce que Jacobi a pu vouloir, car sa volupté délicate fait de lui un grossier égoïste. C'est bien ainsi que Woldemar jouit d'Alwina, la Laïs de son âme : sans l'aimer, et il est pour tout dire scandaleux de voir à quel point il peut se vanter de la posséder sans être possédé par elle (6). C'est de cette façon aussi qu'il a besoin d'Henriette, afin qu'elle « lui |interprète son vieux rêve **66**
d'amitié » (1) et lui « confirme que sa sagesse n'est pas un rêve » (2) : mais toujours sans l'aimer. Le voilà qui s'abandonne à la satisfaction que les deux femmes lui assurent et qui se laisse bercer par ces brises embaumantes qui le revigorent au sens physique autant que spirituel. Ce trait caractéristique de Woldemar répand son influence néfaste sur tout ce que le livre compte de plus beau. Les choses les plus délicates y deviennent d'elles-mêmes de mauvais goût quand elles nous représentent cette satisfaction égoïste : c'est ce qui arrive à la belle description de l'amour et du

dévouement d'Alwina et à l'effort que font les deux jeunes femmes pour adoucir la vie de ce sybarite et ôter tous les obstacles sur son chemin. On ne peut s'empêcher de croire que celui qui exige que les autres fassent tant de choses pour lui et a besoin d'un tel cercle enchanté pour exister manque de véritable force. – Cependant, les deux femmes aimées, qui peinent tant pour lui, portent aussi en quelque sorte une responsabilité. Pourquoi s'obstinent-elles à ce point à l'idolâtrer puisqu'elles savent quel vain orgueil et quelle volupté sont en lui ? Quel malheur de voir un homme transformé en enfant gâté faire à peu près tout graviter autour de lui ; il ne le doit souvent qu'à sa mauvaise éducation et ne fait encore par ce moyen qu'amplifier celle-ci. L'auteur manifeste lui-même l'intérêt qu'il porte à cet enfant trop cajolé : Woldemar est du reste son personnage préféré (3) et le centre commun autour duquel tourne tout le roman, davantage que ne l'exige ou même que ne le tolère la cohérence de l'œuvre dans sa totalité. Tous les autres personnages paraissent n'exister que par rapport à lui ; s'ils n'agissent pas et ne souffrent pas pour lui, ils se préoccupent du salut de son âme. Comment cette connaissance, dont on ne peut entièrement priver celui qu'elle concerne, pourrait-elle troubler ou importuner à ce point un homme sain ? Woldemar ne ferait que confirmer la futilité de cette connaissance et se perdrait toujours plus profond dans ces spéculations sur lui-même auxquelles il est déjà fort enclin. Cette rumination est le meilleur moyen d'affaiblir entièrement et de ruiner un esprit déjà malade, comme un médicament administré continuellement affaiblit le corps. Il n'y a pas lieu de s'étonner alors si le patient se trouve à la longue si mal en point que la famille doive décider tacitement que sa consultation sera permanente comme l'est celle d'un Sénat qui délibère quand la patrie est en danger. On apercevrait aussitôt la pédanterie de cette scène si l'on voulait seulement en faire le dessin : il suffirait de prendre les différents personnages et de les disposer autour d'une table au-dessus de laquelle, comme dans l'*Orbis pictus*, flotte un œil dans un triangle (4). Cela dissiperait peut-être quelques obscurités.

Une preuve décisive de la faiblesse de Woldemar est la vacuité de l'homme, laquelle est particulièrement apparente dans ses lettres, qui constituent la partie la plus faible de l'ouvrage. Ce qui, de la jouissance des beautés de la nature, peut « se conserver et se remiser en nous » est si faible
67 et équivoque (5) ! |Mais Woldemar, qui paraît ne déployer une activité débordante que là où il ne rencontre aucune résistance, autrement dit dans les espaces de l'imagination, s'emploie activement à tenir à jour un registre précis de ses sentiments. Il entend, à travers ses fréquentes descriptions de la nature, faire pour ainsi dire la chasse aux sensations célestes. Son pauvre

cœur ne jouit que dans l'erreur. Il doit d'abord péniblement ranimer ce qui est mort autour de lui pour, au prix d'un artifice, donner libre cours à ses sensations, qui ne s'écoulent toutefois que goutte à goutte, sourdement. Il se voit contraint d'énumérer en détail les beautés de la nature, de sorte que la représentation qu'on nous donne d'une journée ou d'un événement est souvent bien plus l'histoire du temps qu'il fait que celle du cœur : il ne trouve partout face à lui que le stérile concept de l'infini, dont la jouissance imaginaire est aussi irreprésentable que l'infini lui-même. Même un écrivain génial doit sombrer dans la sensiblerie quand il délaye sans fin une extase uniforme, car il n'y a que la sensiblerie qui puisse faire que des peupliers se laissent « traverser par le doux effroi de la plus délicieuse sensation » et que « l'illimité s'étende dans l'herbe » (1). Quelle richesse intérieure se fait jour au contraire dans les rapports de Werther avec la nature, que ce soit quand il l'étreint avec la chaleur amoureuse d'un jeune artiste, qu'il exhale sur son sein tous les tourments qui l'oppressent ou puise en elle une nourriture nocive à ses passions (2) !

Un héros manqué comme Woldemar gagnerait à plier sous le joug de quelque obéissance plutôt que de s'ériger à force de génie moral en législateur universel pour l'art du bien (3). D'où cette application pratique : « qui se fie à un cœur obstiné et trop gâté est un insensé » (4).

Dans le *Woldemar*, le poétique n'est manifestement qu'un moyen (5) car, quand une œuvre satisfait fréquemment les plus hautes attentes du sentiment de la beauté et du sens artistique, mais, plus souvent encore et surtout en relation au tout, offense les premières lois du goût, on peut présupposer que la beauté et l'art ne sont pas ici négligés, mais bel et bien intentionnellement sacrifiés à une fin plus haute (6) : Jacobi dit du reste de son œuvre qu'elle a une intention philosophique. Considérons alors le *Woldemar*, suivant cette indication, comme une œuvre d'art philosophique : de ce point de vue, la laideur du personnage principal, la gêne insupportable que font naître les situations et la dissonance finale ne sont pas en soi des défauts ; on peut même pardonner l'invraisemblance de la péripétie centrale, si seulement elle n'influait pas sur l'évidence du résultat final (7), | car le naturaliste ne doit ménager aucun dégoût et celui qui désire **68**
connaître doit aussi pouvoir supporter la vue d'un cadavre disséqué : mais nous sommes aussi en droit d'attendre une unité philosophique accomplie, laquelle ne peut venir que du rapport permanent à un résultat philosophique acceptable. Voilà ce que l'on cherche en vain dans le *Woldemar*. Et puisque le genre auquel appartient l'œuvre est déterminé par son unité et son but ultime, le *Woldemar* n'est pas à strictement parler une œuvre d'art philosophique : car il est impossible que cette remarque triviale soit considérée

comme un résultat philosophique. Comment pourrait-elle être, de quelque façon que ce soit, le but d'un tel parcours ? Comment récompenser une telle dépense de profondeur, de sagacité, d'esprit, d'observation et d'étude ? Autant s'acharner à soulever une plume au moyen d'une grue. – Les grandes différences de valeur des diverses pièces philosophiques (1) qui composent l'ouvrage confirme ce que l'on supposait, à savoir que la philosophie n'est utilisée ici que comme un moyen. Si l'on trouve dans une même œuvre, outre des passages dignes du plus grand penseur, des malentendus, des pages rédigées à la hâte, voire des confusions que l'on ne pardonnerait pas au sens commun, il faut supposer que la vérité et le savoir ne sont pas ici le but ultime, mais qu'ils sont délibérément sacrifiés à une fin plus haute.

Mais quelle sorte d'unité possède alors cette œuvre étrange, qui ne se laisse ramener sous aucune catégorie et dans laquelle on sent pourtant indéniablement une certaine cohésion ?

De toute évidence, uniquement une unité d'esprit et de ton, une unité individuelle d'autant plus compréhensible que l'on connaît le caractère et l'histoire de l'individu qui l'a produite. Que l'intention prétendument philosophique qu'a très distinctement exprimée l'auteur : « montrer de la plus consciencieuse manière qui soit l'humanité telle qu'elle est » (2), ait une telle apparence d'objectivité, ne doit pas nous induire en erreur, car, même si le premier regard jeté sur l'œuvre en tant que telle ne nous l'apprenait pas, il deviendrait clair, ne serait-ce qu'en lisant l'explication et la genèse de cette intention dans la préface de l'*Allwill*, qu'on ne comprenait ici sous le nom d' "humanité" que le point de vue que s'en fait un individu et qu'en fait, il faudrait lire : « montrer de la plus consciencieuse manière qui soit la Friedrich-Heinrich-Jacobité telle qu'elle est, qu'elle soit explicable ou non » (3).

69 |Qui donc veut comprendre l'esprit du *Woldemar* autant que faire se peut doit étudier l'ensemble des écrits de Jacobi et, en eux, le caractère et l'histoire individuels de son esprit (1). – Peut-être trouvera-t-on ici davantage que ce que l'on cherchait, à savoir une source fiable quant à l'unité de la tendance du *Woldemar*, unité qu'on peut certes conjecturer, mais guère plus, tant que l'on considère l'œuvre à part. C'est comme si, vers la fin, le livre adressait discrètement un clin d'œil au lecteur et pour ainsi dire se penchait vers lui pour lui « souffler la vérité à l'oreille » (2), ou comme s'il indiquait d'un regard significatif ou par une mention discrète un sentier caché mais sûr, qui pût le conduire à « cet asile de la sagesse où l'homme est constant dans ce qu'il veut et ne veut pas » et auquel « aucune route battue » ne mène (3).

Il est vrai qu'en général, les œuvres de Jacobi, quand elles ont conduit le non-initié, après maintes errances, jusqu'aux portes du sanctuaire, se murent d'ordinaire dans un silence mystérieux ou laissent tomber quelques mots voilés au milieu de ténèbres imposantes. Mais quelquefois au moins, en particulier dans ses écrits polémiques, l'auteur a dévoilé avec davantage de clarté et quelques détails les résultats ultimes de sa philosophie. Car il semble que, pareil au vieux Protée, lui aussi ne parle et ne prophétise que sous la contrainte (4). Peu importe ce qu'il cache encore, il s'est si ouvertement exprimé sur la motivation première de sa philosophie et a si clairement révélé les fondements derniers sur lesquels elle s'appuie qu'il n'y a plus guère de doute à avoir au sujet du principe qui la régit.

La première condition subjective de tout philosopher authentique est *la philosophie*, au vieux sens socratique du mot, à savoir l'amour de la science, l'intérêt pur et désintéressé pour la connaissance et la vérité (5). On pourrait appeler cela enthousiasme logique, c'est là le composant le plus essentiel du génie philosophique. Ce n'est pas ce qu'ils pensent qui distingue les philosophes des sophistes, mais la façon qu'ils ont de le penser. Tout penseur pour qui la science et la vérité n'ont pas une valeur inconditionnée, qui soumet leurs lois à ses désirs et en use pour ses fins intéressées, est un sophiste, si nobles que puissent paraître ces désirs et ces fins (6).

Le point élastique dont part la philosophie de Jacobi n'est pas un impératif objectif, mais un optatif individuel (7). – Pendant l'enfance déjà, les représentations angoissantes de l'éternité et de l'anéantissement pouvaient le mener au bord de l'évanouissement et du désespoir (8). L'amour pour l'invisible et le divin était l'affect dominant dans la poitrine d'un jeune homme au cœur tout aussi enflammé que tendre (9); | c'était 70
l'âme de sa vie. Sans cet amour, il lui semblait insupportable de vivre, ne serait-ce qu'un seul jour (1). L'invisible n'est pas pour lui le mobile et le fil directeur d'une action vaillante, mais « la jouissance pleine et effective de l'invisible » (2) était le but de tout son être. Comme il était enclin par nature à se perdre en lui-même et à se délecter de ses propres représentations, seuls l'incertitude à l'égard de son amour et le doute quant à la réalité de son objet pouvaient le pousser à s'arracher à lui-même et à agir au dehors, là où chaque pas en avant est objet de lutte. Il ne sait décrire de manière assez noire les difficultés auxquelles il s'est heurté (3), et par la suite encore, c'était presque toujours une attaque (comme dans les *Lettres sur Spinoza* ou dans l'essai *Sur l'idéalisme et le réalisme*, etc.) ou un prétexte extérieur (par exemple la dédicace à Goethe dans l'Avant-propos du *Woldemar*) qui en quelque sorte le contraignaient à se tourner vers le dehors. « Son état

d'esprit originel, l'éducation qu'il reçut et les mauvaises actions d'hommes sans cœur s'unirent pour lui insuffler une méfiance tenace à l'égard de lui-même » (4). Voilà qui devait le faire douter de sa foi et le remplir d'incertitude à propos de ses objets de prédilection. – « *Justifier* cet amour », dit-il de lui-même (5), voilà à quoi tendaient toutes ses aspirations et ses efforts. Et ce n'était alors que le désir d'obtenir davantage de lumière sur l'objet de cet amour qui le poussait vers la science et l'art avec un zèle que n'épuisait aucun obstacle. – Comment avouer plus clairement qu'il n'avait besoin de la philosophie (comme Woldemar n'avait besoin d'Henriette) que pour « s'assurer que sa sagesse n'était pas une chimère » ?

Si la recherche scientifique ne part pas de la présupposition juste que la vérité doit être, avec la ferme résolution et la force de la prendre comme on la trouve, mais de l'exigence obstinée que telle ou telle chose doit être vraie, elle finit inévitablement dans l'incroyance et le désespoir ou bien dans la superstition et l'exaltation mystique, selon que le chercheur a plus de courage pour se moquer de l'expérience ou de la raison (6). Il n'y a rien d'étonnant à ce que ce qui a démarré de manière absurde s'achève de manière absurde. Celui qui exige de la philosophie qu'elle lui crée une Juliette, en arrivera tôt ou tard à la sublime expression du Roméo de Shakespeare :

> *Hang up philosophy!*
> *Unless philosophy can make a Juliet* (7).

Si, au cours de sa recherche, le penseur devient infidèle à sa Juliette et se
71 prend à aimer la philosophie pour elle-même, | les contradictions dans lesquelles il doit immanquablement s'empêtrer, le submergent; il devient sceptique et se fait un pitoyable martyr de la vérité. Mais s'il aime sa Juliette de toute ton âme et ne s'inquiète pas de la vérité, il n'est en droit d'imposer le silence au sceptique que par une assertion hardie, il devient heureux et envoie la philosophie se faire pendre.

Jacobi ne pouvait que prendre en haine la raison philosophique : tandis que, selon sa conviction, le dogmatisme conséquent niait que l'objet même de son amour soit possible, l'idéalisme critique, en revanche, tel qu'il le comprenait ou ne le comprenait pas, ne laissait subsister qu'une ombre de réalité, dont il ne pouvait se satisfaire, et cependant la raison philosophique ne lui montrait aucune autre issue. Aussi distingue-t-il soigneusement la foi, qu'il établit comme fondement de tout savoir, de tout assentiment sur des bases rationnelles, et il oppose cette merveilleuse révélation au savoir naturel. Il sépare l'une de l'autre la philosophie et cette raison rabaissée et affirme que la philosophie en général n'est pas autre chose que ce que *la sienne* (1) est proprement, à savoir l'esprit d'une vie individuelle mis en

concepts et en mots (2). Mais ce n'est que lorsque la poursuite de la vérité et la science sont l'âme de cette vie qu'on peut dire que l'esprit en est philosophique, sans pour autant être encore une philosophie. Ce n'est pas le cas en revanche lorsque, pour satisfaire un de ses souhaits de prédilection, il outrepasse effrontément les lois constitutionnelles auxquelles chaque penseur se soumet et doit se soumettre dans l'action (comme le citoyen le fait lorsqu'il entre dans l'État). – La partie polémique des écrits de Jacobi possède une grande valeur philosophique pour autant qu'elle fait ressortir, non sans esprit critique et avec l'admirable éloquence de l'indignation requise, les lacunes, les conséquences fâcheuses et l'incohérence non seulement de tel ou tel système déterminé, mais encore, tout particulièrement dans le *Jardin artistique* (3) et dans certains passages de l'*Allwill*, de la mentalité dominante de l'époque. Aussi a-t-il, bien qu'il ne se soit jamais élevé au-dessus du point de vue de la réflexion commune, pourtant foulé du pied et décrit des régions encore inconnues d'elle, et le philosophe critique, tout à son plaisir de déduire ce que ces révélations contiennent de vrai, doit se garder de surestimer son mérite. Mais la doctrine positive de la croyance qu'il développe ne peut aucunement être regardée comme philosophique. S'il ne s'était pas seulement agi pour lui de contenter à tout prix son amour, il aurait au moins su montrer à l'égard de la raison, une fois le but atteint à ses dépens, la commisération d'un vainqueur magnanime. Il ne se serait pas satisfait d'absurdités telles que cette intuition de l'infini ou cette | intuition qui porte en elle la marque de 72
son objectivité et se trouve pour ainsi dire estampillée comme telle. L'une et l'autre reposent sur le fait de l'inconditionné comme fondement du savoir (la deuxième absurdité concerne plus particulièrement toutes les philosophies élémentaires qui partent d'un fait. – Ce que Jacobi soutient, « que toute preuve présuppose déjà quelque chose de prouvé » (1), vaut seulement contre les penseurs qui ne s'appuient que sur une preuve unique (2). Qu'en serait-il pourtant si une preuve de réciprocité (3), inconditionnée extérieurement, mais à la fois conditionnée et condition de soi, se trouvait être le fondement de la philosophie ?). Il n'aurait pas pu se résoudre à dissimuler et embellir pour soi et pour les autres des contradictions manifestes, des fautes de raisonnement et des équivoques en se montrant dans certains passages d'une profondeur géniale, en se présentant sous le jour le plus avantageux, et même en ayant recours à des autorités. Est-ce la peur qui l'a entravé dans sa recherche ? Sinon, comment comprendre que l'idée de cette prétendue révélation « qui n'est immédiate que par rapport à nous puisque nous ne connaissons pas ce qui en elle est proprement médiat » (4) ne l'ait pas poussé à s'élever à un plus haut degré

de réflexion. De tels moyens, une telle haine, une telle rancune à l'égard de la raison philosophique trahissent déjà un certain manque de confiance. Qu'il puisse exister un fondement de tout savoir lui parait également quelque chose de tout à fait incertain (5); et il était seulement en mesure de réduire ses doutes, mais certainement pas de les dissiper (6). Qu'on le veuille ou non, nul ne peut extorquer la vérité et celui qui fait taire sa raison uniquement pour croire ce que son cœur désire, finit, comme il se doit, par se défier de cette vérité même qu'il chérit (7). Qui fait reposer tous ses espoirs sur le fait immédiat d'un pur amour en son for intérieur, doit sombrer dans une incroyance, un désespoir et un dégoût sans mesure chaque fois que la passion ou la paresse résistent plus obstinément à la partie divine de son essence, qu'il se borne à ne prendre en compte que l'universelle limitation humaine ou bien tend, sous le coup de la mauvaise humeur, à se dénigrer lui-même et à dénigrer les autres.

Cette masse de pensées naissant peu à peu d'une tête ainsi constituée qu'elle ne faisait pour ainsi dire plus qu'un avec le cœur, ne pouvait se divulguer que de manière représentative (8). Et, dans l'ensemble, cette représentation a si parfaitement réussi qu'elle n'aura aucun mal à paraître plus précieuse que la chose représentée elle-même. Celui-ci n'est certes pas encore poète qui peut tirer des portraits ressemblants des membres
73 d'une seule et même famille. | Du fait de ce don si rare, même chez les plus grands artistes, d'imiter à la perfection la vraie féminité dans ses particularités les plus aimables et de représenter en toute clarté les mouvements les plus ténus du sentiment moral qui habite les âmes profondes, ardentes et hautement sensibles, cette faculté pratique si limitée et simplement imitative mérite pourtant bien de recevoir le nom de talent poétique. Mais l'expression véritablement prosaïque de Jacobi n'est pas seulement belle, elle est *géniale*; elle est vive, pleine d'esprit, audacieuse et pourtant aussi assurée que celle de Lessing. Étant donné l'usage habile qu'elle fait des expressions tirées de la langue littéraire courante et des allusions peu nombreuses au monde poétique proprement dit, elle est aussi urbaine que la prose de Lessing, mais plus délicate et animée. Cette génialité jaillit précisément du commerce intime de sentiments et de pensées qui s'entrelacent les uns aux autres et se fondent les uns dans les autres (1) : c'était là un trait caractéristique de sa manière d'être et est même devenu le principe directeur de ses recherches philosophiques : il ne se réclamait en effet que de penseurs qui ou bien avaient eux-mêmes la vivacité de ce qui est spirituel et la spiritualité de ce qui fait la vie, comme Hemsterhuis (2) et Platon et à leur manière aussi Lessing (3) et Spinoza, ou bien les favorisaient par leurs opinions, comme Leibniz. Car qu'est-ce que le génie

sinon la communauté intime et libre sous la loi de plusieurs talents? (4) – Mais il est vrai que la constitution de l'âme de Jacobi n'était pas authentiquement républicaine et c'est pourquoi il n'est que génial, sans être un génie (5). Le talent théologique exerçait un despotisme illimité sur les talents philosophique et poétique, réduits l'un et l'autre à des travaux d'esclave, et il se constituait de son propre chef en législateur universel et en génie (6). – L'expression géniale chez Jacobi peut paraître *fragmentaire* : il abandonne souvent son lecteur alors que son désir de savoir s'est mué en fringale et, quand le récit ou la recherche se mettent en quête de « la lumière qui éclaire elle-même et les ténèbres » (7), alors ce n'est pas rare chez lui qu'à force de clarté il fasse souvent si sombre qu'on n'y voit goutte et que des tirets, des points d'exclamation, des alinéas et toutes les différentes formes d'écriture se mettent à pleuvoir de tous côtés (8) : mais lorsqu'un des plus grands maîtres de la prose recourt aux moyens dont les derniers des écrivains ont coutume de se servir pour masquer leur sottise, je soupçonne qu'il en va là d'une dissimulation vraisemblablement délibérée des vérités les plus saintes ou d'un inachèvement de la pensée, plutôt que d'une impuissance ou d'une maladresse dans l'exposition.

|C'est précisément cette vivacité d'esprit qui rend l'immoralité des 74
œuvres descriptives de Jacobi si dangereuse. Il ne s'agit pas simplement d'une vaine spéculation dont les résultats, aussi immoraux soient-ils, ne sauraient jamais être imputés aux philosophes épris de vérité, puisque l'amour de la vérité est la véritable éthicité de la pensée. Bien au contraire, en eux brûle, vit et respire l'esprit séducteur d'une absolue débauche d'âme et d'une intempérance sans limites (1), qui réduit pour toujours à néant, en dépit de sa noble origine, toutes les lois de la rectitude et de la convenance. Les objets changent, l'idolâtrie demeure. – Tout luxe finit en esclavage, quand bien même ce luxe serait de jouir de l'amour le plus pur pour l'être le plus saint. Il en va ici de même. Est-il servitude plus atroce que la servitude mystique? Toute servitude formelle a ses limites, mais la servitude mystique est d'une profondeur insondable, aussi infinie que le but qu'elle vise et que la corruption qui en est la source. – Le recueillement, une confiance respectueuse envers ce qui est parfaitement bon, une gratitude débordant d'amour pour l'être qui est toute bienveillance est le produit le plus pur et la plus belle récompense d'une éthicité supérieure (2). Mais jusque dans cette jouissance, et même tout particulièrement en elle, une extrême modération et une stricte vigilance s'imposent, si l'on veut éviter que ce qui était censé offrir un bref répit une fois la tâche achevée ne dégénère en oisiveté et que, sans qu'on s'y attende, la paresse naturelle à l'homme n'enchaîne la force de sa volonté et ne la subjugue. – Il est vrai

que la vertu peut se voir affermie et renforcée par un effet en retour comme l'éclat de la lumière est amplifié par les miroirs, mais se servir de la religion comme d'un moyen au service de l'éthicité ou comme d'une béquille pour un cœur défaillant est en réalité on ne peut plus dangereux (3). Le jouisseur qui fait de l'adoration la véritable tâche de sa vie et ne connait d'autre loi, doit perdre, avec cette vertu si commode qui n'a pas plus besoin d'être juste qu'active, jusqu'à l'idée de volonté et sombrer lui-même, anéanti, dans la servitude des humeurs, qu'elles soient les siennes ou pas.

Selon Jacobi, c'est le quantum de son aptitude à la foi qui fait la valeur de l'homme et la foi est une sympathie avec l'invisible (4). Puisqu'il nie la volonté, malgré les beaux éloges de cette prétendue liberté, en l'identifiant pour une part à l'instinct rationnel (5), pour une part à une « expression de la volonté divine », à une « étincelle de la pure lumière éternelle », à une « force de la toute-puissance » ou à une « marque du cœur divin au plus
75 profond de notre | cœur » (1), son éthicité peut donc être seulement amour ou grâce et il semble tout vouloir ignorer d'une vertu qui honore les lois et se prouve par des actes (2).

Qu'on ne se laisse cependant pas égarer par l'apparente reconnaissance d'un impératif catégorique de l'éthicité (3) à juger plus favorablement sa morale : car d'un instinct rationnel (ce dont il s'agit seulement ici) ne peut absolument résulter qu'un optatif catégorique. Ici, cette expression a donc un tout autre sens que dans les écrits de Kant. Mais surtout, le critique philosophique ne doit pas se laisser tromper par une apparence de similitude chez Jacobi avec ce qu'il tient pour une orthodoxie philosophique. À condition de tirer quelques expressions de leur contexte, on trouve en lui sans aucun mal tous les systèmes que l'on veut. Mais si l'on regroupe ensemble toutes ces expressions, la force unificatrice de tous les harmostes spartiates (4) et l'habileté de liaison de tous les diascevastes homériques (5) ne suffiraient pas à accorder philosophiquement cette masse de pensées avec elle-même ou avec un système un tant soit peu conséquent. – Seule une philosophie qui a accédé entièrement ou au moins en partie, depuis un degré nécessaire de formation de l'esprit philosophique, à un terme suprême, peut être systématisée et, une fois les excroissances coupées et toutes les lacunes remplies, mise en accord avec soi-même et rendue plus fidèle à son propre sens. En revanche, une philosophie qui non seulement est individuelle et locale dans l'occasion qui l'a vu naître, dans sa formation et son application, mais dont le fondement, le but, la loi et la globalité mêmes ne sont pas philosophiques mais personnels, peut seulement être caractérisée.

Ce qui importe avant tout pour la caractéristique de la philosophie de Jacobi (6), c'est de suivre le fil qui serpente à travers toutes les émotions et les pensées qui, chacune à son tour, s'emparaient de son intériorité, et de voir comment elles se sont développées les unes à partir des autres et enchaînées mutuellement. Un même procédé revient avec une étrange uniformité dans la totalité des œuvres descriptives et dissertatives où Jacobi suivait ses propres idées et où l'agencement de l'ensemble n'était pas déterminé par l'intention polémique : là encore il reste un certain nombre de traces et de fragments de ce procédé naturel tout juste altéré. Qu'on se borne par exemple à comparer la manière dont s'enchaînent les idées dans la dissertation sur la liberté (7) avec celle du *Woldemar*, où le fil est en effet le plus apparent.

Encore quelques traits fondamentaux. L'aspiration à jouir de l'infini devait assurément engendrer un penchant pour la solitude et la contemplation, que ne manquerait pas de renforcer le dénuement spirituel de son entourage. | Plongé en lui-même, cet être épris d'éternité devait bientôt **76**
devenir conscient de l'existence d'une faculté divine, d'une pulsion désintéressée, d'un pur amour (1) en son cœur; il devait parvenir à en résoudre les sensations en concepts, puis à élargir ces derniers à l'infini, étant donnée son intempérance originaire qui le poussait constamment à tout chercher en un seul être effectif. D'où la doctrine de la force législative du génie moral et des licences d'une haute poésie que les héros pourraient s'autoriser à l'égard de la grammaire de la vertu (2). D'où un dangereux indifférentisme envers toutes les formes et un mysticisme de l'hostilité à la loi. D'où son amour de l'Antiquité, dont il ne pouvait connaître et apprécier que le naturel et le rapport vivant de l'entendement et du cœur, car le sens de ce qui est classique, bienséant et achevé, le sens de la communauté libre sous la loi, manquait totalement à ce moderne. D'où aussi un idéal d'amitié voué à devenir un besoin et à le replonger dans le monde. Celui-ci ne pouvait apparaître à un tel cœur que comme quelque chose d'effrayant, ainsi que Sylli le représente (3). Espoir d'une union inconditionnée. Divinisation de la féminité, du fait de la pure éthicité de l'instinct féminin et de l'inclination à un abandon sans limite, divinisation tout aussi choquante (4) qu'auparavant l'outrage (5) proféré au prétexte que la femme serait incapable d'éprouver l'enthousiasme de l'amour. Duperie de cet espoir. Néant de tout amour humain. Désespoir. Dédain infini (6). Retour à la solitude et à l'amour de Dieu. Le ton général qui se diffuse dans la totalité de l'œuvre et qui lui donne une unité de coloris est celui de l'excès : une extension de tous les objets particuliers de l'amour ou du désir au-delà de toutes les bornes de la vérité, de la justice et de la convenance

dans l'immensité du vide. – L'aspiration à l'infini est le mobile dominant d'une âme saine et active : une série de grandes actions doit en résulter. Donnez-lui encore une aspiration à l'harmonie, peu importe son ampleur, ainsi que la faculté qui lui correspond, et le bien et le beau ne feront plus qu'un avec le grand et le sublime. Mais posez, dans une âme à la sensibilité exacerbée et délicate, quoique en même temps infiniment vulnérable, cette aspiration à l'infini sans la faculté de l'harmonie, et la réunion bienfaisante des opposés, sans laquelle aucune des tâches, grande ou petite, qu'impose la destination humaine ne sauraient être remplies, lui fera à jamais défaut. Cette âme hésitera sans fin entre la solitude la plus impénétrable et l'humilité la plus absolue, entre la fierté et le remords, la joie et le désespoir, l'absence de retenue et la servitude.

77 | Si l'on compare ce qui vient d'être dit de l'objet débordant d'un amour débordant (1) avec les deux affirmations sur lesquelles se termine l'ouvrage, celles-ci paraissent comme éclairées d'une lumière soudaine ou plutôt auréolées d'un halo sacré. La comparaison avec tous les autres écrits de l'auteur met cette supposition totalement hors de doute, car ce qui domine en eux, ce n'est pas simplement une préférence accidentelle et négligeable pour la terminologie qu'emploie la grande mystique de quelques chrétiens géniaux (2), mais cette tendance consciente à l'abandon inconditionné dans la grâce de Dieu.

Le *Woldemar* est donc véritablement une invitation à rencontrer Dieu (*Zufällige Ergießungen* (3)), et cette œuvre d'art théologique s'achève, comme toutes les débauches morales (4), par un *salto mortale* dans l'abîme de la miséricorde divine.

VICTOR COUSIN

SUR LES CHOSES DIVINES (1811)

|*Leipzig, chez Fleischer, Friedrich Heinrich Jacobi,* Des choses divines et de leur révélation, 1811. **Ms VC LVIII, 229r**

Cet écrit remarquable est un nouveau document de la doctrine par laquelle le digne auteur a acquis, il y a longtemps, un mérite éternel de ce qu'il a animé l'esprit de recherche philosophique et de la foi religieuse. La grande et pure religiosité de l'auteur est inébranlable, comme cet écrit le prouve de nouveau. Personne de ceux qui connaissent les œuvres antérieures de l'auteur ne doutera que cette religiosité est philosophique dans le sens *subjectif*, car jamais penseur n'a pénétré peut-être plus profondément dans les derniers fondements du savoir humain, jamais personne n'a dévoilé et montré plus hardiment et avec plus d'individualité la faiblesse radicale de systèmes métaphysiques. Mais c'est contre la validité *objective* de la doctrine de foi religieuse que l'auteur confesse [qu']on a entendu d'autant plus d'objections (1).

Cet écrit suppose de nouveau jusqu'au milieu du livre les doctrines fondamentales de l'auteur comme prouvées dans la chose principale. Il s'occupe du rapport de la révélation *intérieure* religieuse avec l'*extérieur* et *historique*, ou, en d'autres mots, il s'occupe de ce qui distingue la foi religieuse des événements merveilleux dans le monde extérieur, surtout selon des vues *chrétiennes*, de la religion pure de la raison et du cœur que nous voulons appeler *philosophique*. Puis vient la partie des recherches qui regarde immédiatement la philosophie *scientifique*, et puisque cet examen a plutôt une marche polémique que systématique, nous craignons que plusieurs ne trouvent pas la contenance scientifique qui se cache derrière une telle distribution de matériaux.

229v Les propositions principales d'où part la philosophie de Jacobi |se retrouvent aussi dans les transactions avec le *messager de Wandsbeck.*

C'est par la raison et non par les sens que l'homme obtient une représentation primitive du vrai. *La raison*, dans la signification la plus sévère et la plus propre, est plus que *l'entendement*, ou faculté de réunir des idées en jugements et conclusions. La raison se manifeste elle-même dans l'homme par la liberté. Et de même que l'homme n'obtient la vraie conscience de la liberté que lorsqu'il se détermine à penser et à agir selon des idées et sentiments qui sont élevés au-dessus de tout intérêt sensuel et terrestre, de même la raison se manifeste aussi du côté théorique comme véritable raison, où l'esprit s'élève au-dessus [du] (1) sensuel. Ce n'est que par là qu'il acquiert une représentation du vrai et de l'essentiel comme étant l'éternel qui est ce qui est, tandis que l'expérience ne nous apprend autre chose qu'un changement continuel de choses naissant les unes des autres et se perdant les unes dans les autres. Abstraction faite de cet éternel et primitivement vrai, qui se manifeste à la raison dans l'intérieur de la conscience, le monde sensuel entier n'est qu'un simple néant, pas même l'ombre de quelque chose cachée, car *tout* est *quelque chose* seulement en tant qu'il est fondé dans ce *vrai primitif*, comme l'effet dans la cause. Mais maintenant ce que nous appelons notre *savoir* est un produit de l'*entendement*, qui trouve des *rapports* de l'un avec l'autre. C'est pourquoi le savoir le plus pur est le savoir *mathématique*, qui se borne à de simples rapports comme tels, et qui ignore en quelque sorte tout être réel. Mais aussi le savoir *empirique* ne nous rapproche pas davantage du vrai primitif, parce que même dans la plus
230r grande étendue, il est borné à l'aperception |de rapports, dont le fondement réel subsistant ne paraît nulle part (p. 80). Le *vrai primitif* se manifeste à la raison comme fondement réel de toute réalité empirique. Mais il se manifeste seulement en ce que la raison *s'élève au-dessus* de tout le monde sensuel. Mais il est aussi élevé au-dessus de tous les *rapports* que l'entendement peut réunir en un savoir. Il n'y a donc point de science du vrai primitif dans le sens métaphysique. Le vrai primitif se manifeste toujours seulement comme *dernière cause* de tous les rapports, de la réunion desquels peut naître une science, malgré tous les efforts de l'entendement pour trouver des rapports de la *nature* entière avec le vrai primitif. Il se manifeste comme source primitive de toutes nos représentations rationnelles de *vérité* et de *bonté morale*, en un mot comme *Dieu.*

Mais il est absolument impénétrable comment le Dieu de la raison se rapporte *d'une manière plus déterminée* avec la *nature* et la *liberté.*

L'esprit pensant *croit* en Dieu, en reconnaissant absolument la révélation intérieure du vrai primitif. Mais s'il ne veut pas la reconnaître et croire seulement à la *nature* (1), alors il croit au fond à un *rien*, parce que la nature entière, abstraction faite de son *auteur*, qu'elle, non seulement ne nous révèle point, mais *cache*, n'est pas même l'ombre de quelque chose. Si l'on demande les *preuves* de ces doctrines fondamentales de la philosophie de Jacobi, on voit aisément que les preuves cessent où cette philosophie commence. Selon l'auteur, il n'y a partout point de preuves philosophiquement tenables pour celui qui ne reconnaît pas absolument la révélation intérieure du vrai primitif.

| Mais où reste donc, s'il en est ainsi, la philosophie comme *science* ? Et **230v**
l'auteur ne juge-t-il pas aussi sur les choses divines dans la sphère de la science ? Ne démontre-t-il pas aussi dans sa manière qu'il n'y a point de vérité sans croyance à ce vrai primitif ? Et quand même à la fin le *sentiment* qui nait avec la pensée porterait toute conviction, comment assurera-t-on à l'*entendement* le droit de repousser l'erreur, qui se fonde sur des sentiments *trompeurs* ? Il faudrait donc qu'il fût ajouté à la philosophie de Jacobi, si la philosophie doit subsister comme science, une partie doctrinale au sujet de laquelle cet ouvrage ne s'explique pas plus que les ouvrages précédents de l'auteur. Mais en récompense de cela, il saisit l'âme avec une telle force et place le lecteur attentif sur le point de vue philosophique de l'auteur d'une manière si précise qu'il ne reste aucun doute à l'égard de la question [de savoir] comment ce philosophe veut être compris.

La doctrine de religion philosophique de l'auteur se montre de nouveau comme le *théisme* le plus pur, dans le sens de *Platon*, et tel qu'il est la base du *christianisme* comme idée historiquement révélée.

La partie scientifique du livre prouve *critiquement* que *Kant* ne pouvait jamais parvenir à ce but par le chemin qu'il avait pris et que la philosophie de *Schelling*, appelée communément *philosophie naturelle*, qui se vante aussi d'un théisme, fait de ce Dieu dont elle parle, un ingrédient primitif de la nature générale, malgré toutes ses belles phrases religieuses de Dieu. – Kant, dit l'auteur, cherchait sincèrement [à] affermir par la philosophie la croyance en Dieu, la liberté et l'immortalité ; et les mots *Dieu*, *liberté* et *immortalité* étaient identiques pour lui. Mais il chercha l'impossible. | La **231r**
doctrine des postulats de la raison pratique s'annulait elle-même en ce que ce philosophe refusait à la raison la faculté de reconnaître le vrai primitif par l'élévation de l'esprit au-dessus de la sensibilité. C'est ainsi que l'esprit de la doctrine de Kant tombe en contradiction avec ses lettres.

Comme *homme*, Kant se fie moralement à la révélation immédiate intérieure, qu'il rejette pourtant comme philosophe sous le rapport théorique (2). La philosophie de Kant cherchait pourtant à s'établir dans ces [déserts et vides] (1), *de sorte* que la croyance en un Dieu personnel, vrai et vivant ne pouvait plus être mise en danger par aucun doute. Tout autrement procéda déjà la *première* fille de la philosophie de Kant, la doctrine de M. *Fichte.* Elle expliqua toute vérité et science [à partir] de la spontanéité de l'intelligence finie, qui produit elle-même ses idées, et le Dieu dont elle enseignait la croyance n'était plus le Dieu de Platon, de Leibniz et de Kant; il n'était rien autre chose qu'un *ordre du monde* moral, éternel, fondé dans le rapport réciproque infini de toutes les intelligences finies. [Pour qui est] accoutumé à cette vue (3), la *seconde* fille de la philosophie de Kant, celle de Schelling, où il ne faut plus penser à aucune personnalité de l'éternel, ne faisait pas de grande sensation. Plusieurs théologiens zélés voulurent même refondre la dogmatique chrétienne selon la nouvelle philosophie, appelée *philosophie naturelle*, et la prêcher sur des chaires et pupitres (4). –

Il est donc nécessaire de mettre dans son vrai jour la différence totale entre le Dieu de la philosophie de Platon, de Leibniz et de Kant et le Dieu de la nouvelle philosophie naturelle et théologie naturelle philosophique, pour que le public, qui veut savoir où il en est, ne soit trompé par des phrases. Ce sont surtout les phrases religieuses de la nouvelle école qui
231v doivent indigner par la déception qui y est cachée, le penseur | pour qui la *pure vérité* est la chose la plus sacrée (p. 151). Si l'univers consiste par un mécanisme spontané intérieur, n'ayant *hors de soi* ni ordre, ni but, il nous faut dire franchement : il n'y a point de Dieu. Ce mécanisme reste même, quand nous admettons qu'une force *spirituelle*, inhabitant l'univers lui-même, mais sans avoir une conscience d'elle-même, est la dernière cause de l'ordre du monde. Si nous voulons appeler une telle force *Dieu*, il ne faut pas au moins parler de ce Dieu connu déjà par la philosophie naturelle des Anciens comme si c'était un Dieu libre, individuel et primitivement distinct de la nature. Aussi ne faut-il pas supplanter ce Dieu identique avec la nature au christianisme (1).

Le vrai et sincère naturalisme, dit l'auteur (p. 154), en tant que doctrine spéculative, se tient également *sans blâme* à côté du théisme, mais il faut pour cela qu'il parle aussi le *même langage sincère et hardi* (2). À l'égard de l'assertion fondamentale du naturalisme, que la nature est *un* et *tout*, et qu'il n'y a rien hors d'elle, il n'y a pas de double locution. En appelant la nature dans le sens *plus étroit* du mot, c'est-à-dire en tant qu'elle parait aux sens comme *corporelle*, *nature* par préférence, et en distinguant ce côté *réel* de la nature du non-corporel, ou *idéal*, on ne dit rien sous le rapport religieux, en prétendant en même temps, qu'*au fond* (dans le sens *absolu*)

tout n'est qu'*un*. L'identité absolue de l'esprit et de la nature est l'identité absolue de la raison et de la déraison, du bien et du mal, de la chose et de la chimère (p. 160). On ne peut point aller au-delà de l'*antithèse primitive* du naturel et du surnaturel. Dieu n'est pas fini dans la nature, et infini *hors* d'elle, il est infini tout simplement, et la nature n'est que le contenu du fini. Une raison *sans conscience d'esprit* n'est *point* de raison. | De même que 232r
l'homme se reconnaît par la raison comme être *libre*, ayant conscience de soi-même, de même il conçoit Dieu, ou il ne le conçoit pas comme un être raisonnable. L'athéisme voilé de la philosophie naturelle moderne se vante, comme auparavant la théologie naturelle, d'une *scientificité* (1) prétendue. Mais la science, comme telle, se tient parfaitement *neutre* entre le théisme et le naturalisme.

Les trois *additions* de l'auteur mettent encore dans un plus grand jour la philosophie de l'auteur, par la comparaison avec quelques autres systèmes. Dans la *première* addition, l'auteur caractérise encore une fois la doctrine de *Spinoza*, qu'il a appelée, il y a longtemps, l'athéisme le plus décidé, quoique Spinoza lui-même appelle son *un* et *tout* spirituo-physique *Dieu*. À cette occasion est défendue aussi l'expression d'*intuition intellectuelle*, pour marquer par là la conscience de la révélation intérieure du Divin (2). Il dit qu'on doit attribuer à la raison aussi bien de la réceptivité que de la spontanéité, selon la vue véritablement *platonique* de la nature humaine, et que dans l'être humain, sensible et fini, la raison est le sens pour le sursensuel.

Dans la *deuxième* addition est cité un passage de Platon pour montrer qu'aussi ce philosophe met à la tête des êtres une intelligence prévoyante et non pas une faculté de penser aveugle, entrelacée dans le mécanisme du sort, mais que l'âme, pour croire à cette intelligence, doit se déterminer elle-même avec liberté.

Dans la *troisième* addition, l'auteur explique encore une fois sa distinction entre *raison* et *cause*. Il dit qu'une raison n'est toujours que l'universalité (logique) des déterminations d'un objet dans notre entendement, que cette idée est pour l'entendement toujours la plus élevée, que cette | idée suprême au contraire pour la raison est l'idée de la cause comme 232v
de celui qui *produit* et *crée*, que toute connaissance par raison est une connaissance des rapports d'un ensemble avec ses parties. Où maintenant la raison s'élève au-dessus de tels rapports, comme dans la conscience de la révélation intérieure du divin, c'est là que naturellement toute connaissance par raison doit se perdre, mais que pourtant reste la croyance à une *cause* absolue du *tout*, que de l'autre côté la croyance à une telle cause ne supprime pas la conviction qu'aussi le créé est quelque chose de *réel*. C'est

ainsi que Platon n'a pas douté [de] la réalité du monde sensuel et que pour cette raison la philosophie de Platon n'est pas plus éloignée du matérialisme qu'elle ne l'est de l'idéalisme.

Ce livre remarquable ne contient aucune personnalité de l'auteur contre ses adversaires, quoique le reproche de l'athéisme ait toujours quelque chose d'odieux. Malgré cela l'auteur de la nouvelle philosophie moderne a déjà fait un livre où il accuse M. Jacobi des intentions les plus basses, et où il l'accable d'injures et d'outrages comme une tête superficielle, un calomniateur et en général comme l'homme le plus misérable et méprisable.

Tübingen, chez Cotta, F. W. J. Schelling, Monument de l'écrit des choses divines etc., *1812.*

233r | Voici le pendant de l'ouvrage de M. Jacobi. M. Schelling, l'auteur de la nouvelle philosophie naturelle (1) veut ériger par cet écrit à M. Jacobi non pas un *monument*, mais un *pilori.* On y expose huit propositions, dont les *mensonges* de M. Jacobi accusant la philosophie de Schelling (selon lui). Schelling dit que si M. Jacobi ne pouvait prouver que ces propositions appartiennent réellement à la philosophie, il serait un *menteur* et n'échapperait point à l'*infamie*, etc.

Malheureusement ces huit propositions sont de la manière que le recenseur a pu rassembler des écrits de M. Schelling quantité de preuves pour démontrer que la philosophie de Schelling enseigne réellement ce que M. Jacobi lui reproche, ou que cette philosophie est elle-même si ambiguë et *à deux langues*, ou qu'elle parle un langage si singulier que personne ne peut deviner ce qu'elle veut.

M. Schelling nie avoir jamais dit que la *nature* est un et tout, et qu'il n'y a rien hors d'elle.

Il dit cependant p. 6 que la nature est pour lui « l'identité absolue, en tant qu'elle est considérée *non pas comme étant*, mais comme *fondement de son propre être* » (2).

M. Schelling se fâche de ce que l'on appelle sa philosophie *philosophie naturelle*, tandis que la philosophie naturelle n'est qu'*un seul* côté de son système.

M. Schelling trouve singulier qu'on dise que sa philosophie ne reconnait point de *dualisme*, ayant pourtant lui-même exposé le dualisme comme loi fondamentale de toute réalité. Mais *de quel* dualisme parle-t-on ici ? Il n'est pas question chez Jacobi du dualisme des *forces de la nature*, mais du dualisme éternel de *Dieu* et de la *nature* (3).

Il en est à peu près de même des mots *liberté*, *moralité* et *immortalité*. Le seul reproche moral que M. Jacobi fait au schellingianisme est que ce

système ne parle pas seulement une nouvelle langue comme celui de Kant, mais que ce système |donne aux mots *Dieu*, *nature* et *liberté* une signifi- 233v
cation étrangère à tout le monde selon laquelle il parait que ce système enseigne réellement ce qu'il nie et blâme.

Ensuite vient l'*historique*. Ici, dit M. Schelling, le *savant est en face du savant* et il est dans son *élément*. Il y dit que M. Jacobi a une *aversion* de la science, qu'il donne la mesure de son cerveau pour celle de l'esprit humain, et que chaque tailleur et perruquier peut faire le philosophe de profession comme M. Jacobi, qu'il est un *pharisien*, que son esprit malade souffre d'une *idée fixe*, que son cerveau ne rêve que des *athées*, et que dans une sainte démence il *condamne* tout savoir.

C'est donc *ainsi* que l'auteur parle quand il est dans son *élément*! – Depuis la p. 63, le titre est le *scientifique*. Il y est dit que le théisme scientifique n'a pas encore été trouvé, que ce qui n'a été jusqu'à présent que croyance, commence seulement à présent à *devenir science* (à savoir par la philosophie de Schelling), que Dieu doit être posé comme quelque chose qui ait quelque chose *devant soi*, à savoir *soi-même* comme *causa sui*, que des *demi-têtes* sont tombées sur l'idée de séparer la nature de Dieu, comme s'il n'avait rien en lui d'une nature, que le théisme est tout à fait vide sans le naturalisme. C'est pourquoi le Dieu des théistes n'est rien de solide, de précis, en un mot *point de nature* (p. 92), que Dieu fait de *lui-même*, à savoir *d'une partie de lui-même* (p. 95) le *fondement* de la nature et en même temps le fondement de lui-même, qu'il ne vit qu'*en tant qu'il* subordonne cette partie de son être (la non-intelligente) à la supérieure, qu'*avec* cette partie, il vit *libre* du monde et *au-dessus* du monde.

M. Schelling dit que ceux auxquels ces vues ne conviennent pas (p. 95) *ne devraient pas se mêler de la philosophie*. – La troisième section du livre s'appelle le *général*, *vision allégorique*. – Nous n'y avons trouvé point d'allégorie, peu de général, mais beaucoup de particulier. –

|M. Schelling, qui veut se présenter au public comme *savant*, raconte 234r
un rêve, où M. Jacobi lui est apparu *en personne* et où il a été *poussé à l'absurdité* et hué comme un *imbécile* et *hypocrite* par tous les hommes raisonnables, auxquels il a exposé sa doctrine. – On n'exigera pas de nous de répéter ce *songe savant*. M. Schelling fait dire entre autres à quelques personnes, qu'on supporte depuis vingt-cinq ans le *triple babil* de M. Jacobi sur la religion et la croyance, par lequel il *obsède les oreilles* du monde, qu'il devrait se faire le fondateur d'un nouvel ordre, le vœu duquel serait celui de la *bêtise volontaire* (p. 139) (1).

Dans une annotation (p. 141), l'auteur ajoute que l'esprit de Jacobi est devenu estropié, et qu'il boite après la raison, *comme le singe après l'homme* (2). À la fin il l'appelle un *sycophante*, qui porte *deux masques*, etc.

Nous croyons avoir donné assez de preuves pour démontrer que ce livre est une addition remarquable à la philosophie du jour, dont l'auteur est le fondateur.

Le livre termine par le regret de l'auteur de n'avoir pas plus tôt rêvé ainsi et d'avoir donné à tout l'écrit la forme de la vision moqueuse. C'est avec cet aveu franc que l'auteur couronne son monument. Ceux qui confessent la nouvelle philosophie naturelle ou d'identité ont maintenant un modèle qu'ils pourront suivre comme hommes savants pour soutenir devant le monde civilisé la dignité de la science.

FRIEDRICH SCHLEGEL

SUR JACOBI (1822)

|Art. XIII. *Friedrich Heinrich Jacobi's Werke*, Leipzig, Gerhard Fleischer, I-V. Band. 1812-1820. **KFSA VIII, 585**

Anmerkung zu einer Recension der Jacobischen Schriften, im XIV. Bande des Hermes[1], p. 255-339.

La grande indulgence que le recenseur partage avec son philosophe pour la *doctrine de la personnalité de Dieu* (encore que ce soit pour une raison différente de la sienne), pourrait engendrer de bien trop grands contresens et avoir déjà en soi trop d'importance quant à ses effets pour que l'on ne juge pas que ces matières méritent une explication plus détaillée et

1. Cette caractéristique critique (1) des écrits de Jacobi nous donne l'occasion que nous attendions, tant elle est bien conçue et forte de remarques utiles, d'indiquer avec une précision toute scientifique quelle signification possède la philosophie de cet auteur et quelle place elle occupe par rapport aux autres principaux systèmes de la dernière époque de la philosophie allemande, de même qu'elle nous permet de caractériser globalement ces systèmes eux-mêmes dans leurs relations réciproques et de les apprécier à leur juste valeur en fonction de leur point de vue et de la place qui leur revient dans l'histoire du développement de l'esprit humain. Or, ce point de vue est celui d'un passage encore très imparfait du matérialisme et des systèmes de l'incroyance, qui auparavant régentaient tout, à une philosophie chrétienne conforme aux principes du spiritualisme pur, tel que celui-ci est donné à l'origine dans la révélation, puis authentifié par l'antique tradition sainte et contenu en elle (2). De ce point de vue, ce spiritualisme n'est jamais tout à fait éteint, encore qu'il ne soit que très rarement appliqué de manière sensée ou raisonnable ; voilà pourquoi aussi le spiritualisme, en dépit de son ancienneté, n'a nullement besoin d'une nouvelle formulation, mais bien d'une incitation à se rénover et d'un rétablissement énergique. – La remarque qui suit n'a d'autre but que de développer ces idées plus avant.

que celle-ci se trouve maintenant ici tout à fait à sa place. En tout cas pour ce qui touche à l'article de la doctrine, sur lequel on ne peut rien céder, car, pour ce qui est des penseurs qui ont émis ces opinions, on peut sans peine admettre que c'est précisément un très haut concept de l'inconcevabilité et de l'inconnaissabilité de Dieu (à l'essence duquel il paraît en outre absolument inapproprié d'ajouter quelque attribut que ce soit) qui peut les avoir conduit à ce point de vue négatif; et cet aspect du problème est lui aussi plusieurs fois soulevé et mis en lumière dans la présente recension tout autant qu'il l'est par *Jacobi* lui-même. Il ne faut pas confondre avec le vil équipage des matérialistes vulgaires des hommes comme *Spinoza* et
586 *Fichte*, dont | les grandes et rigoureuses qualités morales de l'esprit et du caractère pourraient inspirer un certain nombre de ceux qui les leur dénient(1), mais il faut avant tout soigneusement distinguer l'athéisme purement scientifique et spéculatif, qui peut se concilier avec une morale et une doctrine des mœurs rigoureuses (peut-être pas chrétiennes, mais tout au moins stoïciennes(2)), et l'athéisme proprement dit de tous ceux dont la pensée et la vie sans Dieu et sans la moindre trace de divinité sont entachées par la boue de la matière et de l'égoïsme(3). Parmi eux, beaucoup ne seraient pas même capables de s'élever jusqu'à cette prétendue erreur spéculative, qui n'a pas toujours sa raison d'être dans une aversion à l'égard de l'idée de Dieu ou dans une totale inaptitude à la pensée du divin, mais bien plutôt seulement, comme c'est aussi le cas des hommes dont nous avons parlé, dans une façon de concevoir cette idée entièrement faussée par un point de vue erroné.

Or, si *Jacobi*, dans la dernière période de sa carrière philosophique, constate à propos du principe de la personnalité, notamment contre *Schelling*, que Dieu paraît se voir imposer par là une restriction (ce dont la seule pensée lui est absolument insupportable), on peut bien admettre que cette remarque sur le point de vue erroné que se fait la pensée commune quant à la pure idée de la raison spéculative apparaît en effet à tort comme une difficulté et qu'elle semble avoir ici une certaine importance. Il faut seulement regretter que *Jacobi*, pour résoudre la difficulté, n'ait pas préféré puiser à la *source* à laquelle, en tant que philosophe, il s'efforçait pourtant de conduire le monde à travers tous ses écrits. Je veux dire à la source de la révélation et de la foi vivante, dont il indique ou du moins suggère constamment que l'on accède au moyen de son fameux *salto mortale*, une fois mené à bien l'anéantissement de la raison spéculative. Car il n'a jamais développé pleinement son idée de révélation. Il est pourtant évident qu'il la conçoit uniquement comme une révélation intérieure sans pourtant jamais en obtenir la connaissance et que cette révélation intérieure est déjà contenue dans la révélation positive et liée indissolublement à elle. C'est aussi pour cela qu'il ne s'est jamais fait une idée claire de la révélation. Pour ce qui est de l'essentiel, il procède, à quelques différences près, comme le fait *Kant* : il nous conduit par une voie pénible, longue et fatigante au seuil de la croyance divine, mais une fois devant la porte, il fait aussitôt machine arrière et nous laisse, interdits et consternés, les mains vides (4).

|Si, plutôt que d'en appeler simplement à une révélation intérieure, **587**
laquelle, à ce point isolée de tout le reste, était vouée à demeurer inexplicable et stérile, *Jacobi* avait aussi voulu de tout son cœur reconnaître et comprendre la révélation positive et s'il avait seulement osé vaillamment franchir ce seuil devant lequel il reste irrésolu, c'est ici, dans le christianisme, qu'il aurait découvert le concept connu de tous et intelligible à chaque cœur d'une charité et d'un *abaissement* par amour divins (1). C'est là un concept d'une importance extrême, tant pour la vie pratique que pour la vie philosophique, et grâce auquel le doute que suscite cette restriction apparemment liée à la personnalité de Dieu se trouve aisément dissipé. En quoi consiste cet abaissement divin lorsqu'il s'exprime métaphysiquement, sinon en une limitation de soi volontaire par amour, par modération admirable de sa toute-puissance ? Et où l'essence de Dieu et son amour, autrement dit sa toute-puissance, se montreraient-ils plus essentiellement, plus conformément à cette essence et plus puissamment que dans cette modération admirable de sa toute-puissance, concept dans lequel réside en même temps la seule issue qui permette de concilier pleinement l'omniscience divine et la liberté humaine ? C'est là en effet un mystère divin, mais qui, en tant que tel, est clair à chaque cœur chrétien et que l'on reconnaît aussi suffisamment en chaque enseignement chrétien. Cet abaissement ou cette libre limitation de soi par amour peuvent d'ailleurs d'autant moins nous apparaître incompatibles avec l'essence de Dieu ou indignes d'elle que c'est bien plutôt, comme l'enseigne le christianisme, cette charité et cet abaissement divins qui constituent le signe distinctif et spécifique du vrai concept du Dieu vivant. En revanche, un Dieu dénué en soi de charité et absolument incapable de cet abaissement, quand bien même on nous le présente dans de si sublimes abstractions, n'est pas autre chose qu'un destin aveugle, une fausse idole et un simple mirage de l'absolu.

Mais, ici encore, *Jacobi* a tout particulièrement tort à l'égard de *Schelling*, précisément quand il cherche à faire valoir contre lui l'objection déjà évoquée et, comme nous l'avons vu, tout à fait nulle, de la personnalité et de l'apparente limitation de Dieu : il aurait bien plutôt dû le soutenir de

toutes les manières possibles dans l'effort sensiblement meilleur qui était le sien et l'encourager ainsi à rejeter les scories de son ancien système (2) et à reconnaître de tout son cœur le Dieu vivant. Car tout un chacun comprendra, me semble-t-il, que si *Schelling* avait seulement voulu maintenir et développer le principe qu'il a reconnu et établi dans son écrit contre *Jacobi* selon lequel la connaissance de Dieu est une connaissance personnelle (3) et que par conséquent nous ne connaissons Dieu que pour autant que nous entretenons avec lui un commerce et une authentique
588 relation, |ou qui veut, en d'autres termes, que la métaphysique soit une science entièrement empirique, c'est-à-dire issue de l'empirie de la vie intérieure (1), s'il avait seulement voulu, avons-nous dit, maintenir et développer ce principe dans toutes ses conséquences, cette chimère qu'était l'Absolu dans son précédent système n'aurait pas manqué de disparaître aussitôt sous ses yeux.

Si *Jacobi* s'est plusieurs fois montré inconsciemment très injuste envers les plus éminents de ses interlocuteurs et s'est constamment trouvé en profond désaccord avec eux, alors que le plus souvent il était à très peu de choses près soumis au même joug ou au même malheureux envoûtement qu'eux et qu'il portait les mêmes fers, c'était surtout en raison de son point de vue philosophique particulier et de la position d'ensemble qu'il avait adoptée et revendiquée à leur égard. Comment *lui-même* pouvait-il reprocher *l'athéisme de sa pensée* (2), en admettant que s'en fût un, à *Fichte* (non seulement avec une telle dureté mais de manière si personnelle et comme s'il en allait de son caractère moral lui-même), puisqu'il était lui-même profondément persuadé et avait maintes et maintes fois fait la preuve que toute recherche spéculative pure menait à ce résultat et qu'il pouvait bien sincèrement admettre que la conscience, le sens de l'honneur et le sentiment d'amour, de manière générale tout ce qu'il se trouve de motifs humains honorables, n'ont que trop souvent, par suite de son erreur spéculative, induit en erreur ce grand penseur et l'ont rendu noblement infidèle à son système, mais guère moins que le censeur *Jacobi* lui-même ? – Mais ce qui est encore plus frappant, c'est qu'il semble n'avoir jamais clairement mesuré à quel point il a été véritablement proche de *Kant* (3). Car si *Jacobi* a donné après coup le nom de *raison* à ce qu'il avait auparavant appelé croyance et s'il l'a caractérisée comme « la faculté de la perception immédiate et intérieure du suprasensible », on ne retrouve manifestement là que le primat kantien de la raison pratique, qui parvient ainsi par la petite porte à remonter sur le trône dont elle avait d'abord été théoriquement jetée à bas avec éclat (4) : la grande différence entre ces doctrines se réduit finalement à ce que *Kant* a davantage en vue l'objectif et la loi pratique de la raison, tandis que, de son côté, *Jacobi* défend et soutient non sans mérite les droits de l'individualité et par conséquent aussi les droits de faire preuve d'un génie particulier jusque dans les choses morales.

Mais l'erreur et la faute communes sur laquelle repose, d'un côté comme de l'autre, toute cette manière de philosopher, consistent dans cette opposition ou dans ce conflit de la foi et du savoir qu'on a eu grand tort d'accepter et qu'on a très délibérément présupposé comme étant absolu (5). | C'est à cause de lui que ce qui distingue les deux différentes **589**
sortes de savoir passe totalement inaperçu (1). Or c'est justement là le point que nous devons mettre en évidence si nous voulons entièrement dissiper les doutes qui, comme nous l'avons dit plus haut, étreignent *Jacobi* et son recenseur, ainsi que toutes ces attitudes sceptiques qui naissent de cette fausse opposition de la foi et du savoir et de l'absence de véritable différenciation à l'intérieur de celui-ci, tout en en expliquant en même temps l'origine (2). Il n'est d'autre forme de savoir que celle qui tend vers l'accord du concept ou de la pensée avec soi-même et qui, dans sa perfection formelle, porte avec soi certitude et nécessité absolues. C'est sur un tel savoir que reposent les connaissances mathématiques et les preuves logiques. Avec cette forme de savoir, la croyance n'a aucun contact et elle n'a rien à apporter en ce domaine. Néanmoins, dans la vie ordinaire, nous pouvons très bien laisser de côté l'idée d'appliquer à la croyance un principe mathématique compliqué et de s'en servir dans la pratique, confiant dans l'exactitude de preuves démontrées par d'autres. En revanche, l'autre savoir, le savoir supérieur, est le savoir libre et personnel qui n'entre nullement en conflit avec la foi, mais lui est lié le plus intimement possible et qui la présuppose en permanence comme son premier fondement et son but ultime. À l'inverse, la foi ne peut pas non plus apparaître sans que nous n'ayons accédé au préalable, à quelque degré que ce soit et même de façon partielle, à la connaissance : la foi elle aussi croît et devient toujours plus intense et vivante en même temps que progresse la clarté de la compréhension. Sous ce rapport, la foi est le premier fondement et le premier commencement, de même qu'elle est aussi *ce qui donne son plein achèvement* au savoir libre et vivant et qu'inversement, ce dernier est la cause efficiente et le plus haut produit de la croyance divine. Mais ce libre savoir constitue précisément l'objet et le contenu de la philosophie, il est la connaissance vivante de la vie, libre comme la vie elle-même, et qui ne se laisse pour cela aucunement enfermer dans la forme de cette nécessité absolue qui règne dans le savoir mathématique et la pensée simplement logique. Loin de devoir être en reste par rapport à lui, l'art logique, qui est en soi vide et stérile, obtient bien plutôt grâce à la connaissance de la vie

une base solide et un contenu réel sans lesquels il est voué à dégénérer en un jeu dialectique parfaitement vain et funeste pour le vrai savoir et à se transformer en art sophistique des apparences (3); et même si, dans le domaine que la nature lui a elle-même imparti, la mathématique demeure pleinement assurée d'obtenir l'application matérielle la plus large, c'est
590 néanmoins aussi grâce à la philosophie, si | celle-ci se montre digne de sa destination, qu'elle acquiert sa signification supérieure et devient, outre la certitude qui lui est propre, compréhensible à l'esprit et claire dans son ensemble, car c'est justement ainsi qu'elle devient une science au vrai sens du terme. La perfection formelle vers laquelle la philosophie doit tendre, est elle-même d'une *tout autre* nature que celle de la science mathématique et logique (1). On ne connaît la vie que par la vie même : telle est la condition subjective (2), ou plutôt personnelle, que l'on exige et présuppose en toute philosophie (3). La philosophie en tant que savoir *positif*, autrement dit en tant qu'elle est le plus englobant et le plus haut de tous les savoirs positifs, présuppose que ce positif lui soit donné. Et la forme et la configuration qui lui sont propres, à l'image de la vie elle-même et de la connaissance de la vie, constituent bien plutôt elles aussi une forme organique et vivante, contrairement à cette méthode subordonnée qui procède du savoir mort et abstrait et devient fallacieuse dès lors qu'elle prétend occuper la place suprême (4). Toute fausse philosophie résulte essentiellement d'un effort malheureux non seulement pour réduire la vérité philosophique en certitude mathématique que pour l'établir au moyen de preuves logiques aux yeux des autres. Telle est l'erreur funeste qui domine tant chez *Jacobi* que chez *Kant* et qui barre la voie à la véritable connaissance supérieure : l'un et l'autre n'ont jamais en vue que le savoir commun, mort et abstrait, et, puisque, malgré tout, celui-ci ne peut jamais conduire à la vérité et à la vie dans le domaine des choses divines, ils trouvent refuge dans une foi créée de toutes pièces (5), qu'ils entendent fonder sur l'anéantissement de tout savoir. Or désespérer du savoir fait certes naître le besoin d'une croyance établie comme nécessaire, mais ne fait pas naître la foi vivante elle-même. Ce reproche concerne aussi tous ces écrivains religieux et autres théologiens qui s'engagent dans la fausse voie sceptique, comme le fait aujourd'hui encore *Lamennais*, toujours à demi prisonnier de l'esprit, qu'il aimerait pourtant combattre, de notre époque avide de démonstrations (6). Mais, chez des écrivains de cette espèce ou chez ceux qui lui ressemblent, on se libère sans trop de peine de cette fausse méthode, que fait bientôt disparaître le positif auquel ils se rallient, qu'ils ont atteint et découvert par une toute autre voie que la fausse voie sceptique, et ce bien que toute cette exposition ne reçoive jamais par là

qu'une mauvaise direction. Mais, chez *Jacobi* et *Kant*, qui n'ont jamais eu accès à une révélation donnée par un positif divin, on ne sent partout que trop bien le caractère à demi achevé, insuffisant et vide de la croyance qu'ils se sont créée et qui intérieurement |ne croit pas plus en elle-même 591 qu'elle ne s'accroche résolument à soi (1). Mais, puisqu'on ne peut rien savoir de l'essence de l'homme en soi indépendamment de Dieu, on ne peut guère non plus atteindre le but en suivant la voie dans laquelle le recenseur choisit de s'engager lorsque, de la même manière mais avec plus de tranchant encore, il sépare l'une de l'autre foi et savoir et affirme à cette fin que la divinité, en même temps que tout ce qui se rapporte à elle, reste entièrement affaire de croyance et de religion, tandis que la philosophie se limite purement et simplement à la connaissance de l'homme : cette voie, bien des hommes ont, à différentes époques, également essayé de la suivre. Car nous avons beau entrer subjectivement dans les profondeurs de notre conscience, nous n'y trouvons jamais le soi intérieur autrement qu'avec Dieu ou en relation intime à lui : de même, lorsque nous cherchons à appréhender objectivement la nature de l'homme, nous ne pouvons là aussi le comprendre que comme une image de Dieu (2). Si l'on tenait absolument à rester à la surface des choses, comme le fait la réflexion commune, on renoncerait à la philosophie, qui entend sonder les profondeurs. Mais, en ce sens, il n'y a pas de philosophie de l'homme, et il n'en a jamais existé, qui ne fût et ne dût être en même temps aussi une philosophie de Dieu ou une "théosophie" au vrai sens du terme (3). Cette séparation brutale et contre-nature de la foi et du savoir dans le domaine des choses divines, qui apparaît chez *Jacobi* non moins que chez *Kant*, ne peut avoir d'autre effet que l'abandon du savoir et son anéantissement sans que l'on parvienne cependant à s'élever à la vraie foi, qui, comme le vrai savoir, repose sur la connaissance de la révélation divine et qui se trouve pour cette raison inséparablement liée à elle.

Les deux autres contemporains et interlocuteurs de *Jacobi* auxquels il s'est si souvent heurté, *Fichte* et *Schelling*, admettent il est vrai l'existence d'un savoir suprême, puisque *Fichte*, dans ses premiers exposés, ne se rallie qu'en apparence à la déduction kantienne de la foi à partir de l'ignorance. Mais, dans la mesure où nos deux philosophes impriment à ce savoir libre et divin la forme de l'absolue nécessité, ce dernier n'est pas conservé et établi en tant que savoir vivant et positif, mais il est assimilé par là au savoir commun, mort et abstrait, et disparaît en lui. Car ce n'est pas, comme le croient les tenants de ce système, le savoir absolu qui est un savoir supérieur dans lequel s'unissent et se recouvrent la connaissance libre et vivante et le savoir abstrait ordinaire, mais c'est la connaissance

592 vivante qui est | elle-même le savoir suprême : le savoir absolu ou ce qu'ils appellent ainsi est le savoir subordonné qui, comme on l'a montré plus haut, ne reçoit la possibilité de son application pratique ou son importance intellectuelle que dans et par cette subordination. Lorsqu'on méconnaît celle-ci, c'est toujours, du fait de cette confusion contre-nature, le terme supérieur qui est sacrifié et qui disparaît dans le terme inférieur. Voilà aussi pourquoi les deux systèmes de l'absolu, le système idéaliste et celui de la science de la nature dynamique, en dépit de toutes les prétendues ou apparentes potentiations supérieures que celle-ci allègue, demeurent toujours prisonniers de la sphère de la conscience divisée et abstraite, sphère dont ils épuisent avec les deux philosophies sceptiques (1) toute l'étendue suivant les quatre régions principales ou forces élémentaires dominantes qui la constitue (2). Car si, dans tous ses écrits, *Kant* se fatigue en vain avec son entendement critique sans jamais toucher au but, nous voyons *Jacobi* consacrer sa vie entière et toute sa volonté morale à cet interminable combat de titan qu'est la recherche de la vérité divine; et de même que *Fichte* plaçait au sommet de son système la raison idéelle (3), de même c'est dans la philosophie de la nature que se trouvent l'assise de l'imagination spéculative et avec elle le fondement du savoir et de la pensée dynamique (4). Ici, la science de la nature elle-même, qui, en suivant sa propre démarche et grâce à la profondeur de sa dernière grande découverte, est déjà pour une grande part devenue une science dynamique, vient avec toute sa richesse au-devant de la philosophie; la fondation positive et la base réelle, qui ont été acquises par ce biais davantage que par l'une des trois autres voies, ne concernaient cependant que la nature et la connaissance qui s'y rapporte, sans atteindre ou altérer le point suprême de la vie intérieure et de la conscience philosophique dans le système.

Chaque philosophie contient toujours en soi, puisqu'elle doit aussi se comprendre et se définir elle-même, une théorie de la conscience et elle est marquée, dans son essence et son caractère tout entiers, au coin de cette théorie, même quand elle ne la prend pas pour point de départ. Mais, tant que c'est sur une conscience divisée, liée, purement abstraite et morte qu'elle repose et tant qu'elle en procède, la philosophie qui en résulte ne peut être autre chose qu'une philosophie morte, divisée en soi et dans ses propres abstractions, et prisonnière du conflit des systèmes entre lesquels elle se partage (5). Tant, par exemple, que le conflit concernant la supériorité et le primat ou bien de la raison ou bien de l'entendement subsiste dans sa forme actuelle, on peut être certain que la philosophie erre encore dans les régions obscures d'un conflit inextricable et qu'elle ne s'est pas encore frayé un chemin jusqu'à la lumière du jour de la connaissance

chrétienne. | La conscience abstraite et corrompue est précisément celle qui 593
demeure prisonnière de l'opposition de l'entendement et de la volonté, du
clivage de la raison et de l'imagination (1). La philosophie est alors retenue
dans cette sphère comme une de ces forces élémentaires impliquées dans
un conflit avec leur contraire et à jamais incapables de s'en délivrer par
elles-mêmes : cette force dominera plus ou moins exclusivement dans
chacun des systèmes ou dans chacune des voies particulières dans laquelle
s'engage la recherche spéculative, comme on le voit clairement lorsqu'on
considère les quatre grands esprits systématiques de la philosophie
allemande actuelle auxquels nous nous sommes référés et qui, selon une
très juste intuition, doivent être regardés comme étant de même nature et
constituant un cercle fermé. Si la philosophie doit atteindre son but, il faut
que la conscience vivante, complète et authentique soit établie ou plutôt
instaurée, que soit donnée, trouvée et reconnue la *vie intérieure*, cette vie
que seul « *l'esprit qui, par l'âme, se trouve en Dieu* » (2) ou dans le *Verbe
éternel*, vit, trouve et reconnaît comme la révélation de sa gloire. Telle est la
condition que la vraie philosophie présuppose et sans laquelle tout son
effort demeure vain et vide de sens ou n'est qu'une peine inutile. Mais si la
vraie conscience se voit établie et régénérée, sinon entièrement, du moins
dans ce qui la dispose à cette plénitude et si la vie intérieure éclot et se
restaure, sa construction scientifique cesse de présenter de si grosses
difficultés (3). Il peut par la suite apparaître en elle différents degrés
d'achèvement formel et encore beaucoup de modifications particulières, il
pourrait même exister d'autres détours possibles, qui ne seraient tous en fin
de compte qu'autant de rechutes dans les anciennes erreurs ; mais, pour
l'essentiel, on peut dès lors regarder la tâche de la philosophie, laquelle
n'est elle-même pas autre chose que la construction scientifique de la vie
intérieure divine et humaine, comme accomplie ou tout au moins la philo-
sophie peut s'avancer d'un pas assuré vers l'accomplissement de sa tâche.
Cette triple vie en Dieu et dans le Verbe éternel de l'âme grâce à l'esprit ou
de l'esprit grâce à l'âme, voilà ce qu'est le christianisme et c'est
précisément pour cette raison que toute philosophie est et, sous ce rapport,
doit être une philosophie chrétienne : non pas simplement du fait d'une
concordance peut-être délibérément artificielle avec un certain nombre
d'articles de foi et de dogmes, mais conformément à l'esprit, au contenu et
au but du tout. Car le christianisme n'est pas simplement la *doctrine* de la
vie intérieure ou une *introduction* à cette doctrine, mais elle en est la
communication et la suscitation vivantes et tous ses préparatifs ne servent
qu'à | la rétablir, à la préserver, à la purifier de plus en plus et à la déployer 594
de façon toujours plus grandiose.

Par là il va de soi, quand bien même une telle mésinterprétation était possible, du fait par exemple que cette philosophie est une philosophie chrétienne, que les philosophes qui ont précédé le Christ ne doivent pas être purement et simplement rejetés. Nous devons en effet considérer ici le christianisme en un triple sens. Premièrement, en un sens *métaphysique*, comme révélation du Verbe éternel et doctrine de cette révélation : en ce sens, le christianisme est aussi vieux que le monde (1). En un sens *historique*, il commence avec la personne du Sauveur, avec l'établissement de l'Église chrétienne et la fondation de la foi catholique ; même du point de vue qui inclut les préparatifs en vue de l'Église du Christ, les Pères de l'Église regardaient déjà *Platon* et *Socrate* comme des précurseurs du christianisme (2). Au troisième sens, au sens *moral*, que l'on appelait autrefois le sens mystique, on entend sous ce nom cette vie intérieure sur laquelle reposent aussi bien l'essence du christianisme que la fondation de la philosophie. De ce point de vue, on pourrait aussi appeler la philosophie chrétienne la science du Verbe de vie ou, étant donné son commencement et ce que celui-ci présuppose, la doctrine de la régénération de la conscience (3). Si nous voulions examiner ici plus avant cette régénération intellectuelle sans laquelle il n'est pas de philosophie, ainsi que la manière dont elle se produit et des points dont elle procède, nous n'aurions aucune peine à montrer si l'homme est à chaque fois capable de la provoquer par sa seule force ou si elle ne présuppose pas plutôt à chaque fois *quelque chose de donné* et de positif, suscité et occasionné par Dieu.

Cette voie sur laquelle s'engage une philosophie se voulant résolument *chrétienne* non pas selon une apparence extérieure et une dénomination accidentelle, mais dans son essence la plus intime et avec le plus extrême sérieux, sera la voie qui s'ouvre maintenant à nous et qu'il nous revient de toujours fonder davantage. Or ce premier cercle de la philosophie allemande, tel qu'il se présente du point de vue des quatre systèmes décrits et des différents principes du savoir abstrait ou absolu, doit être regardé comme dépassé et entièrement clos (4). Un *Kant redivivus*, même sous une forme édulcorée, nous conviendrait tout aussi peu que le dilettantisme uni au génie de *Jacobi*. Cette époque est définitivement close et cette philosophie à demi chrétienne ne peut plus guère tenir lieu que de philosophie *qui se cherche* et susciter tout au plus l'intérêt pour cette seule raison : nous préférons de même ne pas contester à cette époque sa grande valeur
595 historique, | à condition qu'on nous la donne pour ce qu'elle a vraiment été, à savoir une période de transition et une première tentative pour s'arracher à l'abîme de l'incroyance la plus complète et du matérialisme le plus plat – lequel n'a jamais dominé autant qu'aujourd'hui (1). De même qu'il ne

nous aurait servi à rien de nous représenter un *Fichte* plus parfaitement achevé ou intensifié (2), en nous figurant qu'il puisse magnanimement se défaire de toutes les influences néfastes que la conscience, la moralité et les autres sentiments humains opposaient à la stricte cohérence du système, et incarner ainsi la pensée athée dans ce qu'elle a de plus pur. Car c'est au sens littéral bien heureusement impossible et, au lieu de cette noble inconséquence, c'est plutôt cette étroitesse d'esprit plus commune, cette stupidité absolue à l'égard de tout ce qui est divin qui trouveraient à s'exprimer, par exemple sous la forme de ce flux et reflux indéfini de la pensée vide et abstraite qu'on voit à l'œuvre dans le système et les écrits de *Hegel* (3). Et si, non sans regrets mais forts de cette leçon, nous voyons un grand caractère errer et se perdre dans cet étrange abîme, nous ne pouvons qu'éprouver du dégoût de voir *Fichte* singé et défiguré abstraitement de la sorte. Pour pousser à cet extrême et épuiser les erreurs spéculatives de l'époque de façon à provoquer son complet retournement, un seul exemplaire de ce terrible égarement, tel *Spinoza* au XVIIe siècle (4), suffisait largement, un tel but devant de toute façon avoir déjà été atteint depuis longtemps. *Fichte*, sinon à lui seul, du moins avant tout autre et plus que qui que ce soit, a donné à l'époque l'impulsion nécessaire au grand renversement qui a eu lieu dans le domaine intellectuel, mais qui, n'étant pas conforme à l'intention divine, s'est produit tout autrement que son auteur ne l'avait imaginé. Je ne puis aller plus loin dans cette approche historico-mondiale et préciser le rapport de la pensée et du savoir qu'elle engage, même si beaucoup se trouve déjà dans ce que je viens d'indiquer. On peut dire des philosophes qui œuvrèrent en même temps que lui qu'ils possédaient un admirable talent, voire un indiscutable génie; mais *Fichte*, lui, avait une *mission*, encore qu'il ne put pas plus la mener à bien que *Luther* la sienne (5). Toutes ces tentatives pour renouveler ou maintenir en vie les philosophies de Kant, Jacobi et Fichte ne sont que les symptômes passagers d'une vaine rechute dans l'ancienne erreur et ne constituent qu'un effort entièrement faux et infructueux. Nous dirions la même chose de la philosophie de la nature s'il fallait seulement la considérer comme le système de l'absolu (6); | ce qu'il y a de réel et de permanent en elle et qui **596**
est la source des libres progrès qu'elle accomplit est l'élément positif qu'elle contient et qui lui vient de la science dynamique de la nature elle-même; mais l'arbitraire sans limite de la pensée dynamique qui est à l'œuvre dans le savoir, le jeu avec les constructions toujours changeantes de la nature, la confusion babylonienne des langues (1) et le changement imprudent des innombrables édifices systématiques sans fondement qui ont vu le jour, montrent, s'il en est besoin, qu'ici aussi un appui supérieur et

un guide venant d'en haut, autrement dit le positif divin, font encore défaut (2). Bien que nous prenions d'ores et déjà acte des efforts que déploient en ce sens les meilleurs philosophes naturalistes et que nous en reconnaissions la valeur, il nous faut d'abord faire craquer l'aride écorce systématique de l'Absolu et l'expulser comme un débris inerte, avant que le noyau puisse mûrir en fruit et une "philosophie chrétienne de la nature" en éclore, qui concorderait alors pleinement avec la philosophie divine chrétienne et viendrait d'elle-même se joindre à elle et se soumettre (3).

NOTES ET COMMENTAIRES [1]

Schelling. Monument de l'écrit Sur les choses divines, etc.

p. [19]

(1) Cf. *Traité théologico-politique* (chap. II, Des Prophètes, t. I, p. 20-25). Le texte latin habituellement reçu donne au lieu de « *et deum nullo modo cognoscere* » la formule « *et Deum non nisi per res creatas (quarum causas ignorant) cognoscere* ». On lit ici : « Et, hélas ! les choses en sont venues à ce point que ceux qui avouent ouvertement ne pas avoir d'idée de Dieu et ne le connaître *en aucune façon* ne rougissent pas d'accuser les philosophes d'athéisme » au lieu de « et ne le connaître que par les choses créées (dont ils ignorent les causes) ». Cette modification du texte de Spinoza était inévitable si on voulait l'utiliser pour la présente polémique : l'accusation de ne connaître l'inconditionné qu'à partir du conditionné n'aurait manifestement pas pu valoir pour Jacobi. Il ne fait pas de doute en revanche que Schelling a découvert cette formule dans les suppléments des *Lettres à Moses Mendelssohn*, où elle figure deux fois (JWA 1, 1, p. 310 et 313).

p. [21]

(1) Il s'agit bien entendu d'une référence au texte de Fichte de 1799, *Appellation an das Publikum*, dont le destinataire ultime était en fin de compte Jacobi (*cf.* J. G. Fichte, *La querelle de l'athéisme*, trad. J.-C. Goddard, Paris, Vrin, 1993).

p. [23]

(1) Dans une lettre à Cotta, Schelling se plaint que Jacobi ait jadis cherché la complicité de Reinhard, « l'homme qui avait allumé la misérable histoire contre Fichte » (*Schelling und Cotta. Briefwechsel 1803-1849*, p. 237). Par ailleurs, pour la question qui nous occupe, il faut se souvenir que la polémique lancée contre l'idée d'ordre moral du monde dissimulait une accusation de panthéisme. Fichte lui-même l'a relevée (*cf.* la *Lettre privée* (1800), *La querelle de l'athéisme*, p. 175).

1. Les références entre [] renvoient à la pagination du texte allemand, indiquée en marge.

p. [25]

(1) Le 5 mars 1812, l'*Allgemeine Literatur-Zeitung* fait paraître une recension anonyme du *Denkmal*. On y trouve ce commentaire du présent passage : « il se peut bien que cette expression n'apparaisse pas littéralement et avec une telle concision, mais son sens est présent assez fréquemment dans les écrits de Schelling » (n° 56, p. 442). Le recenseur renvoie alors au pamphlet de 1806 contre Fichte, dont il cite ce passage : « la vraie philosophie doit parler de ce qui *existe*, ce qui veut dire de la nature réelle, *existante*. Dieu est essentiellement l'être signifie : Dieu est essentiellement la nature et inversement. C'est pourquoi toute vraie philosophie, qui est la connaissance de ce qui est seul vrai et positif, est *ipso facto* philosophie de la nature » (cf. *Darlegung des wahren Verhältnisses der Naturphilosophie zu der verbesserten fichteschen Lehre*, SW VII, 30-31).

(2) *Darstellung meines Systems der Philosophie*, *HKA* I, 10, p. 202 : cf. *Exposition de mon système de la philosophie*, trad. E. Cattin, Paris, Vrin, 2000, p. 135.

(3) *Als Grund des Seyns*. *Cf.* ce développement dans le deuxième tirage des *Âges du Monde* (1813) : « d'autres objections sont encore plus insignifiantes : ainsi, celle qui prétend que cette priorité accordée à la nature revient à confondre la physique avec Dieu. Car, au sens où cela pourrait être vrai, nos contradicteurs n'évitent pas non plus cette confusion pour peu qu'ils affirment en général que Dieu est Seigneur et Créateur de la nature. Ils ont également employé assez longtemps l'expression selon laquelle Dieu serait le fondement de sa propre existence. Qu'entendaient-ils donc par fondement ? Un simple mot ou bien quelque chose de réel ? Dans la première hypothèse, il nous faut y regarder de plus près et nous interdire d'user de mots dénués de sens véritable ; et dans la seconde hypothèse, il leur faut eux-mêmes reconnaître qu'avant le Dieu existant *en tant que tel* Quelque Chose était qui lui-même, ce Quelque Chose, n'existait pas, qui à l'existence n'était que fondement. Or ce qui à l'existence n'est que fondement ne peut avoir un être et des propriétés identiques à celles de l'Existant, et si celui-ci doit être considéré comme un Être libre, conscient et éminemment doué d'intelligence, ces mêmes propriétés ne peuvent avoir le même sens lorsqu'elles sont attribuées à ce qui n'est que fondement de son existence. Or comme la plupart appellent physique ce qui s'oppose aux propriétés que nous venons d'énumérer, qu'ils examinent eux-mêmes si, malgré toute la répulsion qu'ils éprouvent à l'endroit de ce qui est physique, ils n'accordent pas à leur insu la priorité du physique en Dieu. S'ils voulaient ne reconnaître absolument aucune nature ni quoi que ce soit de physique en Dieu, il leur faudrait consentir à ne rien reconnaître en dehors de cette Pureté ou indifférence absolue ; car elle seule, ou la plus pure divinité, est sans nature parce que située au-dessus de tout être elle est l'éternelle liberté elle-même ; et néanmoins c'est elle qu'en leur grossière approche ils tiennent précisément pour le néant, par quoi ils comprennent bien ce qui doit s'appeler ainsi. Où donc alors est leur Dieu ? » (*Die Weltalter. Fragmente*, *op. cit.*, p. 150).

p. [27]

(1) *Darstellung meines Systems der Philosophie*, *HKA* I, 10, p. 111 ; *cf.* trad. fr. p. 37.

(2) Victor Cousin trouve cette réfutation de l'argument de Jacobi assez spécieuse : « M. Schelling trouve singulier qu'on dise que sa philosophie ne reconnaît point de *dualisme*, ayant pourtant lui-même exposé le dualisme comme loi fondamentale de toute réalité. Mais *de quel* dualisme parle-t-on ici ? Il n'est pas question chez Jacobi du dualisme des *forces de la nature*, mais du dualisme éternel de *Dieu* et de la *nature* » (Manuscrit 58. *Philosophie allemande*, p. 233).

p. [28]

(1) En français dans le texte.

p. [29]

(1) En 1807, Jacobi confie à Fries que le discours de Schelling le « pousse irrésistiblement » à s'expliquer à nouveau avec lui (lettre du 26 novembre 1807, *Aus seinem handschriftlichen Nachlasse*, *op. cit.*, p. 312).

(2) Cf. *Des choses divines*, JWA 3, p. 103. Schelling emploie ici le terme plus que péjoratif de « *Produkt* ».

p. [30]

(1) *Gn* 1, 24 : « *und Gott sprach : die Erde* bringe hervor *lebendige Thiere u.s.w* ». C'est ainsi par exemple que Luther rend le « *producat* » de la Vulgate.

(2) Dans l'édition originale, on passe directement de la référence 6) à la référence 8). Il s'agit manifestement d'une erreur de numérotation car le texte ne paraît pas tronqué.

p. [34]

(1) *Consequenzmacherei*. On pourrait traduire par "conséquentialisme". Sur la *Konsequenzmacherei*, *cf.* K. Homann, *F. H. Jacobis Philosophie der Freiheit*, München, Verlag Karl Alber, 1973, p. 191-192.

p. [35]

(1) La loi Cornelia *de falsis* fut promulguée sous la dictature de Cornelius Sylla (138-78 av. J.-C.). Elle s'occupait notamment de ceux qui avaient commis un faux à l'occasion d'un testament.

p. [36]

(1) Nous avons ajouté cette indication pour rendre le texte plus lisible. Schelling reproche à son adversaire de n'avoir pas vraiment produit une œuvre et de n'avoir conçu aucun système.

(2) Le roman *Woldemar*, d'inspiration werthérienne, parut dans sa forme définitive en 1794 et acquit rapidement une certaine célébrité. Il combattait la morale de l'intérêt personnel tout en mettant en garde contre la tentation de s'en remettre entièrement au sentiment.

p. [39]

(1) Schelling s'inspire ici des remarques de Schlegel dans sa recension du *Woldemar* : ce dernier y affirmait que la philosophie de Jacobi est une philosophie *personnelle* et qu'elle peut seulement être *caractérisée*. Jacobi ne désavouera jamais vraiment cette analyse et redira à la fin de sa vie que toute philosophie, quelle qu'elle soit, ne peut être que cela : « la voie d'accès peut être unique pour tous : celle de l'explication de soi-même, cette voie unique n'en est pas moins différente selon la richesse et la profondeur de chaque âme » (*Vorrede zu Band II der Werke* (1815), JWA 2, 1, p. 376).

(2) *Cf.* l'Appendice VII des *Lettres à Moses Mendelssohn* : « au demeurant, comme le montre la suite de l'entretien, Lessing ne se hasarda pas à affirmer que Leibniz était spinoziste au sens où il se serait reconnu tel ; la ressemblance interne essentielle, l'identité du système : voilà seulement ce que Lessing avait en vue. Son expansion et sa contraction devaient présenter un *medius terminus* et, dans cette image, il le fournit effectivement avec profondeur et exactitude. L'existence possible ou la création éternelle d'un monde constitué de choses individuelles ainsi que cette persistance même à travers une production et un anéantissement incessants de tels êtres individuels, tout cela peut difficilement être mieux symbolisé que par une telle extension retenue de la nature, sa respiration en quelque sorte. C'est le véritable Dieu de Spinoza qui produit sans cesse l'infini à partir de l'infini » (JWA 1, 1, p. 255).

(3) Cf. *Kladde* I, p. 3 : « le centre, le *punctum saliens* du spinozisme, est le fatalisme » (cité par B. Sandkaulen, *Grund und Ursache*, *Die Vernunftkritik Jacobis*, München, Wilhelm Fink Verlag, 2000, p. 56).

(4) Cf. *Über die Lehre des Spinoza* (1785), JWA 1, 1, p. 123.

p. [40]

(1) Sur le spinozisme comme athéisme, *cf.* JWA 1, 1, p. 120. Jacobi a très tôt insisté sur la rigueur démonstrative de la pensée de Spinoza. « Bayle écrit dans l'article de son dictionnaire que le système athée de Spinoza est bien moins cohérent que le système des athées chinois ; mais l'on sait à quel point Bayle, par ailleurs si perspicace, a peu compris Spinoza et, dans le cas présent, il se trompe d'une manière tout à fait curieuse. Incontestablement Spinoza est de tous les partisans de l'athéisme celui qui a le mieux raisonné sur des bases fausses » (*Werke* VI, 301). Wolff déjà avait taxé Spinoza d'athéisme dans sa *Theologia naturalis* (*Pars Posterior*, 1744, § 671-716).

(2) *Cf.* F. Bacon, *Essais de morale et de politique*, trad. A. de La Salle, Paris, l'Arche, 1999, § XVI, De l'athéisme, p. 71. Schelling utilisait déjà cette référence dans le fragment non publié *Sur l'essence de la science allemande* (SW VIII, 9).

(3) Cf. *Des choses divines*, JWA 3, p. 73.

p. [41]

(1) Cf. *Qu'est-ce que s'orienter dans la pensée* ?, AK VIII, 143-144 ; trad. A. Philonenko, Paris, Vrin, 1988, p. 85-86 : trad. modifiée. On sait que cet opuscule paru au mois d'octobre 1786, s'il n'attaque pas nommément Jacobi, constitue la prise de position de Kant dans la querelle du panthéisme.

p. [42]

(1) *Cf.* Rousseau, *Émile ou de l'éducation*, Paris, Garnier-Flammarion, 1966, p. 38 n. : « M. Formey, qui ne veut pas enorgueillir ses semblables, nous donne modestement la mesure de sa cervelle pour celle de l'entendement humain » (Schelling détenait l'édition intégrale des *Œuvres complètes de Jean-Jacques Rousseau* (Deux Ponts, 1782, 24 vol. [SB 528, p. 135]).

(2) Pour cette idée, cf. *Des choses divines*, p. 59 notamment pour ce qui concerne la recension du *Woldemar*. Ajoutons qu'en 1819, Jacobi se rétractera et dira être « philosophe seulement par nature et par caractère, et écrivain seulement par hasard et par accident » (JWA, 1, 1, p. 337).

p. [43]

(1) Cf. *Des choses divines*, JWA 3, p. 59.

(2) Cf. *Des choses divines*, JWA 3, p. 55 : Schelling donne une référence erronée et réécrit entièrement la fin.

(3) Cf. *Sur une prophétie de Lichtenberg*, JWA 1, 1, p. 14.

p. [44]

(1) *Mt* 23, 13 : « malheur à vous, scribes et pharisiens hypocrites, parce que vous fermez aux hommes le royaume des cieux ! Vous-mêmes n'y entrez pas, et ceux qui le voudraient, vous ne les laissez pas entrer ». Le pharisaïsme était un courant de la pensée juive qui revendiquait une stricte observance de la Loi. Leur préférence pour la loi orale permit cependant aux pharisiens de s'ouvrir à de nombreuses influences. Dans le Nouveau Testament, ils sont représentés comme des hommes superficiels attachés davantage à la lettre qu'à l'esprit.

(2) Référence au mot célèbre de l'*Épître à l'auteur du livre Des trois imposteurs* de Voltaire (1769) : « si Dieu n'existait pas, il faudrait l'inventer » (*Épîtres, satires, contes, épigrammes*, Paris, Garnier, 1874, épître 104, p. 194).

(3) Jacobi avait cependant écrit dans la lettre à Wieland du 23 février 1777 : « personne n'en veut plus que moi aux encyclopédistes » (*F. H. Jacobi's auserlesener Briefwechsel*, Bd. I, p. 258).

(4) Le *Système de la nature ou des lois du monde physique et du monde moral* parut en 1770, sans doute avec l'aide de Diderot, et fut traduit en allemand en 1783 puis en 1791. D'Holbach (1723-1789) y développait le premier système complet du matérialisme moderne. On sait quelle impression ce livre fit sur Goethe : « nous ne comprîmes pas comment un pareil livre pouvait être dangereux. Il nous parut si pâle, si nébuleux, si cadavérique, que nous avions peine à en soutenir la vue et qu'il nous faisait peur comme un fantôme. [...] Ce livre, quintessence de la vieillesse, nous parut sans saveur et même insipide. Tout devait être nécessairement et par conséquent il n'y avait point de Dieu » (*Poésie et vérité*, trad. Pierre du Colombier, Paris, Aubier, 1941, p. 315).

p. [45]

(1) *Cf.* une image similaire chez Kant : « voici qu'on introduit un nouveau [degré de l'assentiment], qui n'a rien de commun avec la logique, qui n'est nullement une démarche de l'entendement, mais qui doit consister en une sensation anticipée (*praevisio sensitiva*) de ce qui n'est nullement objet des sens : c'est-à-dire le pressentiment du suprasensible. Or qu'il y ait là un certain tact mystique, un certain saut (*salto mortale*) des concepts à l'impensable, une faculté de se saisir de ce qu'aucun concept n'atteint, une attente de mystères, un délire de têtes qui s'exaltent, c'est ce qui saute aux yeux » (*D'un ton grand seigneur adopté naguère en philosophie*, trad. L. Guillermit, Paris, Vrin, 1997, p. 98. Schelling citait ce livre dans les *Abhandlungen* (*HKA* I, 4, p. 128).

(2) À partir de 1770, Lessing exerça le métier de bibliothécaire et de conseiller à Wolfenbüttel auprès du prince héréditaire de Brunswick.

(3) Cf. *Wider Mendelssohns Beschuldigungen*, JWA 1, 1, p. 308-310, trad. fr. P.-H. Tavoillot, *Le crépuscule des Lumières*, Paris, Cerf, 1995, p. 221-222).

(4) Il s'agit là d'une réminiscence étonnante de la lettre à Hegel du 6 janvier 1795, qui marquait à peu de choses près l'entrée de Schelling en philosophie. *Cf.* le passage célèbre : « comme pour Lessing, les concepts orthodoxes de Dieu ne sont plus pour nous. – Ma réponse est la suivante : nous atteignons encore *plus loin* que l'être personnel. Je suis entre-temps devenu spinoziste ! Ne t'étonne pas. Tu vas bientôt savoir comment ».

p. [46]

(1) Henry More (1614-1687) est le plus connu des Platoniciens de Cambridge, dont il représente le côté mystique et théosophique. Écrivain prolifique et d'une grande piété, il poussa très loin l'inspiration néoplatonicienne. On lui attribue une critique de la théosophie de Jacob Boehme, la *Philosophiae Teutonicae Censura*, (1670). Jean-Baptiste Van Helmont (1579-1644) est un alchimiste néerlandais. À côté d'importants travaux dans le domaine de la chimie et de la médecine, il donna libre cours à une inspiration mystique, proche de celle de Paracelse.

p. [47]

(1) L'idée que l'on trouverait chez Jacobi une véritable haine de la raison provient de la recension du *Woldemar* de Schlegel. Elle mériterait d'être considérablement nuancée, même pour la première période de l'auteur (*cf.* plus loin *KFSA* II, 59).

(2) *Cf.* I. Kant, *Qu'est-ce que s'orienter dans la pensée* ?, AK VIII, 144 ; trad. fr. p. 86 (trad. modifiée).

p. [48]

(1) Cf. *Sophiste* 254a. Schelling cite encore ce texte dans les *Aphorismes pour introduire à la philosophie de la nature* (SW VII, 197) et les *Initia philosophiae universae* (H. Fuhrmans (hrsg), Bonn, Bouvier, 1969, p. 112).

(2) Cf. *Lettre à Fichte*, JWA 2, 1, p. 192 : « je tiens la conscience du non-savoir pour ce qu'il y a de plus haut en l'homme et le lieu de cette conscience pour le lieu du vrai inaccessible à la science ».

(3) Dans la lettre à Reinhold du 11 février 1790, Jacobi avait fait l'éloge de Kant en lui donnant le nom d' « Hercule parmi les penseurs » (cf. *K. L. Reinholds Leben und literarisches Wirken. Nebst einer Auswahl von Briefen Kants, Fichtes, Jacobis*, E. Reinhold (hrsg), Jena, Frommann, 1825, p. 228).

(4) *Cf.* JWA 2, 1, p. 76. Jacobi a écrit le *David Hume* en 1787 en réaction à l'accusation de fidéisme et d'irrationalisme portée contre lui et dans le but de réfuter en même temps la philosophie kantienne.

p. [49]

(1) Unique allusion dans toutes les *Sämmtliche Werke* à la *Metakritik zur Kritik der reinen Vernunft* de Herder (*Entendement et expérience : une métacritique de la critique de la raison pure*, Leipzig, Hartknoch, 1799 et *Sämmtliche Werke*, Stuttgart, Cotta, 1830, Bd. XVI). À noter qu'en 1784, Hamann avait lui aussi écrit une brève *Métacritique du purisme de la raison pure* dans laquelle il accusait Kant de « papisme » philosophique et lui reprochait d'avoir progressivement purifié la conscience de son lien à la foi traditionnelle, à l'expérience et au langage.

(2) À deux reprises dans le texte, Schelling parle de Hegel en ces termes (*cf.* SW VIII, 52). On en vient à se demander si notre auteur, à cette époque, a vraiment pris au sérieux la philosophie de son ancien condisciple ou s'il n'en valorise finalement que l'aspect critique. On trouve ainsi dans une lettre à Schubert un passage plutôt curieux (et assurément ironique) : à notre époque excessivement poétique (*in unsern überpoetischen Zeiten*), nous devons prendre garde à la sentimentalité et tenir en estime la prose hégélienne. Celle-ci est une œuvre en prose tant pour la forme extérieure que pour son intention intérieure, mais, si un tel esprit négateur est un excellent correctif (*ein treffliches Correctiv*), il devient amusant et peut-être ridicule lorsqu'il va au-delà de la négation (lettre du 27 mai 1809, *Briefe und Dokumente*, Bd. III, p. 610).

(3) Cf. *Sur l'entreprise du criticisme*, JWA 2, 1, p. 261-330.

(4) Cf. *Über die Lehre des Spinoza*, JWA 1, 1, p. 222.

(5) *Cf.* G. W. F. Hegel, *Gesammelte Werke*, H. Buchner und O. Pöggeler (hrsg), Hamburg, Meiner, 1968, Bd. 4, p. 364 et 367 ; cf. *Foi et savoir*, trad. A. Philonenko, Paris, Vrin, 1988, p. 148 et 151.

p. [50]

(1) *Cf.* JWA 2, 1, p. 213.

(2) L'*Antikritik* (1796) posait que la philosophie doit immédiatement partir d'un postulat (*cf. HKA* I, 3, 193 et *Lettres sur le dogmatisme*, *HKA* I, 3, 54 n. et 68). Ce n'est cependant que dans l'essai sur la *Construction en philosophie*, un des textes les plus caractéristiques de la philosophie de l'Identité, que Schelling dira que postuler, c'est renoncer à construire.

(3) Dans la *Lettre à Fichte*, Jacobi donne à la *Doctrine de la science* le nom d'*Alleinphilosophie* (JWA 2, 1, p. 198).

p. [51]

(1) Kant, *Critique de la raison pure*, A643/B671 : « ce n'est pas l'Idée en elle-même, mais simplement son usage qui peut, par rapport à l'ensemble de l'expérience possible, ou bien prétendre le *surplomber* [*überfliegend*] (être transcendant), ou bien s'y *intégrer* (être immanent), selon qu'on oriente cette Idée, soit directement vers un objet supposé lui

correspondre, soit uniquement vers l'usage de l'entendement en général relativement aux objets auxquels il a affaire ».

(2) Schelling reprend ici un passage des *Zufällige Ergießungen eines einsamen Denkers* (in JWA 5, 1, p. 190-191), qu'il modifie sensiblement. Le texte de Jacobi, quant à lui, était fidèle à la traduction de Christian Grafen zu Stolberg (*Sophokles*, Leipzig, Göschen, 1787, cf. *Die Bibliothek Friedrich Heinrich Jacobis*, Bd. II, p. 659). Pour un équivalent dans une édition moderne, cf. *Ajax, Œdipe Roi, Électre*, trad. P. Mazon, Paris, Les Belles Lettres, 1989, p. 105, v. 906-910).

(3) Schelling fait ici allusion aux trois *Lettres à Köppen*, parues en 1803 en appendice à la *Schellings Lehre oder das Ganze der Philosophie des absoluten Nichts. Nebst drei Briefen verwandten Inhalts von F. H. Jacobi* de Friedrich Köppen. Jacobi y tournait contre Schelling l'accusation de nihilisme jusque là réservée à Fichte. Cf. *Friedrich Heinrich Jacobi Werke, Schriften zum transzendentalen Idealismus*, W. Jaeschke und I. M. Piske (hrsg), Hamburg, Meiner, 2004, p. 333-372).

(4) Allusion à la deuxième lettre à Köppen, JWA 2, 1, p. 365 : « avant que Schelling soit, mon œil enthousiasmé l'avait aperçu ».

p. [52]

(1) Cf. *Des choses divines*, JWA 3, p. 121.

(2) *Cf.* G. W. F. Hegel, *Gesammelte Werke*, Bd. 4, p. 369 et 367 ; cf. *Foi et savoir*, trad. fr. p. 154 et 151.

(3) La crise de l'Université d'Iéna avait en effet conduit Schelling à quitter Würzburg en 1803, en même temps que Paulus et Hufeland et peu de temps après Fichte. Schelling rappellera à Cotta qu'il lui avait proposé en 1803 une réponse aux « calomnies empoisonnées » de Jacobi, que l'éditeur avait refusé l'écrit et que celui-ci était finalement resté en souffrance en raison du déplacement à Würzburg (*Schelling und Cotta. Briefwechsel 1803-1849*, p. 58).

(4) La note entre crochets est de K. F. A. Schelling. Le fragment en question est probablement l'essai inachevé *Sur l'essence de la science allemande*, que nous avons traduit par ailleurs. Le fils de Schelling l'a recueilli dans les *Sämmtliche Werke* à la mort de son père, mais l'a malheureusement daté de 1813. Or, il ne fait plus de doute aujourd'hui que ce texte remonte à 1807 et qu'il était en partie dirigé contre Jacobi. Nous nous permettons de renvoyer à F. W. J. Schelling, *Du rapport des arts plastiques avec la nature et autres textes*, trad. fr. P. Cerutti, Paris, Vrin, 2010.

p. [53]

(1) Il s'agit des huit années écoulées (1803-1811) entre la publication des lettres à Köppen et celle des *Choses divines*.

(2) Cf. *Drei Briefe an Köppen*, JWA 2, 1, p. 345 n.

p. [54]

(1) On trouve dans cette phrase quelque chose qui préfigure la problématique du passage de la philosophie négative à la philosophie positive, qui, on le sait, occupera longtemps le dernier Schelling. L'image d'un esprit frappé de stupeur reviendra alors régulièrement pour décrire cette transition.

p. [55]

(1) *Cf.* SW, VII, 484 ; SW VIII, 14 et 215.

(2) Allusion à la *Prophétie de Lichtenberg*.

p. [56]

(1) 1 *Sa* 28, 6-21. Alors que Dieu s'était détourné de lui, Saül avait consulté la pythonisse d'Endor (en Galilée) et l'esprit de Samuel lui avait annoncé sa défaite face aux Philistins et sa mort.

(2) Cf. *Des choses divines*, JWA 3, p. 56.

p. [57]

(1) Cf. *Des choses divines*, JWA 3, p. 87 et la *Kladde* VIII, 85 (Schneider, p. 217) : « la raison [l'instinct] indique et l'entendement démontre. Mais, pour démontrer, il faut que quelque chose d'antérieur existe à partir de quoi prouver ou à l'aide de quoi démontrer. C'est pourquoi on ne saurait prouver l'existence de Dieu. *Le fondement de la démonstration serait au-dessus de lui, il serait plus vrai que lui.* – La raison ne serait pas la faculté du vrai si Dieu n'existait pas. Ainsi est-ce la raison que l'on démontre à partir de Dieu et non pas Dieu à partir de la raison ».

(2) *Cf.* Euclide, *Les éléments*, trad. B. Vitrac, Paris, Presses Universitaires de France, 1990, Livre I, § 48, p. 284-289 [*cf.* SB 950, p. 242]

p. [58]

(1) Cf. *Harmonices mundi*, Linz, Tampach, 1619, t. I, p. 3 : « [Pierre de la Ramée] ne le crut pas lorsqu'il affirma, ce qui était très vrai, que le dernier dessein de l'œuvre d'Euclide auquel se ramènent toutes les propositions de tous les livres (exceptées celles qui mènent au Nombre parfait), était les cinq corps réguliers » (*L'harmonie du monde*, trad. J. Peyroux, Paris, Blanchard, 1979, p. 4 [SB 219, p. 53]). C'est dans cet ouvrage de 1619 que Kepler développe l'essentiel de sa philosophie de la nature, d'inspiration néoplatonicienne et pan-psychiste. On sait quelle fut l'importance de ce père de la science moderne pour l'idéalisme allemand. *Cf.* par exemple *Système de l'idéalisme transcendantal*, *HKA* I, 9, 1, p. 323, *Fernere Darstellungen*, SW IV, 333-510, *Sur l'essence de la science allemande*, SW VIII, 7 (« l'immense esprit de Johannes Kepler ») et Hegel, *Les orbites des planètes*, trad. F. de Gandt, Paris, Vrin, 1979, p. 130 (« le génie heureux de notre grand compatriote Kepler… »). *Cf.* de même *Sygkepleriazein. Schelling und die Kepler-Rezeption im 19. Jahrhundert*, P. Ziche (hrsg), Stuttgart, Frommann-Holzboog, 2007.

(2) Cf. *Über die Lehre des Spinoza*, JWA, 1, 1, p. 124 : « nous ne pouvons démontrer, en progressant par propositions identiques, que des similitudes (des accords, des vérités conditionnellement nécessaires). Toute démonstration présuppose quelque chose de déjà démontré dont le principe est *une révélation* ».

p. [59]

(1) JWA 3, p. 131-132.

(2) *Woldemar*, JWA 7, 1, p. 216.

p. [60]

(1) Cf. *Fliegende Blätter*, *Werke* VI, 168 : « le chercheur rationnel est perpétuellement en quête du rapport qui unit le nécessaire et l'accidentel, c'est-à-dire qu'il cherche comment la partie, qu'il perçoit, se rapporte au tout, qu'il doit nécessairement présupposer. En trouvant le tout qui correspond à la partie, ou en indiquant à la partie la place qui lui revient dans le tout, il obtient une connaissance. Je connais signifie : j'expérimente que je savais déjà » et *David Hume*, JWA 2, 1, p. 82.

(2) Allusion à la fable d'Ésope *Le renard écourté* : « un renard, ayant eu la queue coupée par un piège, en était si honteux qu'il jugeait sa vie impossible ; aussi résolut-il d'engager les autres renards à s'écourter de même, afin de cacher dans la mutilation commune son infirmité

personnelle. En conséquence il les rassembla tous et les engagea à se couper la queue, disant que c'était non seulement un enlaidissement, mais encore un poids inutile que cet appendice. Mais un des renards prenant la parole dit "Hé ! camarade, si ce n'était pas ton intérêt, tu ne nous aurais pas donné ce conseil". Cette fable convient à ceux qui donnent des conseils à leur prochain, non par bienveillance, mais par intérêt personnel ».

p. [61]

(1) Cf. *Des choses divines*, JWA 3, p. 87.

(2) Nous traduisons ainsi car Schelling écrit *Gottesgelehrter* et non plus *Theolog* (de même en SW VIII, 69-70). Dans la *Critique de la raison pratique*, Kant opposait l'analyse suivante à ceux qui réclamaient le nom de *natürliche Gottesgelehrter* : « l'érudition (*Gelehrsamkeit*) n'est proprement que la totalité des sciences historiques. Par conséquent, on ne peut appeler *Gottesgelehrter* qu'un professeur (*Lehrer*) de théologie révélée. Si l'on voulait aussi appeler *Gelehrte* celui qui est en possession des sciences rationnelles (mathématique et philosophie), quoique cela soit déjà contradictoire avec le sens du mot (puisqu'on ne comprend jamais par *Gelehrsamkeit* que ce dont on doit être instruit (*gelehrt*) et ce que, par conséquent, on ne peut trouver de soi-même par la raison, le philosophe, avec sa connaissance de Dieu, comme science positive, ferait une bien trop misérable figure pour se faire donner, à cet égard, le nom de *Gelehrte* » (AK V, 137 n.).

p. [62]

(1) Cf. *Über die Lehre des Spinoza*, JWA 1, 1, p. 32-33 et aussi *Des choses divines*, JWA 3, p. 40.

(2) *Cf.* ce passage dans les *Âges du monde*, SW VIII, 255 : « on sait assez que la plupart de ceux, sinon tous, qui se sont voués à cette œuvre, avaient pris un point de départ tout à fait différent. Ils commencèrent tous par postuler que Dieu en soi est un calme total, qu'il est complètement englouti en lui-même, absorbé par lui-même, et en disant cela ils disent encore des choses compréhensibles. Mais lorsqu'en poursuivant ils ajoutent : en se révélant, la divinité, qui jusqu'alors était en soi dépourvue de nature, autrement dit l'éternelle liberté, est devenue nature, ou est sortie de son essence, ou a fait sortir quelque chose d'elle-même, et que c'est là l'origine de la vie, du mouvement et de la révélation, lorsque, disons-nous, ils ajoutent cela, ils disent des choses qu'ils ne comprennent pas eux-mêmes et qui sont incompréhensibles aux autres. Comment en effet ce qui est en soi sans nature, ce qui ne connaît aucun désir et aucune convoitise, a-t-il pu devenir nature ? Comment ce qui était originellement pur et totalement absorbé en soi a-t-il pu à un moment donné (car on ne pourrait guère songer à autre chose), sans fondement ou cause déterminante, sortir de lui-même, supprimer ou interrompre son éternelle unité et son repos éternel ? Ce sont là des choses qui échappent à toute explication et dont il est absolument impossible de se faire une idée quelconque ».

(3) L'expression *Aseität* se trouve déjà dans les *Recherches philosophiques sur l'essence de la liberté humaine* : « le fondement vivant vient-il à manquer à une philosophie – ce qui est habituellement un signe que le principe idéel n'y était à l'origine que faiblement agissant –, et elle se perd dans ces systèmes dont les concepts abstraits d'aséité, de modifications, etc., forment le contraste le plus tranché avec la force de vie et la plénitude de la réalité effective ». Plus tard, Schelling écrira encore à propos du « premier concept » : « ce qui est ici visé serait l'esprit parfait comme *pur* Soi, dans le complet dépouillement de soi, dans l'absolu non-savoir de soi-même, par où donc (si le savoir est opposé à l'être) il est pour ainsi dire l'être le plus pur, mais aussi précisément pour cette raison l'être que l'on peut le moins approcher, l'être qui est le siège de l'aséité la plus pure, l'être dont l'entendement ne peut rien s'approprier, l'être qu'il n'exprime qu'en gardant le silence, qu'il ne connaît qu'en ne voulant

pas le connaître » (*Philosophie de la révélation*, SW XIII, 251). Cf. *Die Weltalter. Fragmente*, *op. cit.*, p. 173 : « la force d'ipséité ou d'être en propre en Dieu est ce qui a reçu le nom barbare d'aséité de Dieu ». *Cf.* l'expression *Aseitas* dans *Le monothéisme*, SW XII, 63 et 65. J.-F. Marquet rappelle qu'Oetinger avait défini l'aséité comme ce qui en Dieu est caché (*Öffentliches Denkmal der Lehrtafel einer weil. Wirttembergischen Prinzessin Antonia in Kupfer gestochen*, Tübingen, Bauhof und Franck, 1763, p. 211. À la fin de sa vie Schelling disposait encore de cet ouvrage dans sa bibliothèque (SB 793, p. 199); *Liberté et existence*, p. 432 n.). *Cf.* la lettre à son père du 7 septembre 1806 où Schelling parle de « notre Oetinger » (*Aus Schellings Leben*, Bd. II, p. 101).

(4) Cf. *Des choses divines*, JWA 3, p. 94.

p. [64]

(1) Cf. *Des choses divines*, JWA 3, p. 94.

p. [65]

(1) Sur la force de Dieu, *cf.* par exemple *Ps* 105, 4; *Ap* 7, 12. Pour l'expression « force de sa puissance », cf. *Ep* 6, 10.

p. [66]

(1) À comparer avec ce passage des *Lettres à Moses Mendelssohn*, JWA 1, 1, p. 220 : « l'unité de la conscience constitue la personnalité et tout être qui a conscience de son identité, d'un moi permanent, existant par soi et se connaissant, est une personne ». Les *Recherches sur la liberté* opposaient déjà la personnalité comme unité actuelle à l'*Ungrund* comme unité potentielle.

p. [67]

(1) Cette remarque aura un prolongement étonnant dans la dernière philosophie. Schelling tiendra ce propos singulier à son frère : il serait plus facile de compléter le Nouveau Testament à partir de l'Ancien que l'Ancien à partir du Nouveau. Son frère, surpris, lui objecte que la certitude nous vient du Nouveau Testament, Schelling répond : la certitude n'est pas la chose suprême si l'on ne sait pas comment on y est parvenu (*Schelling im Spiegel seiner Zeitgenossen. Ergänzungsband. Melchior Meyr über Schelling*, Bottega d'Erasmo, Torino, 1981, p. 114).

(2) *Ps* 90, 11, 2.

(3) Cf. *Des choses divines*, JWA 3, p. 117.

p. [69]

(1) Baader s'accorde pour l'essentiel avec Schelling : la doctrine de Jacobi n'est qu'une *Halbphilosophie* qui renforce la séparation au cœur de l'homme. Le vrai théisme présuppose au contraire le vrai naturalisme et ne peut subsister sans lui. On ne peut séparer la sagesse qui vient de la nature (*Naturweisheit*) du théisme ou de la théosophie. Nier la nature conduit immanquablement à nier Dieu, à savoir le vrai Dieu qui enferme la nature en soi (*Vorrede zur Saint-Martin, De l'esprit des choses*, Franz von Baader, *Sämmtliche Werke*, F. Hoffmann (hrsg), Leipzig, Bethmann Verlag, 1854, Bd. I, p. 64). En revanche, Baader reprochera à Schelling le présent passage : l'homme qui unira théisme et naturalisme est déjà venu, c'est Jacob Boehme (Bd. IX, 160).

p. [71]

(1) Cf. *Des choses divines*, JWA 3, p. 105.

(2) *Cf.* SW VII, 429-430 : « la contraction est le commencement de toute réalité. Aussi les hommes contractifs, et non point expansifs, sont-ils les natures originairement et foncièrement

fortes. Cependant le commencement de la création est aussi un *abaissement* (*Herablassung*) de Dieu ; Dieu se laisse proprement descendre jusqu'au réal, il se contracte totalement en lui. Mais il n'y a rien là qui soit indigne de Dieu. Cet abaissement divin, c'est aussi ce qu'il y a de plus grand dans le christianisme. Un Dieu vissé métaphysiquement sur les hauteurs ne vaut rien pour notre esprit tout comme pour notre cœur » (*Contraktion aber ist der Anfang aller Realität* : cf. *Œuvres métaphysiques*, trad. J.-F. Courtine et E. Martineau, Paris, Gallimard, 1980, p. 210 : il faut lire « la contraction est le commencement de toute réalité » et non « la contradiction »). Pour l'origine hamanienne de ce thème, M. Vetö renvoie à *Kleeblatt hellenisticher Briefe*, *Sämtliche Werke*, Wien, 1951, Bd. II, p. 171 (*Conférences de Stuttgart. Stuttgarter Privatvorlesungen*, Paris, L'Harmattan, 2009, p. 243 ; *cf.* également « De l'interprétation de l'Écriture Sainte », *Aesthetica in Nuce et autres textes*, trad. R. Deygout, Paris, Vrin, 2001, p. 105).

p. [72]

(1) *Cf.* ce commentaire de K. Fischer : « où Jacobi dit "*entweder – oder*", vaut en vérité "*sowohl – als auch*". L'Absolu n'est pas ou bien fondement ou bien cause, mais les deux » (*Schellings Leben, Werke und Lehre*, Heidelberg, C. Winter, 1899, p. 684).

(2) Cf. *Des choses divines*, JWA 3, p. 108.

(3) Cf. *Des choses divines*, JWA 3, p. 109.

(4) Cf. *Des choses divines*, JWA 3, p. 106 : « pour comprendre cette connexion, il faudrait que nous parvenions à pénétrer comment, de l'inconditionné présupposé immédiatement par la raison, de l'absolument un, de l'immuable et l'éternel, le conditionné, le non-un, le changeant, l'éphémère soumis au temps ont pu surgir ou bien une fois pour toutes ou bien encore continuellement, d'éternité en éternité, non pas comme une œuvre, mais comme quelque chose qui, en vérité, *ne fait qu'un* avec lui ».

(5) Cf. *Des choses divines*, JWA 3, p. 110.

(6) *Cf.* particulièrement les *Conférences de Stuttgart*, SW VII, 433 : « le procès de notre auto-formation – que nous cherchions à nous former au point de vue de la connaissance et de la science, ou bien moralement, ou encore, sans aucune limitation par la vie et pour la vie –, ce procès, dis-je, consiste toujours en ceci : élever à la conscience ce qui en nous subsiste sans conscience, élever à la lumière nos ténèbres innées, en un mot accéder à la clarté ».

p. [73]

(1) Cf. *Des choses divines*, JWA 3, p. 15.

(2) Cf. *Des choses divines*, JWA 3, p. 103 : « tout ce qui est, Dieu excepté, appartient à la nature et ne peut subsister qu'en relation avec elle, car tout, Dieu excepté, est *fini* ; or la nature est *l'ensemble du fini* ».

(3) *Cf.* SW VII, 384 et 393.

(4) Cf. *Des choses divines*, JWA 3, p. 76 : « donner à Dieu le nom de conscience et de ce degré de la conscience qui en est seulement le degré le plus élevé que nous nommons personnalité (*être en soi et avoir une notion de soi*) ou *raison*, d'un mot lui attribuer une existence propre ou un être-soi, un savoir et un vouloir, c'est, dit la Doctrine de la science, en faire un être fini car la conscience et la personnalité sont liées à la limitation et à la finitude. Le concept de Dieu comme être particulier ou, selon l'expression de Kant, d'un Dieu *vivant*, à qui doit revenir la *plénitude* de la conscience de soi, donc la personnalité à son degré le plus élevé, est impossible et contradictoire ; il est permis de le dire sincèrement et de faire taire ce bavardage scolaire, afin que la vraie religion, celle de l'heureux règne du droit s'épanouisse ». Jacobi renvoie au texte de Fichte *Sur le fondement de notre croyance en la divine providence* (*cf.* J.G. Fichte, *Gesamtausgabe*, R. Lauth und H. Gliwitzky (hrsg), Stuttgart-Bad Cannstatt,

Frommann- Holzboog, 1977, Bd. I, 5, p. 356, cf. *Écrits de philosophie première*, trad. fr. A. Philonenko, Paris, Vrin, 1987, p. 207).

p. [74]

(1) *In die Enge gebracht*. Même expression dans *Die Weltalter*, SW VIII, 245 et 320 : « les forces se séparent d'autant plus que chacune d'elles est devenue plus agissante, c'est-à-dire enfermée dans des limites plus étroites ». *Cf.* également *Exposé de la philosophie rationnelle pure*, SW XI, 490.

(2) Cf. *Des choses divines*, JWA 3, p. 93.

p. [75]

(1) Cf. *Recherches philosophiques sur l'essence de la liberté humaine*, SW VII, 373 : « chaque être ne peut se révéler qu'en son contraire, l'amour dans la haine, l'unité dans le conflit. Si donc la disjonction des principes n'existait pas, l'unité ne pourrait révéler sa toute-puissance ; s'il n'y avait pas discord, l'amour ne pourrait jamais devenir effectif ».

(2) Jacobi écrit pourtant « Dieu est ce qui partout produit le meilleur » (JWA 3, p. 46 et p. 66). La référence au *Timée* est probablement 30a.

(3) *Das nicht Gute*. Il s'agit de la seule occurrence de cette expression dans les *Sämmtliche Werke*.

p. [76]

(1) Cf. *Des choses divines*, JWA 3, p. 93.

p. [77]

(1) Pour un commentaire de cette citation et du contexte aristotélicien de cette analyse, *cf.* J. Jantzen, « "Das räthselhafte Aristotelische σωτηρία". Bemerkungen zu einem Billet von Schellings Hand », frommann-holzboog.de./site/download, p. 285-291. L'auteur appuie son analyse sur l'étude d'un billet inédit de Schelling en possession de l'*Internationalen Schelling-Gesellschaft*.

(2) Cf. *Des choses divines*, JWA 3, p. 94.

(3) Les rêves d'un malade. *Cf.* Horace, *Art poétique*, v. 6 : « si un peintre voulait ajuster sous une tête humaine le cou d'un cheval et appliquer des plumes de diverses couleurs sur des membres pris de tous côtés, dont l'assemblage terminerait en hideux poisson noir ce qui était par en haut une belle femme, pourriez-vous, introduits pour contempler l'œuvre, vous empêcher de rire, mes amis ? Croyez-moi, Pisons, ce tableau vous offrira le portrait fidèle d'un livre où, pareilles aux songes d'un malade (*uelut aegri somnia*), ne seront retracées que des images inconsistantes, faisant un corps dont les pieds et la tête ne répondront pas à un type unique » (*Épîtres*, trad. F. Villeneuve, Paris, Les Belles Lettres, 1989, p. 202).

(4) *Mc* 12, 27.

(5) Cf. *Les âges du monde*, SW VIII, 260 : « il n'est pas de vie qui n'implique la mort. Dans l'acte même par lequel se trouve posé un être existant (une existence), il se trouve impliqué que l'un doive mourir pour que l'autre vive. Car un existant comme tel ne peut s'élever que sur un non-existant. Au moment même où doit se former un corps organique, la matière doit perdre son indépendance pour devenir la simple forme de l'être proprement dit ». V. Jankélévitch renvoie pour tout ce passage à Jacob Boehme, *De Signatura rerum* VIII, 7 : « la vie ne saurait naître sans que la mort en soit la cause », *Sex puncta theosophica* I, 68 : « la vie sort de la mort, et ainsi la mort doit être une cause de la vie. Autrement, s'il n'y avait aucune semblable source vénéneuse colérique, le feu ne pourrait pas être engendré » et 73 : « ainsi la mort colérique est une racine de la vie. Et ici, vous hommes, pensez à votre mort, et aussi à la mort du Christ, qui de nouveau nous a engendrés de la mort par le feu de Dieu. Car de

la mort est engendrée la vraie vie. Ce qui peut sortir de la mort, est délivré de la mort et de la source colérique. Cela est maintenant son royaume de joie qu'il n'y ait plus en lui aucune source colérique; elle est restée de lui dans la mort (dans le principe ténébreux), et ainsi de la mort la vie atteint l'éternelle liberté, où il n'y a plus aucune crainte ni effroi, car dans la vie l'effroi est rompu » (trad. Louis-Claude de Saint-Martin). Cf. *L'odyssée de la conscience dans la dernière philosophie de Schelling*, Paris, L'Harmattan, 2005, p. 42n.

p. [78]

(1) Cf. *Des choses divines*, JWA 3, p. 100.

p. [79]

(1) « Faire sortir non la fumée de l'éclair, mais la lumière de la fumée » (Horace, *Art poétique*, p. 210, v. 143-144). Schelling a probablement trouvé cette formule dans la *Lettre perdue* (1773) de Hamann, auteur qu'il oppose constamment à Jacobi (*Hamann's Schriften*, Bd. IV, p. 157). Ce vers apparaissait déjà dans les *Recherches*, là encore dans un contexte anti-jacobien : « les gémissements féminins qui s'élèvent sous prétexte que l'on ferait de ce qui est privé d'entendement la racine de l'entendement et de la nuit le commencement de la lumière, reposent en partie sur une complète incompréhension de l'affaire en question (de la manière dont, dans cette perspective, la priorité de l'entendement et celle de l'être-essentiel peuvent encore se maintenir conceptuellement), mais ils expriment également le véritable système des philosophes d'aujourd'hui qui feraient volontiers *fumum ex fulgore* – ce à quoi même la plus violente précipitation fichtéenne ne suffit pas » (SW VII, 360).

(2) Dans la philosophie de la nature schellingienne, le soleil est le principe animateur des choses (SW IV, 493), le principe positif, universel (cf. *Von der Weltseele*, *HKA* I, 6, p. 90-91).

(3) Le comte Stolberg (1750-1819), le professeur de théologie Kleuker (1749-1827) et Schleiermacher (1768-1834) sont tous trois des amis et des correspondants de Jacobi, d'où une sévérité inaccoutumée de Schelling à l'égard de Schleiermacher (auquel il a pourtant rendu hommage quelques années auparavant). *Cf.* Friedrich Leopold Graf. zu Stolberg, *Auserlesene Gespräche des Platon*, Königsberg, Fr. Nicolovius, 1796-1797; J. F. Kleuker, *Platos Werke*, Lemgo, Meyerschen Buchhandlung, 1778-1797; D. F. E. Schleiermacher, *Platons Werke*, Berlin, Realschulbuchhandlung, 1804-1807. Schelling possédait ce dernier ouvrage (SB 815, p. 206).

(4) Cf. *Des choses divines*, JWA 3, p. 96 n.

(5) Cf. *Lettre à Fichte*, JWA 2, 1, p. 193.

p. [80]

(1) Cf. *Lettre à Fichte*, JWA 2,1, p. 207.

(2) Dans l'édition française que nous avons proposée des *Choses divines*, nous avons traduit ce passage de manière erronée. Dans un moment d'égarement, nous avons traduit « *dreieinige* » par « triple » alors que « trinitaire » aurait bien mieux convenu (cf. *Schriften zum Streit um die göttlichen Dinge und ihre Offenbarung*, JWA 3, p. 27 n.; cf. *Des choses divines et de leur révélation*, trad. fr. P. Cerutti, Paris, Vrin, 2008, p. 50).

(3) Cf. *Lettre à Fichte*, JWA 2, 1, p. 208.

(4) Cf. *Des choses divines*, JWA 3, p. 12.

(5) Cf. *Des choses divines*, JWA 3, p. 110 : « la raison affirme l'existence de la liberté sans nier l'existence de la nécessité et sa puissance sans limite *dans tout le domaine de la nature dépourvue de raison* (*vernunftlos*) ».

(6) Cf. *Des choses divines*, JWA 3, p. 27 n.

(7) Cf. *Des choses divines*, JWA 3, p. 110 : « on devient naturaliste ou théiste selon qu'on subordonne la raison à l'entendement ou l'entendement à la raison, ou, ce qui revient au

même, selon qu'on admet ou qu'on rejette, outre l'existence de la nécessité *dans la nature*, l'existence de la liberté *au-dessus d'elle* ».

(8) Cf. *Des choses divines*, JWA 3, p. 95.

p. [81]

(1) C'est la seule occurrence de ces formules latines dans les *Sämmtliche Werke*. Le parallèle le plus proche se trouve en SW VII, 440 : « par le fait qu'à cette puissance de l'égoïté = B s'oppose une autre puissance, celle de l'amour = A, désormais, à l'intérieur de B lui-même, lequel contient *tout* l'absolu, mais à l'état d'involution (de clôture), s'éveille l'*opposition* qui restait en lui *en retrait, seulement non révélée*, et, avec elle, s'éveille aussi le divin [...]. Cet A qui est dans la nature ne *s'introduit* pas en elle, il est en elle dès le départ, car le Dieu total est en elle, mais à l'état germinal ; elle est Dieu en son involution, ou le Dieu potentiel, tandis que l'idéal est le Dieu *actuel* ».

(2) Référence explicite au *Noten ohne Text* de Rabener (*Gottlieb Wilhelm Rabeners Satiren*, Wien, Edlen von Traffnern, 1772). Plus généralement, sur l'inflation de notes dans les textes d'érudition, voir A. Grafton, *Les origines tragiques de l'érudition. Une histoire de la note en bas de page*, trad. P.-A. Fabre, Paris, Seuil, 1998.

(3) *Cf.* SW VII, 412.

(4) *Darstellung meines Systems der Philosophie*, *HKA* I, 10, p. 107-211.

(5) Cf. *Fernere Darstellungen aus dem System der Philosophie*, SW IV, 333-510. Sur ce point, *cf.* tout particulièrement SW IV, 364-365 et 417 (où Dieu est identifié à l'*Einbildung* de la forme absolue dans l'essence).

p. [82]

(1) Cela semble valoir tout autant contre Schlegel. *Cf.* la lettre à Windischmann du 30 juillet 1808, *Aus Schellings Leben. In Briefen*, Bd. II, p. 127 : « s'abîmer en Dieu est certes splendide comme attitude spirituelle, comme état de réceptivité, mais non en tant qu'élaboration de ce que l'on a reçu ».

p. [85]

(1) *Cf.* JWA 1, 1, p. 310 (addition de la seconde édition) : « le théisme, dès lors qu'il devient un système en bonne et due forme, n'en est pas pour autant fermé. Ce qui vaut contre les autres partis vaut aussi contre lui. Il doit même se faire encore plus fanatique que toutes les religions fondées sur la tradition, car sa prétention, son arrogance et son mépris, conformément à la nature des choses, dépassent tout. – C'est pourquoi, peu importe la forme ! La seule proposition qui vaut est que *c'est le meilleur homme qui possède aussi toujours la meilleure religion* ».

(2) *Cf.* JWA 1, 1, p. 128.

p. [87]

(1) Cf. *Über die Lehre des Spinoza*, JWA 1, 1, p. 87 : « puissiez-vous ne pas me juger indigne de vos instructions. J'ose vous en demander pour combattre les arguments de Spinoza contre l'intelligence et la personnalité du premier principe, la volonté libre et les causes finales, arguments dont je n'ai jamais pu venir à bout avec de la bonne métaphysique ».

p. [88]

(1) Jacobi avait été un grand commis d'État : après avoir été conseiller de la cour de Juliers (1772), puis de la cour de Bavière (1779), il devint président de l'Académie des sciences de Munich en 1804.

p. [89]

(1) *Ap* 7, 9 : « après cela je vis : c'était une foule immense que nul ne pouvait dénombrer, de toutes nations, tribus, peuples et langues. Ils se tenaient debout devant le trône et devant l'agneau, vêtus de robes blanches et des palmes à la main ».

p. [90]

(1) Jeu de mots intraduisible sur *Gottes-Lehrer* et *Gottes-Leerer*.

(2) *Cf.* JWA 1, 1, p. 320 n. et *Le crépuscule des Lumières*, p. 230. En vérité, Friedrich Nicolai (1733-1811) n'est pas l'auteur de cette épigramme (*cf.* la lettre de Schenk à Hamann du 21 juillet 1786, Hamann, *Briefwechsel*, Ziesemer und Henkel (hrsg), Frankfurt, Insel Verlag, 1955-1979, Bd. VI, p. 487 : « l'épigramme de l'apologie n'aurait pas Nicolai pour auteur, mais un certain aumônier militaire dont il ne se rappelle pas le nom »). Que Schelling renvoie ainsi à Nicolai, au lendemain même de sa mort, n'est guère surprenant puisqu'il s'agit d'un des adversaires qu'il méprise le plus. L'aversion profonde qu'il lui inspire remonte, semble-t-il, à la recension ironique du *Vom Ich* que le polémiste avait fait paraître en 1796 (*Beschreibung einer Reise durch Deutschland und die Schweiz im Jahre 1781*, Berlin, édité par l'auteur, 1783-1795, Bd. XI, p. 120-123). *Cf.* de même *Über das absolute Identitätssystem und sein Verhältniß zu dem neuesten (Reinholdischen) Dualismus*, SW V, 23. Nicolai a été pendant près de cinquante ans l'incarnation du rationalisme berlinois, l'*Allgemeine Deutsche Bibliothek*, qu'il fonda en 1765, étant l'organe officiel de l'*Aufklärung*. En 1795, après s'être brouillé avec Hamann, Goethe, Herder et Jacobi, Nicolaï ne représente plus qu'un rationalisme borné, qui a refusé de s'enrichir des conquêtes du criticisme et de l'idéalisme et se fait l'interprète du simple bon sens.

p. [91]

(1) Dans le *System der Weltalter*, Schelling rappellera qu'en 1812, il avait formulé ce vœu que vienne un homme capable de nous enseigner ce qu'est le véritable théisme. S'exprimait ainsi un désir sincère de voir expliquée non seulement la création du monde par Dieu, mais surtout une création dans le temps (*System der Weltalter. Münchener Vorlesung 1827-28 in einer Nachschrift von E. von Lasaulx*, S. Peetz (hrsg), Frankfurt, Klostermann, 1990, p. 112).

p. [92]

(1) *Des choses divines*, JWA 3, p. 108.

(2) *Des choses divines*, JWA 3, p. 65.

p. [93]

(1) Schlegel A.W. et F., *Charakteristiken und Kritiken*, Königsberg, Friedrich Nicolovius, 1801 [SB 591, p. 150]. Cf. *KFSA* II, 74-75. Cette référence à Friedrich Schlegel doit manifestement se comprendre comme une alliance de circonstance puisqu'au lendemain de la parution du livre indien, Schelling allait jusqu'à dire de lui qu'il regardait toute philosophie « comme une horreur et un orgueil exécrables » (Briefe und Dokumente, Bd. III, p. 530).

p. [94]

(1) *Lettres sur Spinoza*, JWA 1, 1, p. 255. Nous ne comprenons pas à quoi Schelling fait précisément référence.

(2) L'existence d'un monde spirituel sera le thème du dialogue *Clara* (SW IX, 1-110). Ici, Jacobi se voit accuser de nier cette existence. J.-F. Marquet a émis l'hypothèse que Clara elle-même serait le représentant de la philosophie de Jacobi et que le dialogue raconterait aussi sa conversion à la *Naturphilosophie* (*Clara ou Du lien de la nature au monde des esprits*, trad. E. Kessler, avant-propos de J.-F. Marquet, Paris, L'Herne, 1984).

p. [95]

(1) Cette formule est communément attribuée à Voltaire, mais se trouvait déjà dans les versions non canoniques de l'*Ecclésiaste* (*Sir* 6, 13 ou 7, 13). Stobée l'attribue aussi à Antigonos II de Macédoine.

(2) *Des choses divines*, JWA 3, p. 24 : « et l'homme ne serait pas davantage ! Il ne serait rien de plus qu'un composé d'illusions sensibles et d'illusions rationnelles, de *visions* trompeuses et d'*idées* illusoires formées les unes et les autres, tout comme lui-même serait produit, par une fantaisie en elle-même vide et irréelle ; ici une nature chimérique, là un Dieu chimérique, et au centre un entendement qui traduirait laborieusement, à ce non-être qu'est *l'homme*, son propre rêve de vérité, en fin de compte, *en vérité de rêve*, celle d'un rêve nécessaire, éternel et universel, dans lequel il n'est nul réveil sinon en un néant universel » et p. 110 : « l'entendement nie l'existence de la liberté en général car il part, comme d'une loi suprême et d'un principe supérieur, de la loi de causalité, cette *loi universelle* qui veut que, de même que tout effet a nécessairement une cause, toute cause ait aussi nécessairement un effet ».

p. [97]

(1) À comparer avec ce passage significatif d'un brouillon de Jacobi : « dans la philosophie kantienne l'entendement est l'homme et la raison la femme, qui doit être soumise à son homme. La femme ne peut jamais se libérer de sa tutelle. Mais on lui accordera néanmoins notre main droite et nous la nommons la dame de nos pensées. C'est aussi elle qui perpétue et conserve l'espèce ; nous sommes tous nés d'une femme » (*Kladde* VIII, 18 [Schneider, p. 215] : « *dem Weibe aber wird gleichwohl die Rechte Hand gelaßen* »).

(2) Cf. *Über die Lehre des Spinoza*, JWA 1, 1, p. 118.

(3) On trouve en effet cette note dans la deuxième édition : « il n'est ici question que d'une raison spéculative, qui n'a de valeur et de réalité que ce qu'elle peut au moins contrefaire pour son compte de manière mécanique. D'une raison qui tient les conséquences, les circonstances et expédients de sa finitude pour les principes de la raison en général, les concepts pour les choses et les mots pour les concepts et qui entreprend de déterminer l'*esse* "*ex vi formae*" ».

(4) Dans la mythologie grecque, Astrée (ou Astrapé), fille de Thémis, est une des déesses de la Justice et la dernière des immortelles à rester parmi les hommes à la fin de l'Âge d'Or. Elle finit par fuir l'humanité corrompue à l'Âge de bronze et Zeus en fit l'étoile la plus haute dans le ciel dans la constellation de la Vierge. Schelling se rappelle probablement ici la longue addition de la seconde édition de la *Religion dans les limites de la simple raison* : « ô sincérité ! O Astrée, qui de la terre s'en est enfuie au ciel, comment peut-on te ramener de là-haut (toi, le fondement de la conscience et donc de toute religion intérieure) ? Je veux bien admettre, mais la chose est tout à fait regrettable, qu'on ne rencontre pas dans la nature humaine la franchise (qui consiste à dire toute la vérité que l'on sait). Mais l'on doit pouvoir exiger de tout homme la *sincérité* (qui consiste à dire avec véracité tout ce que l'on dit) et même s'il n'y avait à cela aucune disposition de notre nature, dont la culture serait seulement négligée, alors, à ses propres yeux, la race humaine devrait être un objet du plus profond mépris » (AK VI, 190 n.).

p. [98]

(1) Une formule et une analyse similaires se trouvent aussi dans la recension de 1812 de Schlegel (p. 455-456) : « cet entendement originaire est, comme nous l'avons mentionné plus haut, l'unique pensée du Verbe éternel et de toutes les choses divines demeurant en lui et cette pensée est la seule chose que l'on puisse appeler *entendement* au sens véritable, au sens suprême du mot. C'est de propos délibéré que je dis entendement et non pas raison. Car, dans la confusion babylonienne des langues qui règne dans la philosophie allemande depuis Kant, on a opéré un curieux renversement qui affecte tout particulièrement ces deux mots. Tout

comme j'adhère à l'ancienne façon de pensée qui entend par choses divines *celles qui se trouvent plus haut que toute raison*, de même je ne puis faire autrement que de demander que l'on revienne à l'ancien usage pour ce qui touche à ces termes » (*cf.* notre traduction, p. 170). En 1815, dans sa nouvelle préface au *David Hume*, Jacobi récusera cet argument avec vigueur : « c'est de façon incompréhensible que ce grand réformateur a été depuis peu maintes fois accusé d'avoir, en plaçant comme il le fit le premier, la raison au-dessus de l'entendement, mis tout sens dessus dessous en philosophie et d'y avoir provoqué une confusion des langues digne de la tour de Babel. C'est exactement le contraire qui est vrai » (Préface au *David Hume*, JWA 2, 1, p. 381).

(2) Dans les *Recherches philosophiques sur la liberté humaine*, la raison est « l'indifférence » des principes de la connaissance et la passivité même, le *primum passivum*.

(3) Tout le propos est effectivement repris de Luther : « la raison est comme toutes les autres créatures de Dieu sujette à vanité (*Rm* 8, 19) et mène à la folie. Mais la foi sait faire le départ entre ce qui est vain et ce qui est essentiel. David avait besoin d'un arc, d'une épée, d'armes ; s'il dit : "je ne me fie pas à mon arc", ce n'est pas une raison pour qu'il la jette loin de lui. De même, les chrétiens justes et droits disent : ma femme, mes enfants, mon métier, mon savoir, mon argent, mes biens ne me serviront de rien pour obtenir le ciel ; mais ils ne les repoussent pas pour cela, comme d'ailleurs ils ne doivent pas rejeter ce que Dieu leur donne. Mais ils discriminent et séparent ce qui est essentiel de ces vanités ou folies qui y restent toujours attachées. L'or est et reste toujours de l'or, que ce soit une goton ou une femme pieuse et honnête qui le porte. Aussi faut-il trier les vanités et les folies et les rejeter, mais garder ce qui est essentiel, cette substance de la créature, créée et donnée par Dieu. Job, quand il reprenait sa femme, a pu dire : "tu parles comme une femme insensée" (2, 10). Il n'a point dit : "tu parles comme une femme et elles ont l'habitude de déraisonner". Non, il épargna le sexe. Mais la populace et la grande masse des gens ne sont pas capables de telles distinctions. Elles blâment et réprouvent l'essence des créatures en même temps que la vanité de celles-ci ou que l'abus que l'on fait d'elles. Ce n'est guère équitable car, si le bien n'existait pas, le mal n'existerait pas non plus [...]. La raison et tous les autres dons existent aussi bien chez les justes que chez les impies, mais d'une manière et selon des mesures différentes, suivant qu'on a, ou non, été recréé par l'Esprit saint et qu'on reste gouverné par lui » (*Die Werke Martin Luthers*, K. Aland (hrsg), Göttingen, Ruprecht, 1983, Bd. 9, *Tischreden*, p. 229 (voir également p. 39-40). Cf. *Propos de table*, trad. L. Sauzin, Paris, Aubier, 1992, p. 177). Schelling possédait l'édition de 1745 de cet ouvrage (*Tischreden*, B. Lindner (hrsg), Salfeld, Wiedemann, 1745 [SB 855, p. 218]).

p. [99]

(1) Cf. *Sur l'essence de la science allemande*, SW VIII, 18 : « seul le renouvellement complet que les moribonds et les insensés de toute l'époque récente ont eu pour tâche principale d'empêcher, peut ramener honneur et salut et que toute cette génération de libertins efféminés et d'esprits superficiels et mous, aussi incapables du sérieux de la vie que du sérieux de la science et de l'art, doit disparaître avant que l'on puisse agir à nouveau avec efficacité et force ».

(2) Après avoir quitté les États-Unis et s'être mis au service de l'électeur de Bavière Charles Théodore, le comte Benjamin Thompson Rumford (1753-1714) créa au début des années 1800 la première soupe populaire. La soupe que l'on distribuait aux indigents, dite soupe Rumford, était conçue de façon à être la moins chère et la plus nourrissante possible. Par la suite, elle servit de base, à travers toute l'Europe, à la préparation des rations militaires.

p. [100]

(1) Nous ne retrouvons pas cette référence, à moins qu'il s'agisse de Carl Schneider, *Platonis Opera*, Leipzig, Teubner, 1830. Neuf éditions de la traduction de Schneider (1786-1856) furent publiées entre 1830 et 1850. Il s'agirait alors d'un ajout tardif de la part de Schelling ou de son fils.

p. [101]

(1) Goethe avait dit ne pas apprécier l'odeur du *Woldemar* (*cf.* la lettre de Johanna Schlosser à Jacobi du 31 octobre 1779, *Briefwechsel*, *Gesamtausgabe*, M. Brüggen und S. Sadhof (hrsg), Stuttgart, Frommann-Holzboog, 1981-2008, I, 2, p. 119 [dorénavant abrégé en JB] : « oralement il a bavardé de ton *Woldemar*, il a dit : tant de belles choses, tant de sens magnifique et grand qu'il puisse y avoir, il ne peut décidément pour son compte supporter ce qu'on pourrait appeler l'odeur de ce livre (il ne sait pas s'exprimer autrement) ». La publication de cet ouvrage avait porté un coup sévère à l'amitié de Goethe et Jacobi, sans doute déjà mise à mal par la publication en 1777 du *Stella*, que Jacobi jugea immoral. On rapporte que Goethe aurait publiquement cloué à un arbre une copie du *Woldemar* dans le parc d'Ettersburg (*cf.* la lettre de Jacobi à H.C. Boie, de septembre 1779, JB 1, 2, p. 104-105 et celle à Franz von Fürstenberg du 5 octobre : « savez-vous que Woldemar a été anathémisé et crucifié en grande cérémonie par Goethe. Cela m'a fait de la peine »). Goethe rédigea en outre une parodie de l'ouvrage. Les deux auteurs ne rétablirent leurs relations qu'à partir de 1782, mais sans que leur amitié retrouve l'intensité des débuts. La présente controverse lui donna le coup de grâce. Étrangement, Roth et Köppen, les éditeurs des œuvres complètes de Jacobi, ont maintenu la dédicace à Goethe du cinquième tome des *Werke*, qui contient précisément le *Woldemar*. On a formulé il y a quelques années une hypothèse très séduisante qui nous permettrait de comprendre l'attitude de Goethe à l'égard du *Woldemar* : L. Baus suggère que le personnage principal ne serait rien d'autre que Wolfgang Goethe lui-même et les personnages secondaires des membres de son cercle. Derrière le personnage d'Henriette notamment, il faudrait voir se dessiner la figure d'Henriette von Roussillon, une des maîtresses du poète. Le commentateur propose de même toute une série d'identifications (Biederthal serait Heinrich Merck, Louise Louise Merck, Dorenbourg Franz Michael Leuchsenring, Caroline Caroline Flachsland, Alwina Louise von Ziegler). *Cf.* L. Baus, *Woldemar und Allwill alias Johann Wolfgang Goethe*, Homburg, Asclepios Édition, 1989.

p. [102]

(1) Il s'agit de Goethe. *Cf.* la lettre en réalité plutôt élogieuse que celui-ci adresse à Jacobi le 31 août 1774 (JB 1, 1, p. 253). Goethe y dit se réjouir de voir Jacobi « s'échapper de la prison de papier de la spéculation et de la servitude littéraire » : « elle enlève à l'homme toute la joie qu'il prend à produire par lui-même. Il se voit traîné de-ci de-là [...] avant d'apercevoir que Dieu a aussi rempli ses mains de force et de toutes sortes d'arts. Voilà qui lui interdit de rester bouche bée, inerte, et de profiter en parasite de la joie que les autres prennent à créer ». Schelling tient manifestement cette référence de Schlegel, qui cite ce passage dans la recension du *Woldemar* que nous traduisons par ailleurs (cf. *KFSA* II, 59 et le passage de la *Préface* du *Woldemar*, JWA 7, 1, p. 206 traduit plus loin). En 1812, Goethe prendra résolument parti pour Schelling (*cf.* la lettre à Knebel du 25 mars 1812, *Der Streit um die Göttlichen Dinge (1799-1812)*, W. Jaeschke (hrsg), Hamburg, Meiner, 1999, p. 318 : « nous qui nous tenons du côté de Schelling, devons reconnaître que Jacobi part dans la mauvaise voie »).

(2) Dans la recension de 1796, Schlegel désignait le *Woldemar* comme une « œuvre d'art théologique » (*KFSA* II, 77).

p. [103]

(1) Le *Woldemar* n'avait de roman que le nom. Jacobi avait en particulier l'habitude d'entrecouper ses ouvrages de fiction de très longs extraits de textes philosophiques (ici Hemsterhuis, Joseph Butler, Burke, Ferguson, Platon). Pour Plutarque, *cf.* par exemple les références aux vies d'Épaminondas (JWA 7, 1, p. 252), d'Agésilas (310), de Pausanias (309-310) et d'autres grands Athéniens, Spartiates (311-317) et Romains (317-318).

(2) En 1795, Schelling estimait pourtant que Jacobi parle la même langue que Platon (cf. *Du Moi comme principe de la philosophie*, *HKA* I, 2, p. 146 : « je souhaiterais posséder la langue de Platon ou celle de son fils spirituel, Jacobi, afin de pouvoir marquer la distinction entre l'être absolu, immuable, et toute existence conditionnée et muable »).

(3) En 1812, Schelling a 37 ans.

(4) Dans les *Choses divines*, Jacobi réclame le « droit d'être intolérant » (JWA 3, p. 59-60). *Cf.* aussi la lettre du 30 avril 1796 à Hennings, *F. H. Jacobi's auserlesener Briefwechsel*, Bd. I, p. 228 : « je n'ai jamais pu souffrir le mot de tolérance. Nul ne peut et ne doit être tolérant pour ce qui est d'une vérité dont il est totalement pénétré ». On se souvient que l'idée de tolérance est l'un des grands thèmes de Schleiermacher, qui soutenait l'idée que l'essence de la religion s'exprime en elle.

(5) Cf. *Des choses divines*, JWA 3, p. 115 : « dis-le : il n'y a point de Dieu ! mais ne dis pas, n'enseigne pas que les ténèbres sont la lumière, que l'existence raisonnable est un être privé de Dieu, que le corail qui, dans la mer, produit les îles, ressemble plus à Dieu que l'homme qui pense, recherche vertu et sainteté, manifeste amour et sagesse, beauté et bonté. Ne dis pas non plus que l'être premier et universel apparaît en l'homme *transfiguré et non diminué* car un *tel anthropomorphisme* ne dépasserait qu'en apparence et de manière trompeuse l'ancien fétichisme, le culte des plantes, des animaux, du lingam et de Moloch ».

p. [104]

(1) Cf. *Des choses divines*, JWA 3, p. 37 : « lorsque quelque sentiment nouveau et profond ou quelque pensée grande et excellente s'est formé dans son imagination et veut dès lors paraître dans son éclat originel, il le retient afin d'en éteindre d'abord les rayons ».

(2) Léon X décerna à Henri VIII d'Angleterre (1491-1547) le titre de « Défenseur de la foi » (*Defensor Fidei*) du fait de son hostilité à la Réforme protestante et des invectives qu'il adressa à plusieurs reprises à Martin Luther. Le titre d'*illustrissimus* qu'il reçut après avoir envoyé au pape son *Assertio septem sacramentorum*, rédigée avec l'aide de Thomas More, lui fut maintenu même après sa rupture avec Rome.

p. [105]

(1) On appelle homilétique la partie de la rhétorique qui traite de l'éloquence dans le domaine religieux et particulièrement dans celui de la prédication.

(2) Nous n'avons pu retrouver cette référence.

(3) Pour la référence à Herder, cf. *Des choses divines*, JWA 3, p. 114.

p. [106]

(1) On appelle capucinade un sermon platement moralisateur, semblable à ceux des capucins.

(2) Épouse de Socrate. Son caractère acariâtre est resté célèbre. On dit que Socrate l'aurait épousée pour s'exercer à la patience.

(3) Schelling reprend ici un passage de la recension de Schlegel : voir plus loin *KFSA* II, 73.

(4) *Cf.* Horace, *Art poétique*, v. 97, p. 207 : « ils rejettent le style ampoulé et les mots d'un pied et demi (*sesquipedalia verba*) ».

p. [107]

(1) L'Ile des Bienheureux (ou Iles Fortunées) était, dans la mythologie grecque, un lieu des Enfers où les âmes vertueuses goûtaient au repos éternel (*cf.* Pindare, *Olympiques*, II, 66-76 [*cf.* trad. A. Puech, Paris, Les Belles Lettres, 1999, p. 46]).

p. [108]

(1) Cf. *Des choses divines*, JWA 3, p. 118. *Jb* 23, 8.

p. [109]

(1) Cf. *Des choses divines*, JWA 3, p. 60.

(2) Schelling rappelle ici ironiquement que Jacobi est également le nom de Saint Jacques en allemand. Cf. *Ja* 1, 6.

(3) Cf. *Des choses divines*, JWA 3, p. 79 : « *la science* reste donc entièrement neutre à l'égard de ces idées et elle doit se résigner à ne plus pouvoir s'attribuer le droit de réfuter leur réalité, pas plus qu'elle ne peut la démontrer ».

p. [110]

(1) Homme d'État et législateur athénien (640-548 av. J.-C.), un des sept Sages de la Grèce. La constitution qu'il entreprit de rédiger à partir de 593 servit de base à celle d'Athènes. En réalité, la loi de Solon frappait d'infamie ceux qui restaient neutres lors d'une édition (Plutarque, *Vies parallèles*, trad. A.-M. Ozanam, Paris, Gallimard, 2001, p. 215).

(2) Dante, *La Divine Comédie. L'enfer*, trad. A. Pézard, Bibliothèque de la Pléiade, Paris, Gallimard, 1965, chant 3, v. 37-39 : « ils sont mêlés au méchant chœur des anges / Qui envers Dieu ne furent ni rebelles / Ni fidèles, mais qui ne furent que pour soi » (trad. modifiée). Schelling écrit à tort « à Dieu et à ses amis (*Freunden*) » alors que, dans le texte original, il est question de « ceux qui déplurent à Dieu et à ses ennemis » (v. 63 : *a Dio spiacenti ed' a nemici sui*). *Cf.* SB 976, p. 248.

(3) Cf. *Sur une prophétie de Lichtenberg*, JWA 3, p. 31 : « d'autant plus complètement, sereinement et sincèrement tu te recueilleras au plus intime de toi-même, d'autant plus clairement tu comprendras qu'*Il est* ! – lui qui a fait l'œil : Il voit ! lui qui a agencé l'oreille : Il entend ! lui qui a disposé ce cœur : Il aime ! et lui qui a fait naître cet esprit de lui-même : Il veut, Il sait et Il *est* ! ».

(4) Cf. *Des choses divines*, JWA 3, p. 117.

p. [112]

(1) Nous n'avons pu trouver à qui Schelling se réfère.

(2) Référence aux propos attribués à Lessing dans les *Lettres sur la doctrine de Spinoza*, JWA 1, 1, p. 27 : « pour comprendre Spinoza il est besoin d'un trop long et trop tenace effort de l'esprit. Et nul ne l'a saisi à qui une ligne de l'*Éthique* est restée obscure, nul qui ne conçoit pas comment ce grand homme pouvait être convaincu de manière ferme et sincère par sa philosophie et manifester cette conviction aussi souvent et avec autant d'insistance. Il écrivait encore à la fin de sa vie : "*non praesumo me optimam invenisse philosophiam sed veram me intelligere scio*". Il est peu d'hommes qui ont pu goûter, comme cette tête pure et claire, une telle paix de l'esprit et trouver son ciel dans l'entendement ». P.-H. Tavoillot traduit par « un tel bonheur céleste de la pensée » (*Le crépuscule des Lumières*, p. 64). Cf. *Lettres sur le dogmatisme et le criticisme*, SW I, 305 : « pourquoi Spinoza a-t-il exposé sa philosophie en un système qui est celui de l'*Éthique* ? Il ne l'a assurément pas fait au hasard. C'est à lui que s'applique en vérité cette parole : *il a vécu dans son système*. Or il est certain qu'il se figurait par là quelque chose de plus qu'un simple édifice théorique éthéré, dans lequel un esprit

comme le sien n'aurait trouvé que bien difficilement le repos et le *ciel dans l'intellect*, où l'on voit bien qu'il vivait et se mouvait ».

(3) *Mt* 6, 21 : « là où est ton trésor, là aussi est ton cœur ».

(4) Cf. *Des choses divines*, JWA 3, 118 : « Job est assis sur son tas de cendres comme la gloire et la fierté de Dieu ».

(5) *Mt* 27,46; *Mc* 15,34. Cf. *Ps* 22, 2. Cf. *Des choses divines*, JWA 3, 118.

(6) Cf. *Des choses divines*, JWA 3, p. 68 : « j'ai souhaité faire moi-même un tel essai et je l'aurais fait si seulement mon coursier ailé avait voulu s'arrêter pour que je puisse me mettre en selle » et « il faut bien utiliser sa propre force d'impulsion pour monter sur le coursier ailé et *pour s'y tenir*, ou bien *ce ne serait point être à cheval* ».

(7) Cf. *Des choses divines*, JWA 3, p. 116 n.

p. [113]

(1) *1 Jn* 2, 23. Cf. *Des choses divines*, JWA 3, p. 116 : « lorsque de nos jours, deux hommes très différents mais également remarquables, Lavater et J.G. Hamann, se réclamèrent de la parole de Saint Jean disant que celui qui nie le Fils n'a pas non plus le Père, tout le monde s'écria qu'ils étaient des exaltés *fanatiques, se livrant au culte idolâtre d'un homme*, qu'ils étaient pleins d'ignorance, de superstition et d'intolérance ». Jacobi ne manquait jamais l'occasion de faire l'éloge de Hamann (*cf.* par exemple *Wider Mendelssohns Beschuldigungen*, JWA 1, 1, p. 324 n.).

(2) Cf. *Des choses divines*, JWA 3, p. 118.

(3) Cf. *Des choses divines*, JWA 3, p. 71 : « la preuve physique par des miracles passe pour les extérioristes, en ce qui concerne toutes les théories annoncées par les envoyés exceptionnels de Dieu, non seulement pour la preuve la plus haute, mais encore au fond pour *la seule valable* ».

p. [114]

(1) À notre connaissance, l'épisode de la castration d'Ouranos ne se trouve pas chez Homère, mais chez Hésiode (*Théogonie*, v. 154-182).

(2) Ce passage a à ce point marqué Goethe qu'il le reproduit tel quel en ouverture de ses *Maximes et réflexions* (*Goethes Werke*, Hamburg, Christian Wegner Verlag, 1958, Bd. XII, p. 365).

(3) *Cf.* J.G. Hamann, *Biblische Betrachtungen eines Christen*, *Hamann's Schriften*, F. Roth (hrsg), Berlin, Reimer, 1821 [SB 177, p. 43], Bd. I, p. 55 (cf. *Considérations bibliques d'un chrétien*, *Aesthetica in nuce*, p. 109). A. Fineron croit savoir que les passages des *Biblische Betrachtungen* que Schelling reproduit ici proviennent d'un manuscrit que Jacobi lui aurait fait parvenir en 1808-1809 (*cf.* A. Fineron, « *Goethe's Response to Jacobi's Von den göttlichen Dingen und ihrer Offenbarung and the Influence of Hamann* », *German Life and Letters*, 1997, vol. 50, p. 294 n.).

p. [115]

(1) *Cf.* JWA 3, p. 117.

(2) *Lettres sur Spinoza*, JWA 1, 1, p. 118 : « d'un tel chemin pratique, la raison tombée dans l'indigence, la raison devenue spéculative, la raison *déchue* ne peut ni faire ni laisser faire la louange. Pour creuser, elle n'a ni pied ni main, elle a honte aussi de mendier. C'est pourquoi il lui faut se traîner péniblement ici et là derrière la vérité qui s'en est allée avec l'entendement intuitif… ».

(3) Toute la phrase est une citation littérale de l'*Aesthetica in nuce*, *Hamann's Schriften*, Bd. 2, p. 286 (trad. fr. p. 93 : nous supposons que le verbe que Hamann emploie, « *fistuliren* », provient de *fisteln*, chanter d'une voix de fausset).

(4) *Cf.* Hamann, *Sokratische Denkwürdigkeiten*, *Hamann's Schriften*, Bd. 2, p. 19. En 1827, Schelling dira de Hamann qu'il fut « le meilleur esprit du temps » (*Schellingiana Rariora*, p. 464).

(5) Pseudonyme de Matthias Claudius (1740-1815). C'est à lui qu'était dédiée toute la première partie des *Choses divines* (sur la relation de Jacobi et Claudius, on lira avec profit S. Donovan, *Der christliche Publizist und sein Glaubensphilosoph*, Würzburg, Königshausen und Neumann, 2004). Lui-même semble ne pas avoir exagérément apprécié les *Choses divines*, pourtant tout à son éloge, ainsi qu'en atteste son *Morgensprӓch zwischen A. und dem Kandidaten Bertram*, qu'il fait paraître en 1812 dans son *Asmus omnia sua secum portans* (*Sämtliche Werke*, J. Perfahl (hrsg), München, Winkler Verlag, 1968, p. 645-657). Schlegel, tout autant que Schelling, parle d'Asmus en termes particulièrement élogieux et l'oppose à Jacobi (cf. *Recension* (1812), *KFSA* VIII, 443 et *Histoire de la littérature ancienne et moderne*, *KFSA* VI, 391).

(6) Cf. *Des choses divines*, JWA 3, p. 37 : « brave Asmus ! Tu ne désires aucune de ces médailles, – pas plus celles des lettres que celles de la politique –, celles "*qui brillent sur l'habit*" ; tu n'y aspires pas à cause de l'autre, celle qui est "sur la poitrine nue". Cette dernière te suffit –. Dans le bleu du ciel "tu peux contempler cette claire étoile, quelle que soit celle que ton œil grand ouvert rencontre, tu peux la contempler ainsi presque toute une demi-heure tel un coin du monde plus ouvert ou plus délicatement caché, où l'âme transparaît plus vivement et tu peux ainsi te pénétrer de cette joie… et cela M. le professeur Ahrens, qui sait tout le reste sur le bout des doigts, ne l'a jamais pu !". Et voilà pourquoi nous voulons, comme ton cousin, t'aimer nous aussi plus que tous les professeurs Ahrens et ne pas permettre que, devant nous, on attaque tes cheveux plats et tes vastes souliers aux semelles épaisses car ainsi tu ne nous plais que mieux ; voilà qui te va ».

(7) Cf. *Des choses divines*, JWA 3, p. 48. L'idée que Jacobi ne reconnaît pas la divinité du Christ doit se comprendre à partir du renouveau de la christologie schellingienne depuis 1809. Cf. *Recherches philosophiques*, SW VII, 377 : « de même que la séité dans le mal a fait sienne la lumière ou le Verbe, et apparaît comme un principe supérieur de ténèbre, de même Verbe, proféré dans le monde en opposition au mal, doit nécessairement assumer l'humanité ou encore la séité, et devenir lui-même personnel » et *Conférences de Stuttgart*, SW VII, 463.

(8) Cf. *Des choses divines*, JWA 3, p. 48 (« un homme remarquable écrivit au présent recenseur, il y a des années, ce qui suit : "ce qu'Homère était pour les anciens Sophistes, les *Livres Saints* l'ont été pour moi, qui me suis enivré à leur source, jusqu'à en faire peut-être mauvais usage, εὐκαιρως ἀκαιρως. Aujourd'hui encore, alors que mon cœur s'est émoussé, refroidi, qu'il est devenu tiède, je ne lis jamais sans l'émotion la plus profonde le chapitre XXXVIII de Jérémie et le récit de son sauvetage hors de la fosse de la citerne au moyen *de vieux haillons déchirés et usés*. Ma foi superstitieuse en ces reliques est, au fond, une gratitude venant du cœur pour les services qu'elles m'ont rendus et qu'elles me rendent encore malgré toute la critique qui raisonne depuis la scène et non depuis le trou de la fosse" ») et la lettre de Hamann à Jacobi du 6 janvier 1785, JB, 1, 4, p. 9. Dans la lettre à Schlosser *Über dessen Fortsetzung des Platonischen Gastmales*, Jacobi reprend ce passage de Hamann. Il confesse que, si pour le mage du nord, les livres saints ont eu la même importance qu'Homère pour les philosophes antiques, pour lui « ce sont les livres des philosophes antiques, principalement ceux de Platon » qui ont joué ce rôle, « et par-dessus tout l'amour même, l'*eros* platonicien auquel [je] dois tout ce que [j'ai] de bon » (*Werke* VI, 66).

(9) Cf. *Des choses divines*, JWA 3, p. 117.

p. [116]

(1) Jacobi voulait donner à l'écrit qui deviendra *Les choses divines* le nom d'*Essai manqué de jugement partial des œuvres complètes du Messager de Wandsbeck pour le Correspondant impartial de Hambourg*, en écho au titre de la revue *Unparteiischer Hamburger Correspondent* dans laquelle Perthes lui avait demandé de publier un hommage à Asmus (*Des choses divines*, JWA 3, p. 3).

(2) *Lettre à Fichte*, JWA 2, 1, p. 222.

(3) Comme il ne s'agit pas de la seule référence à l'*Apocalypse* dans le texte, on peut rappeler qu'en allemand, ce livre de l'Évangile s'intitule *Offenbarung des Johannes*. Schelling oppose ainsi la révélation de Jean à celle de Jacobi.

p. [117]

(1) Ici Schelling met dans la bouche de son personnage un extrait du début des *Choses divines* (in JWA 3, p. 59), dont il modifie la dernière phrase.

p. [118]

(1) Il est remarquable que Schelling se réfère à la formule de Kant. Celui-ci reprenait la locution d'Horace (*Épîtres* I, 2, 40) dans *Qu'est-ce que les Lumières?* (1784, AK VIII, 35). Dans les derniers textes de la *Philosophie de la Révélation*, Schelling assurera qu'on ne s'élève au-dessus de tout savoir nécessaire qu'en substituant au *sapere aude*! kantien un *Ose croire, aie le courage de tenir pour vrai l'extraordinaire lorsqu'il se présente* et que cet élargissement est l'acte ultime de liberté (SW XIV, 17).

p. [119]

(1) À l'époque de la philosophie de l'identité, Schelling soutenait à propos de Jacobi un point de vue quelque peu différent. Il déclara en effet lors d'une leçon que rapporte Troxler qu' « il est également possible de pratiquer une philosophie authentiquement spéculative sans connaître le principe et le cas de Jacobi en est la preuve » (*Schellings und Hegels erste absolute Metaphysik* (1801-1802), K. Düsing (hrsg), Köln, Dinter Verlag, 1998, p. 32).

p. [120]

(1) Dans les pages qu'il consacrera à Jacobi dans la *Contribution à l'histoire de la philosophie moderne*, Schelling reprendra à nouveau l'image de Moïse devant la Terre promise, mais avec moins d'ironie cette fois (SW X, 178).

p. [121]

(1) Il est possible que Jacobi fasse allusion à l'image du cheval de bois à la p. 68 des *Choses divines*. *Cf.* F. Schlegel, *Athenäum*, § 346.

p. [122]

(1) Schelling, dans la dernière page de l'écrit sur la liberté, affirme le caractère provisoire de la révélation scripturaire et, retrouvant ainsi une inspiration proche de celle de la *Naturphilosophie*, pose que « nous possédons une révélation plus ancienne que toute révélation scripturaire, la nature ». Ces deux révélations possèdent des « types (*Vorbilder*) » qui ont déjà été interprétés pour ce qui est de la révélation écrite alors que ceux de la nature sont encore à découvrir. Il est remarquable que ce retour à la nature s'accompagne de la part de Schelling d'un déni de l'histoire, laquelle n'est conçue que comme une simple « tradition ». À l'opposé pour qui sait interpréter la nature, « la vérité est toute proche » (SW VII, 415).

p. [124]

(1) À l'époque des *Âges du monde*, Schelling défendra dans les mêmes termes les philosophies de l'Unitotalité en disant que « la plupart de ceux qui bavardent au sujet de l'Un-Tout y voient seulement le Tout. Qu'il y ait ici l'Un, un sujet, ils ne l'ont même pas encore remarqué » (SW VIII, 339). Jacobi et ses semblables ne parviennent pas à concevoir la vraie nature de la totalité, qu'ils rabattent sur une seule de ses parties. « Ils entendent par le tout la totalité impersonnelle, semblable à celle de la nature dans ses commencements » et ne parviennent même pas au vrai panthéisme, à cette doctrine qui la première a reconnu que « l'effrayant et le terrible » est le fond substantiel de toute vie, ainsi que le pressentit Spinoza, « notre maître et précurseur ».

(2) *Woldemar*, JWA 7, 1, p. 348. *Cf.* la recension de Schlegel (*KFSA* II, 67) et notre note.

(3) *Mt* 23, 23-26 : « Malheur à vous, scribes et pharisiens hypocrites, parce que vous payez la dîme de la menthe, du fenouil et du cumin, mais qui négligez le plus important de la Loi : la justice, la miséricorde et la bonne foi ! Voilà ce qu'il fallait pratiquer sans omettre le reste. Guides aveugles, qui filtrez le moustique et avalez le chameau ! Malheur à vous, scribes et pharisiens hypocrites, parce que vous purifiez l'extérieur de la coupe et du plat alors que l'intérieur est plein de rapines et d'intempérance ! Pharisien aveugle, purifie d'abord l'intérieur de la coupe et du plat pour que l'extérieur aussi devienne pur ».

(4) Cf. *Des choses divines*, JWA 3, p. 123 : « c'est en accord avec le platonisme authentique que j'attribue à la raison de tous les êtres créés réceptivité et spontanéité, en tant que facultés de percevoir et d'appréhender, de trouver et de fixer qui, unies, sont la source originaire de la vérité rationnelle ».

(5) *Théétète* 155d : « il est tout à fait d'un philosophe ce sentiment : s'étonner. La philosophie n'a point d'autre origine ».

p. [125]

(1) Trente ans plus tard, Schelling répètera encore dans la *Darstellung des Naturprocesses* qu'avec le théisme disparaît le merveilleux, l'étonnant, la possibilité de ce que Socrate avait appelé θαυμαστόν (cf. *Darstellung des Naturprocesses*, SW X, 372).

(2) Schelling se réfère ici manifestement au non-savoir socratique dont Hamann se réclame dans les *Sokratische Denkwürdigkeiten* (1759).

(3) *Über die Lehre des Spinoza* (1789), JWA 1, 1, p. 217-218. Schelling se réfère ici à deux ébauches posthumes que Jacobi a reproduites et qui suggèrent que Hamann a lui aussi développé une philosophie de l'Un et du Tout : « *Choses d'un autre monde. Quod capita, tot sensus.* Il y a donc autant de mondes qu'il y a d'hommes, et, pourtant, il n'y a qu'une nature commune qui distingue notre espèce de toutes les autres créatures de la terre, des abîmes et du ciel. Au sens strict, il n'y a qu'*un* monde de même qu'il n'y a qu'*un* auteur, qu'*un* maître despotique de son œuvre et de sa propriété. *Les choses d'un autre monde* ne sont que *certaines* visions *étranges* de la nature sensible, changeante et actuelle qui est donnée à nous seuls. La *splendida miseria* de notre langue est prétexte à d'innombrables erreurs de ce genre. Tous les *entia rationis*, toutes les intuitions et les manifestations de l'erreur et de la vérité, tous les préjugés et tous les présupposés des conceptions et des théories humaines sont, pour ainsi dire, des choses d'un *autre* monde que le monde *réel*, qui ne peuvent s'accorder avec cet ensemble immense pour nous ; mais elles en sont, au contraire, les mutilations les plus arbitraires qui sont en partie distinguées, en partie composées selon les lois les plus arbitraires de nos imaginations et de nos passions et conformément aux limites de nos diverses forces » et « *Quot capita, tot sensus.* À supposer aussi qu'il y ait autant de mondes que d'hommes, notre espèce se distingue pourtant de toutes les autres créatures de la terre par *une* seule nature commune à tous et il n'y a plus de mondes, ni plus de Dieux ; il y a un seul Dieu et Seigneur dont le chef-

d'œuvre et la propriété doit être Ἓν καὶ πᾶν. *Les choses d'un autre monde* ne sont au fond rien d'autre que quelque visions étranges de cet univers, seul présent, qui est offert non seulement à notre point de vue (δὸς μοι ποῦ στῶ), mais encore à notre sphère d'activité (καὶ κινήσω τήν γὴν). L'auteur répète donc le sens en changeant la lettre. La *splendida miseria* de notre langue humaine est responsable de telles incompréhensions. Tous les *entia rationis*, toutes les intuitions de phénomènes, d'erreur et de vérité, tous les préjugés et les présupposés sont pour ainsi dire des choses d'un autre monde que le monde réel, qui ne peuvent s'accorder avec cet ensemble immense pour nous; elles en sont au contraire des raccourcis optiques ou des mutilations qui sont en partie distingués, en partie composés selon les lois fort arbitraires de notre imagination et de notre passion dominante ainsi que selon les limites de notre sensibilité diversifiée ».

(4) *Cf.* la *Lettre à Fichte*, JWA 2, 1, p. 201 : « raison, *Vernunft*, a pour racine *vernehmen*, percevoir. – La raison pure est donc une perception qui se perçoit *seulement* soi-même ou bien encore la raison pure ne perçoit que soi » et la *Kladde* VII, 32, Schneider, p. 231 : « l'être rationnel se caractérise par le fait de se percevoir soi-même, de revenir en soi-même. Ce qu'il perçoit pour autant qu'il est conditionné par la sensibilité, il l'appelle nature; ce qu'il perçoit pour autant qu'il n'est pas conditionné par la sensibilité, il l'appelle être divin ».

(5) *Cf.* la *Lettre à Fichte*, JWA 2, 1, p. 206 : « si le jeu avec notre ignorance n'était pas infini et n'était ainsi fait qu'à chacun de ses détours ne naisse un nouveau jeu, il en irait pour nous de la science comme du *jeu du solitaire* que l'on pratique à Nuremberg : il nous répugne aussitôt que tous ses tours et détours possibles nous en sont connus et familiers. Le jeu perd pour nous son attrait du fait que nous le comprenons entièrement, que nous *savons* y jouer ». À Nuremberg, on appelait *Grillenspiel* un jeu où l'on faisait passer des quilles d'un trou à l'autre suivant certaines règles. Dans les *Choses divines*, Jacobi disait encore que nos sciences ne sont qu'un jeu avec notre ignorance (*cf.* JWA 3, p. 55 : « assurément, ce jeu avec notre ignorance est, de tous les jeux, le plus noble; mais, cependant, à y regarder de près, il est seulement un jeu qui fait *passer* le temps et ne le *remplit* pas vraiment, il ne l'arrête pas afin qu'il reçoive une existence véritable, substantielle »).

p. [126]

(1) *Über die Lehre des Spinoza*, JWA 1, 1, p. 31 : « Lessing maintint qu'il "voulait tout avoir par des moyens naturels", et moi qu'il ne pouvait y avoir de philosophie naturelle du surnaturel et que, pourtant, les deux (le naturel comme le surnaturel) existaient à l'évidence » et 247.

(2) L'idée de considérer la philosophie toujours comme une fin et jamais seulement comme un moyen fait évidemment signe vers les règles fondamentales de la raison pratique kantienne.

(3) *Cf.* plus loin Schlegel, *Recension du Woldemar*, *KFSA* II, 72.

(4) *Über die Lehre des Spinoza*, JWA 1, 1, p. 28.

p. [127]

(1) Allusion à une forteresse réputée imprenable située dans le massif montagneux de l'*Elbsandsteingebirge*, près de Dresde. La région est connue pour ses surprenantes montagnes de grès et des formations de roche fantasques, qui lui valent le nom de Suisse saxonne.

(2) *Gn* 29, 18 : « Jacob habita un mois chez Laban, puis ce dernier lui dit : "parce que tu fais partie de ma parenté, devrais-tu me servir pour rien? Dis-moi quel sera ton salaire". Or Laban avait deux filles. L'aînée s'appelait Léa, et la cadette Rachel. Léa avait les yeux fragiles, tandis que Rachel était belle à tout point de vue. Jacob aimait Rachel. Il dit donc : "je te servirai sept ans pour Rachel, ta fille cadette". Laban dit : "je préfère te la donner à toi qu'à un autre homme. Reste chez moi !" Ainsi, Jacob servit sept ans pour Rachel. Ils lui parurent comme quelques jours parce qu'il l'aimait. Puis Jacob dit à Laban : "donne-moi ma femme,

car je suis allé jusqu'au bout de mon contrat et je veux m'unir à elle". Laban réunit tous les habitants de l'endroit et donna un festin. Le soir, il prit sa fille Léa et l'amena vers Jacob qui s'unit à elle. Laban donna sa servante Zilpa pour servante à sa fille Léa. Le lendemain matin, voilà que c'était Léa. Jacob dit alors à Laban : "qu'est-ce que tu m'as fait ? N'est-ce pas pour Rachel que j'ai servi chez toi ? Pourquoi m'as-tu trompé ?" Laban dit : "cela ne se fait pas, chez nous, de donner la plus jeune avant l'aînée. Termine la semaine avec celle-ci et nous te donnerons aussi l'autre pour le service que tu feras encore chez moi pendant sept nouvelles années". C'est ce que fit Jacob : il termina la semaine avec Léa, puis Laban lui donna pour femme sa fille Rachel. Laban donna sa servante Bilha pour servante à sa fille Rachel. Jacob s'unit aussi à Rachel, qu'il préférait même à Léa, et il servit encore chez Laban pendant sept nouvelles années ».

(3) *Gn* 31, 34.

p. [128]

(1) Cf. *Des choses divines*, JWA 3, p. 55 : « nous savons ce qui mérite à peine d'être su ; nous ne parvenons à connaître complètement et avec une pénétration suffisante que des êtres et des vérités qui, tels ceux des mathématiques, ont plus d'être et de vérité en image que dans la chose et même qui, en toute rigueur, n'ont de vérité *qu'en* image et n'ont pour tout *contenu* que des relations et des formes de relations. Nous faisons valoir et augmentons ces connaissances et nous acquérons des moyens inestimables pour donner à notre ignorance une infinité de formes nouvelles, pour la modifier, l'agrandir, l'organiser et en faire la compagnie la plus agréable pour la vie. Ainsi, nous n'y prenons pas garde, au fond nous jouons seulement avec des nombres vides de réalité, nous élaborons de nouveaux théorèmes simplement pour continuer de calculer, sans nous approcher *d'un cheveu* d'un résultat vrai, de nombres ayant une signification, de la vérité authentique ».

(2) Cf. *Des choses divines*, JWA 3, p. 78.

p. [130]

(1) Cf. *Des choses divines*, JWA 3, p. 60.

(2) Schelling n'hésitait pas à comparer l'intellectuel au soldat, par exemple dans cette lettre intime : « je ne sais, chère Pauline, si vous avez une idée de la vie des intellectuels aujourd'hui, c'est elle qui ressemble le plus à la vie du soldat [...]. L'intellectuel, qui exprime une conviction et qui doit la faire prévaloir, y engage sa personnalité en même temps, et nous les philosophes nous sommes à plein les véritables soldats dans le royaume de l'intelligence. Avec le branle-bas et l'inquiétude qui ont atteint les esprits, on ne saurait penser à la paix, et ici aussi, il s'agit absolument de se maintenir toujours actif, robuste et en armes » (*Aus Schellings Leben. In Briefen*, Bd. II, p. 261).

p. [131]

(1) Cf. *Lettres à Spinoza*, JWA 1, 1, p. 92 : « avant d'être en droit de chercher les faiblesses de son adversaire, il faut d'abord trouver sa lame et la tenir ».

(2) Cf. *David Hume*, JWA 2, 1, p. 43.

(3) *Cf.* Cicéron, *De l'invention*, I, XV, 20 ; *Rhétorique à Hérennius* I, 6-7 ; *De l'orateur*, trad. E. Courbaud, Paris, Les Belles Lettres, 1950, t. II, p. 53 et 105, où l'expression n'apparaît pas, mais où il est question de « *conciliare benevolentiam* ».

p. [132]

(1) Nouvelle référence à *Foi et savoir*. Cf. *supra* p. 52 n 2.

(2) En fait, il s'agit de la note 3, laquelle renvoie à la *Prophétie de Lichtenberg*, JWA 3, p. 27 n.

p. [133]

(1) Cf. *Des choses divines*, JWA 3, p. 117 : « si la nature seule existe, alors elle est la *toute-puissance* et il n'y a nulle part une volonté sainte. Alors les *Tibères* et les *Nérons*, les *Ezzelins* et les *Borgias* sont possibles, mais pas *Socrate* ou le *Christ* ».

(2) « Quel artiste périt avec moi ! » : selon Suétone, ce sont les derniers mots de Néron au moment de son suicide (*Vies des douze Césars*, trad. H. Ailloud, Paris, Les Belles Lettres, 1993, t. II, p. 196).

(3) Cf. *Des choses divines*, JWA 3, p. 76 : « lorsque *la seconde fille de la philosophie critique* supprima entièrement, c'est-à-dire expressément aussi, la différence que la première avait laissé subsister entre la philosophie de la nature et la philosophie morale, entre la nécessité et la liberté et lorsqu'elle déclara sans plus qu'il *n'y a rien au-dessus de la nature, qu'elle seule existe*, cela ne provoqua déjà plus le moindre étonnement ».

(4) Cf. *Wider Mendelssohns Beschuldigungen* (1786), JWA 1, 1, p. 326, traduit par P.-H. Tavoillot, *Le crépuscule des Lumières*, p. 235. Cf. *Nothgedrungener Beyträge zu den freywilligen Beyträgen des Hrn. Past. Goeze* (Braunschweig, 1778), II, p. 15 et VIII, p. 10 et *Anti-Goeze, Lessings Werke*, Stuttgart, Göschen, 1869, Bd. X, p. 145. L'*Anti-Goeze* est une série de onze pamphlets lancés par Lessing contre le pasteur hambourgeois en 1778. L'année précédente, Lessing avait été l'objet de remarques acerbes de la part de Goeze pour avoir fait paraître sous le titre de *Wolfenbüttelsche Fragmente* des extraits d'un ouvrage inédit de Reimarus dans lequel celui-ci développait une interprétation rationaliste du Nouveau Testament. En vérité, la polémique avec Goeze a occupé une très large part de la vie de Lessing, qui lui a consacré un nombre considérable d'écrits : *Eine Parabel, Axiomata, über Johann Melchior Goeze, Nötige Antwort auf eine sehr unnötige Frage des Herrn Hauptpastor Goeze, Über von die Kirche angenommene Meinung dass er besser sei, wenn die Bibel von dem gemeinen Manne in seiner Sprache nicht gelesen wurde, Der nötigen Antwort auf eine sehr unnötige Frage des Herrn Hauptpastor Goeze in Hamburg Erste Folge, Ein Text über die Texte, d.i. Gerippe einer Predigt zu St. Katharinen in Hamburg von dem Hauptpastor Goeze nicht gehalten, Zusätze zu der nötigen Antwort auf eine sehr unnötige Frage, Zusätze zu der nötigen Antwort auf eine sehr unnötige Frage Ersten Folge* (nous tenons cette liste de l'ouvrage *Individu et vérité. Le philosophique chez Gotthold Ephraïm Lessing* de Ch. Coulombeau, Wiesbaden, Harrassowitz, 2005, p. 29 n.).

(5) *Cf.* plus loin *KFSA* II, 74 : « c'est précisément cette vivacité d'esprit qui rend l'immoralité des œuvres descriptives de Jacobi si dangereuse ».

p. [134]

(1) *Seelenschwelgerei.* Ce terme provient une fois encore de la première recension de Schlegel (cf. *infra KFSA* II, 74).

(2) *Der Weichling. Cf.* plus loin la recension du *Woldemar*, *KFSA* II, 66.

p. [135]

(1) Cf. *supra* p. 48.

(2) Dans la recension de 1796, Schlegel avait qualifié Jacobi de sophiste (cf. *infra KFSA* II, 69).

(3) À Athènes, on appelait sycophante un délateur professionnel qui mettait les citoyens en accusation devant le tribunal de l'Héliée (Plutarque, *Vies parallèles*, trad. R. Flacelière, Paris, Les Belles Lettres, 2003, p. 39 [SB 838, p. 212]).

Schlegel. Recension du Woldemar

p. [57]

(1) Cette recension fut sans doute à l'origine une commande de Reichardt. *Cf.* la lettre de Friedrich Schlegel à August Wilhelm du 28 juillet 1796 : « Reichardt m'a proposé d'effectuer une recension du *Woldemar*, ce que j'ai accepté. Mais si tu veux t'en occuper, je me retire bien volontiers » (*KFSA* XXIII, 325).

(2) *Woldemar*, JWA 7, 1, p. 447 : « qui croit à l'amitié croit nécessairement à la vertu, à une *faculté divine* en l'homme, et qui ne croit pas à un tel pouvoir ou à une telle vertu, ne peut croire qu'il existe une véritable amitié ».

(3) Jacobi écrivait dans l'avant-propos du *Woldemar* : « je me ferai facilement comprendre du poète exercé et versé dans les arts et du philosophe également s'il est davantage qu'un simple *philosophe de profession* » (JWA 7, 1, p. 208). En vérité, Jacobi désigne plutôt sous ce nom des penseurs tels que Ferguson et Reid (JWA 7, 1, p. 245).

(4) En 1798, Schlegel ne s'encombrera plus de ces nuances et écrira dans un fragment que « les romans de Jacobi sont de nature dissertative » (*Philosophische Fragmente*, *KFSA* XVIII, 198).

(5) Les *Zufällige Ergießungen eines einsamen Denkers in Briefen an vertraute Freunde (Épanchements fortuits d'un penseur solitaire)* parurent entre 1793 et 1795 dans les *Horen eine Monatsschrift* de Schiller. Il s'agit pour l'essentiel d'une exposition sous forme épistolaire de la philosophie morale kantienne. On lit dans la deuxième lettre : « nul n'a jamais vu Dieu : ni Dieu même, ni aucune de Ses actions. Nous appelons *religion* notre relation à *lui*. Elle ne peut être représentée avec vérité par rien d'extérieur. On peut cependant l'enseigner : à l'âme meilleure par l'âme meilleure, et non à l'âme animale, et non comme on enseigne les arts mécaniques à celui qui, dénué d'esprit d'invention, ne songe qu'à acquérir, mais comme on enseigne l'art libre à celui-là seul qui ait du génie, au *visionnaire* » (JWA 5, 1, p. 215).

p. [58]

(1) *Allwill*, JWA 6, 1, p. 212.

(2) *Woldemar*, JWA 7, 1, p. 212 : « il était exercé à esquiver avec une présence d'esprit admirable, et la générosité, et toutes les vertus dommageables du même genre. Il n'aimait pas trop même entendre parler d'équité : c'était pour lui un être équivoque auquel il ne se fiait pas, et lorsqu'on voulait en appeler à sa sensibilité, il secouait la tête en souriant, comme un homme à qui l'on n'en fait pas accroire ».

(3) La thèse soutenue par Schlegel devant l'Université d'Iéna le 14 mars 1801 était intitulée « *Enthusiasmus est principium artis et scientiae* » (O. Walzel, *Deutsche Romantik*, Leipzig, Teubner, 1923, Bd. I, p. 25).

(4) Sur la problématique de la lettre et de l'esprit chez Schlegel, *cf.* H. Nüsse, *Die Sprachtheorie Friedrich Schlegels*, Heidelberg, C. Winter, 1962, particulièrement les pages 87 à 97 pour l'influence de Boehme à ce propos.

(5) *Woldemar*, JWA 7, 1, p. 316 : « on s'occupa seulement à démontrer d'une manière bien frappante que les sciences proprement dites n'étaient que le sédiment et la lie de nos connaissances véritables et que, semblables à des fantômes de ce qui avait vie et réalité, elles revenaient dans la maison et la rendait inhabitable ».

(6) Schlegel renvoie à tort à la p. 16 de l'édition de 1792 de l'*Allwill*. En fait, il faut lire p. 316, c'est-à-dire JWA 6, 1, p. 240 : « je n'ai jamais pu comprendre comment une représentation *mécanique* de la création, c'est-à-dire de la *possibilité* de l'univers, pouvait être plus rationnelle, plus sublime ou plus proche de cet être suprême que, *d'une manière ou d'une autre*, nous sommes contraints de présupposer, qu'une représentation anthropomorphique. La

croyance en un être suprême en général en tant que source de tout être et de tout devenir et la foi en un Dieu qui est *esprit* sont toutes les deux données à l'homme dans le fait inexplicable de sa spontanéité et de sa liberté, sans laquelle ne serait-ce que le premier postulat d'Euclide ne saurait être conçu. La croyance générale en un Dieu est donc naturelle à l'homme et la croyance en un Dieu *vivant* est de toutes la plus naturelle. Le penseur déconnecté de cette vérité doit s'être d'abord violemment coupé de la nature et de son propre être par l'abus le plus criant de la *faculté de dénomination arbitraire*, cette épée à double tranchant de la vérité et de la fausseté ; il doit pour ainsi dire avoir arraché sa vie par les racines afin de s'en débarrasser ».

(7) Cf. *Vom Wert des Studiums der Griechen und der Römer* (1795), *KFSA* I, 628 : « il manque à ce point à la culture moderne l'équilibre, la mesure, la cohésion, l'harmonie et la complétude que les forces de la pensée et de l'action sont séparées par un abime, que les limites et les droits de la raison et de l'expérience sont indéterminées et que l'humanité est coupée en deux ». Seule une authentique *Bildung* peut mettre un terme à cette division, entendu que « toutes les forces fondamentales de l'homme constituent de par leur origine, leur destination et leur essence une force une et indivisible » : c'est pourquoi, « du point de vue social et humain, la mission de ceux qui se proposent de solliciter, former et unifier à nouveau *toutes* les facultés de l'homme, est parmi les plus importantes » (*Georg Forster. Fragment einer Charakteristik der deutschen Klassiker*, *KFSA* II, 91).

p. [59]

(1) *Woldemar*, JWA 7, 1, p. 307 : « au reste, il est incontestable que la vertu ne s'acquiert point en raffinant et que de bons et nobles sentiments ne peuvent être produits que par des penchants et des inclinations également bonnes et nobles » (la référence de Schlegel est fautive. Il faut lire non pas p. 126, mais 226) : « *die Tugend lasse sich nicht erklügeln* ». Nous n'avons trouvé de référence au verbe *erklügeln* que dans les dictionnaires du dix-neuvième siècle (par exemple, *Nouveau dictionnaire de poche allemand-français*, Leipzig, Rabenhorst, 1808, qui donne « inventer en raffinant »).

(2) Schelling reprend en 1812 cette idée d'une haine de la raison, que Jacobi aurait développée dans le *Woldemar* (*cf.* par exemple SW VIII, 47 et 95). Elle doit cependant être considérablement nuancée au regard de passages tels que celui-ci : « ce qui est vrai absolument et en soi n'est pas donné à l'homme [par l'intermédiaire de la raison] [...]. Ainsi, toutes les fois que la raison prend de telles vérités pour prémisses de ses raisonnements, elle s'appuie sur quelque chose qu'elle n'a pas produit (*hervorgebracht*) elle-même. Tout ce qui est absolument premier ou dernier est hors de son domaine. Son activité propre est une activité purement médiatrice entre le sens, l'entendement et le cœur, dont elle a à administrer la commune économie » (*Woldemar*, JWA 7, 1, p. 271). Le temps a passé et nous n'aurions plus idée de donner, comme le faisait encore J. Blum, à un chapitre d'un ouvrage le titre de *Jacobi – le misologue* (*La vie et l'œuvre de J. G. Hamann*, Paris, Alcan, 1912, p. 519).

(3) La première édition du *Woldemar* (1779) s'ouvrait en effet par cinq pages d'épigraphes (Shakespeare, Bacon, Euripide, Xénophon et Platon) et sa deuxième partie en comptait deux (Pythagore et Plutarque).

(4) *Cf.* JWA 7, 1, p. 206. L'édition de 1794 s'ouvrait sur cette dédicace : « à Goethe. Je te dédie une œuvre qui, sans toi, n'aurait pas vu le jour et qui, sans toi, aurait pu difficilement être achevée ; elle t'appartient ; je te la livre, à toi, plus qu'à nul autre. *À nul autre* ! – Tu sens en toi l'écho de cette parole, vieil ami, et tu me serre les mains – comme nul autre là encore. Vingt ans ont passé depuis que notre amitié a vu le jour. À cette époque, si l'on te demandait devant moi si nous étions amis depuis l'enfance, tu répondais que cet amour était si neuf que, s'il avait été un vin, on n'aurait pu le boire. – Et c'est un vin, un vin de prix, qu'il est devenu. Avec amour, avec courroux, avec menace, tu me disais en ces temps-là d'abandonner cette modé-

ration qui se satisfait de la joie que les autres éprouvent à créer, de ne pas rester bouche bée, mais de regarder aussi dans mes mains, que Dieu avait aussi rempli d'art et de toutes sortes de forces. Quelle force aurais-je pu t'opposer, à toi et à ta puissance? [...] ». *Cf.* Schelling, *Monument de l'écrit...*, SW VIII, 102. Schlegel avait fait paraître en 1796 une caractéristique du Wilhelm Meister de Goethe (*KFSA* II, 126-146).

(5) JWA 7, 1, p. 216-217.

(6) JWA 7, 1, p. 216 : « son exquise sensibilité lui faisait pressentir des jouissances, et ces jouissances le conduisaient à de nouveaux pressentiments. Il n'en soupira qu'avec plus d'ardeur après l'objet de ses espérances; il le chercha tous les jours avec plus de passion, et tous les jours il eut un sentiment plus intime de ce qu'il cherchait, de ce qu'il voulait trouver. Plus près s'approchait-il de son objet que son objet s'éloignait de lui dans la même mesure. Cette contradiction, qui se présentait peu à peu à son âme délicate et à son esprit pénétrant, le fit tomber dans une mélancolie que toutes les belles âmes concevront en lui, qui sera même sentie par celles qui sont assez fortes pour s'élever noblement au-dessus d'elle ».

(7) JWA 7, 1, p. 229-243.

(8) JWA 7, 1, p. 227-228. Jacobi écrit *Tokkadille.* Il s'agit d'un jeu de société pour deux personnes, correspondant à la version espagnole du backgammon et du trictrac.

(9) Lors d'un banquet, Woldemar s'oppose violemment à Hornich, qui ne connaît d'autre morale que celle de l'intérêt, et à son ami Alkam, qui nie que le sentiment ait son mot à dire en morale, en prenant prétexte qu'Alkam lorgne complaisamment une dinde fourrée tout en parlant de la vertu. Woldemar dit alors préférer le rossignol, et même un simple moineau, à l'oiseau de Calicut (*Calecutischer Huhn* en allemand) et finit en exprimant son mépris pour un siècle qui ne fait le bien que par égoïsme (JWA 7, 1, p. 256).

(10) Dans le roman, Alkam, ami et partenaire d'Hornich, apparaît comme un théologien vulgaire et platement rationaliste : pour lui, la religion et la morale doivent se réduire à des notions claires et ne laisser aucune place aux inspirations du cœur. L'Écossais Charles Sidney, invité de Dorenbourg, est quant à lui un personnage assez falot. Au cours du banquet que celui-ci donne en son honneur, il échange avec Woldemar de longs propos sur la philosophie anglaise. Woldemar reproche aux Anglais d'être inférieurs en philosophie aux Allemands et même aux Français, ce que Sidney concède.

(11) La philosophie du *common sense* de Thomas Reid (1710-1796) a eu une influence majeure sur Jacobi. Celui-ci possédait les *Essays on the intellectual powers of man* (cf. *Die Bibliothek Friedrich Heinrich Jacobis*, Bd. I, p. 241-242).

(12) Adam Ferguson (1723-1816) est un des auteurs de référence de Jacobi, qui possédait plusieurs de ses principaux ouvrages (par exemple *An Essay on the history of civil society* et les *Principles of moral and political science*, cf. *Die Bibliothek Friedrich Heinrich Jacobis*, Bd. I, p. 163-164). Woldemar affirme que le premier de ces livres a « fait époque dans sa vie » (JWA 7, 1, p. 244).

(13) JWA 7, 1, p. 244.

p. [60]

(1) Probable allusion ironique à un passage de l'*Allwill* où le héros lui-même est décrit comme un possédé (JWA 6, 1, p. 148).

(2) Lors du diner chez Dorenbourg, Woldemar soutient que les institutions ne sont qu'un mal nécessaire et que la conscience doit venir à leur secours. « L'humeur et le mécontentement étaient visibles sur le visage de Hornich. Jamais encore Woldemar n'avait attaqué devant lui avec autant d'audace cette lettre de la loi, ces usages, ces préjugés qui lui étaient chers, qui étaient ses seules idoles » (JWA 7, 1, p. 254). Plus tard, Hornich soutiendra avec Hobbes que le cœur de l'homme est naturellement mauvais et que la société ne subsiste que

par la stricte obéissance à des commandements positifs (JWA 7, 1, p. 261). Les démêlés de Woldemar avec Hornich ne sont pas sans rappeler celle du jeune Jacobi avec son propre père (cf. *Lettres inédites de F.H. Jacobi*, J.T de Booy et R. Mortier (éd.), Genève, Institut et musée Voltaire, 1966, p. 31-33). Jacobi eut lui-même une vie bien plus tumultueuse que ce que peut faire croire le portrait idéalisé qui nous est resté.

(3) JWA 7, 1, p. 223 *sq*. Avant même qu'Henriette et Woldemar se soient rencontrés, la lecture d'une longue lettre du héros annonçant sa venue avait donné à celle-ci un premier aperçu de son caractère passionné et sentimental. Dans les versions ultérieures de l'ouvrage, Jacobi a supprimé la fin de ce passage : « l'effet de cette lecture fut très visible sur tous ceux qui l'avaient écoutée, mais l'impression qu'elle produit sur Henriette fut la plus frappante. De temps en temps des larmes solitaires avaient coulé de ses yeux ; elle avait changé plusieurs fois de couleur; une pâleur singulière s'était enfin reposée sur ses joues; et la réunion de tous ces symptômes avait peu à peu détourné l'attention des auditeurs et l'avait fixée sur elle ».

(4) *L'Iliade* IX, 134 et 276. Schlegel reprend ici la traduction de Johann Heinrich Voss (*Homers Werke*, Altona, Hammerich, 1743, Bd. 1, p. 218 et 223). A. W. Schlegel en a pourtant donné une recension assez négative dans la *Jenaischen Allgemeinen Litteratur-Zeitung* et Friedrich lui consacre un *Fragment* très acerbe (*L'absolu littéraire*, p. 95). Cf. *L'Iliade*, trad. fr. R. Flacelière, Bibliothèque de la Pléiade, Paris, Gallimard, 1955, p. 236 et 240.

(5) JWA 7, 1, p. 293, 299, 304, 320, 329, 344, 345, 371, 382, 400, 433, 434.

(6) *Woldemar*, JWA 7, 1, p. 406, 407, 418-419.

(7) *Woldemar*, JWA 7, 1, p. 376. Il s'agit du second tome des *Vies* de Plutarque, dont Henriette a souligné des phrases allant dans le sens de l'obéissance littérale aux lois.

(8) *Woldemar*, JWA 7, 1, p. 419-420 : « *des gefallnen Woldemar* ». Biederthal affirme que c'est l'orgueil qui a fait chuter Woldemar : « il est tombé sans doute, reprit Henriette avec une dignité qui brillait dans tous ses traits quoiqu'elle eut peine à retenir ses larmes; Woldemar est tombé; mais la vertu à laquelle il croit véritablement, et qui ne peut l'abandonner, la vertu le relèvera de sa chute pour le replacer plus haut que jamais ».

(9) *Woldemar*, JWA 7, 1, p. 450-451. En réalité, c'est Henriette et non Biederthal qui oppose à Dorenbourg une lettre de Woldemar qu'elle dit avoir conservé « comme un gage de la beauté de son âme et de sa foi dans la vertu ». Peu de temps auparavant, elle avait en outre lu un passage interminable de Plutarque, la vie d'Agis et Cléomène, que Woldemar avait retranscrit et que Biederthal avait en sa possession (JWA 7, 1, p. 420-433). Sur son évanouissement, *cf.* p. 408.

p. [61]

(1) *Cf.* JWA 7, 1, p. 207 : dans le *Woldemar*, le mot d'ordre de l'*Allwill*, « montrer de la plus consciencieuse manière qui soit l'humanité telle qu'elle est », n'est plus développée de manière simplement poétique, mais toute la représentation gravite autour d'un événement intérieur. En règle générale, Schlegel semble avoir plus de clémence pour *l'Allwill* que pour le *Woldemar*. La première mention que notre auteur ait faite de Jacobi était d'ailleurs un éloge enthousiaste de cet ouvrage (*cf.* la lettre à son frère du 4 juillet 1792 : « le sentiment que nous avons de notre nature supérieure et divine traverse et anime la totalité » de cette « œuvre géniale » (*KFSA* XXIII, 53).

(2) L'expression « *unerträglichen Nachgeschmack* » figure dans l'avant-propos de l'édition de 1794 (JWA 7, 1, p. 207). Cet avant-propos prend la forme d'une dédicace à Goethe, dans laquelle Jacobi confie que la parution du *Torquato Tasso* (février 1790) lui a remis en mémoire le *Woldemar* et l'a incité à relire l'ouvrage *in extenso* : « le début me donna du courage et je trouvais dans la suite maintes choses suffisamment bonnes pour que je puisse accepter d'en être l'auteur. En revanche, beaucoup d'autres choses me déplurent au plus haut

point, en particulier les dernières pages, qui me soulevèrent littéralement le cœur et me laissèrent un arrière-goût si insupportable que j'aurais anéanti ce petit être difforme d'un coup de baguette magique si j'en avais eu le pouvoir. Tu comprends que ce sentiment devait faire naître en moi une nervosité toujours plus grande et un désir toujours renouvelé de remédier à ce mal d'une façon ou d'une autre. Je me creusais la tête, entreprenais toutes sortes d'essais, qui ne faisaient à la fin que susciter un mal encore plus grand. Je m'étais donné finalement tant de travail et tant de peine que j'eus l'idée, qui finit par se muer en résolution, de transformer entièrement mon œuvre et de l'achever suivant un plan entièrement nouveau, que je ne pouvais au départ même apercevoir de loin. J'ai depuis consacré à ce travail les meilleures heures de mon temps et tu sentiras à la lecture avec quelle assiduité et quel acharnement j'ai poursuivi ma tâche et avec quelle soumission, quel silence j'ai suivi le génie auquel j'ai prêté serment ».

(3) *Cf.* JWA 7, 1, p. 466 : « elle ne put le suivre lorsque, s'acharnant contre lui-même, il cherchait à rendre sa faute bien noire, à bien aggraver ses torts ; le zèle qu'il déployait alors faisait mal à sa tendre épouse ; l'amour qu'elle avait pour lui se révoltait, elle le grondait, elle se mettait presque en colère » et les mots sur lesquels s'achève le *Woldemar* : « il tremblait devant l'abîme près duquel il se tenait : devant les abîmes de son cœur » (JWA 7, 1, p. 467).

(4) JWA 7, 1, p. 467 : « dans cette anxiété, il se résolut d'aller sans délai tout révéler à Henriette ; mais son bon génie vint à son secours et lui donna de meilleurs conseils. Ce ne fut qu'à Biederthal qu'il confia ce dernier secret ; et tous deux ne firent qu'un cœur et qu'une âme, comme ils ne l'avaient jamais fait auparavant ».

(5) Schlegel appelle péripétie la décision d'Henriette de ne pas épouser Woldemar mais de le jeter dans les bras d'Alwina. La plus célèbre élève de Schlegel, Mme de Staël, rappellera son caractère contre-nature : « ce n'est assurément ni par hypocrisie ni par sécheresse d'âme, qu'un génie bon et vrai a imaginé dans le roman de *Woldemar* des situations où chaque personnage immole le sentiment par le sentiment, et cherche avec soin une raison de ne pas aimer ce qu'il aime. Mais Jacobi, ayant éprouvé dès sa jeunesse un vif penchant pour tous les genres d'enthousiasme, a cherché dans les liens du cœur une mysticité romanesque très ingénieusement exprimée, mais peu naturelle. Il me semble que Jacobi entend moins bien l'amour que la religion, parce qu'il veut trop les confondre ; il n'est pas vrai que l'amour puisse, comme la religion, trouver tout son bonheur dans l'abnégation du bonheur même. L'on altère l'idée qu'on doit avoir de la vertu, quand on la fait consister dans une exaltation sans but, et dans des sacrifices sans nécessité. Tous les personnages du roman de Jacobi luttent sans cesse de générosité aux dépens de l'amour ; non seulement cela n'arrive guère dans la vie, mais cela n'est même pas beau quand la vertu ne l'exige pas » (*De l'Allemagne* (1810), Paris, Garnier-Flammarion, 1968, p. 212).

p. [62]

(1) *Woldemar*, JWA 7, 1, p. 328 : « elle rougit en apprenant la manière dont Biederthal avait entamé cet entretien ; les éclats de rire de Woldemar la choquèrent. Jamais son âme pure n'avait soupçonné qu'on pût concevoir une idée fausse de son amitié pour Woldemar. Elle éprouva un mélange de douleur et de mécontentement… Et Woldemar n'avait fait qu'en rire ! ».

p. [63]

(1) *Woldemar*, JWA 7, 1, p. 239.

(2) La conception que se fait Schlegel de l'amitié et de l'amour repose sur l'idée que c'est à chaque individu de réaliser en soi-même l'idéal. Pour lui, contrairement à ce que soutiennent Schiller et Humboldt, les deux sexes ne doivent pas rechercher la dépendance réciproque,

mais chacun vaut par l'indépendance dont il fait preuve (voir par exemple le *Compte rendu de l'Almanach des Muses pour 1796* et les critiques lancées contre *La dignité des femmes* de Schiller). Schlegel n'aura de cesse de dénoncer cette complaisante aliénation de la femme qui se déguise en faiblesse tendre. Dans le roman de Jacobi, Henriette et Woldemar se vouent un amour si pur que le lien terrestre du mariage le ternirait. Schlegel récuse la distinction de l'amour platonique et de l'amour naturel. Pour lui, il s'agit de reporter cette double inclination sur la même femme. Sur ces bases, on comprend que, quelque temps auparavant, Schlegel ait exécuté le poème très prude de Schiller *Dignité des femmes* (*Würde der Frauen*).

(3) *Woldemar*, JWA 7, 1, p. 356 : « j'avais trouvé que tous, tant que nous sommes, portant et nourrissant dans nos cœurs des désirs trop impétueux, nous sommes entraînés trop violemment par les soucis, les affaires, les chagrins et les plaisirs de la vie, que nous en sommes trop enchantés et tourmentés, pour que jamais, dans des temps tels que les nôtres, deux hommes puissent parvenir à *ne faire et à ne demeurer qu'un*, comme j'en avais fait le rêve dans mon enthousiasme d'amitié ».

(4) *Woldemar*, JWA 7, 1, p. 418. Henriette soutient qu'il existe quelque chose en l'homme qu'il ne peut sacrifier et qu'une force mystérieuse lui interdit de toute façon un tel sacrifice. « Nous sentons que nous appartenons plus à cet être en nous que nous ne nous appartenons à nous-mêmes et que cet être est précisément *notre être le plus propre et le plus intime* ». Elle finit en s'exclamant : « et éprouver cela en un autre être, que l'on aime par-dessus tout, duquel on tient le meilleur de son existence, – toute son existence, un être sans lequel on ne saurait, on ne pourrait vivre ! ».

(5) Cf. *Ideen zu Gedichten* (1798), *KFSA* XVI, 220 : « avec une femme que l'on n'aime pas, l'amitié n'est pas possible, mais bien la socialité et même la plus haute et la plus belle qui soit ». Sur la conception que Schlegel se fait de l'amour et de l'amitié et son rapport au *Woldemar*, lire T. Bossert, *Friedrich Heinrich Jacobi und die Frühromantik*, Stuttgart, Carl Hammer, 1926, p. 29-38.

(6) *Woldemar*, JWA 7, 1, p. 214 : « chez Dorenbourg et chez Biederthal, elle était adorée : leurs jeunes épouses continuaient pour ainsi dire à vivre en elle dans leur état de jeunes filles. Elle leur présentait une image du passé si vive et si douce, rappelait tout pour elles d'une façon si agréable, savait si naturellement tout leur conserver qu'à peine leur était-il sensible que pour elles, en effet, quelque chose avait passé ».

(7) *Zufällige Ergießungen eines einsamen Denkers*, JWA 5, 1, p. 190. Dans la première des lettres qui composent les *Zufällige Ergießungen*, Jacobi décrit Œdipe et le roi Lear comme de véritables voyants.

(8) Sur son lit de mort, Hornich exhorte sa fille à ne pas épouser Woldemar (JWA 7, 1, p. 345 *sq*). Celui-ci apprend d'une indiscrétion de Louise qu'Henriette lui a caché cette promesse et en est troublé.

(9) JWA 7, 1, p. 394 : « elle a dissimulé avec moi : elle a employé la ruse et le mensonge…, elle a nourri de la défiance et des doutes ; elle nous a séparés (*entzweit*) ».

(10) Cf. *Woldemar*, JWA 7, 1, p. 325. Woldemar dit éprouver pour Henriette un sentiment où « son sexe n'entrait pour rien » (p. 356), un amour purement fraternel. Aussi n'hésite-t-il pas à masculiniser son nom et à l'appeler « *Bruder Heinrich* » : « dès le commencement, notre liaison prit un caractère qui excluait absolument le mariage, qui interdisait tout accès à cette idée et qui la rend aujourd'hui aussi absurde pour moi que celle d'épouser une personne de mon sexe. Vous savez que j'appelle souvent Henriette *mon frère Henri* ; voilà l'expression la plus vraie de mon rapport avec elle ». Elle est pour lui *un* autre (p. 385 : « *ein Anderer* »).

p. [64]

(1) *Odyssée*, Livre X, v. 333-335 (*cf.* J.H. Voss, *Homers Werke*, Bd. 3, p. 215, trad. V. Bérard, Bibliothèque de la Pléiade, Paris, Gallimard, 1955, p. 689).

(2) *Woldemar*, JWA 7, 1, p. 372 : « il allait ainsi toujours en avant, il s'agitait sans cesse dans le nuage qui s'était élevé entre lui et son amie pour voir s'il ne disparaitrait pas. Quelquefois auprès d'elle ce nuage lui semblait dissipé. S'éloignait-il de quelques pas, son illusion revenait encore ».

(3) *Woldemar*, JWA 7, 1, p. 214 : « de son côté, elle jouissait dans ses sœurs de tous les plaisirs d'épouse, de mère, de maîtresse d'un ménage heureux ; elle ne pouvait que gagner au change… Et pour qui sur la terre est-il des jouissances plus nombreuses, plus pures, que pour une mère de famille attachée à son époux par tous les soins de la tendresse, à ses enfants par un ardent amour ? L'esprit, le cœur sont chez elle dans une constante activité ; ses passions douces sont à chaque instant réveillées, et sont à chaque instant satisfaites. C'était ainsi que par la sympathie l'âme d'Henriette jouissait d'une émotion constante et, en mille occasions, ce que l'on sent dans les autres s'élève bien plus haut que notre propre sentiment ».

(4) *Woldemar*, JWA 7, 1, p. 332 : « en vérité, continua-t-elle en souriant, on ne songe pas, on ne considère pas assez de quelle utilité peut être pour une grande famille, pour *l'état* même, une tante non mariée. Elle peut répandre autour d'elle tous les biens qu'on devrait attendre d'une fondation pieuse ; elle ne saurait en reproduire les abus. Si la plupart sont ennuyeuses, fâcheuses, acariâtres, importunes, c'est leur faute et non celle de leur état. C'est à cet état respectable que je veux donner un modèle aujourd'hui. Je veux faire ce qui n'est encore venu à l'esprit d'aucune tante, je veux vivre pour servir d'exemple à toutes les tantes de l'univers ».

(5) *Woldemar*, JWA 7, 1, p. 360 : « nos âmes se rapprochèrent à chaque instant davantage, et à chaque instant un amour vulgaire devint plus impossible entre nous : l'idée seule d'une passion semblable me parut enfin criminelle, je dirais presque incestueuse […]. Nous devînmes amis dans le sens le plus sublime de ce terme, amis comme des personnes du même sexe ne sauraient le devenir, comme avant nous peut-être des personnes de sexes différent ne l'avaient jamais été ».

(6) *Woldemar*, JWA 7, 1, p. 241-243. Lors d'une sortie en ville, Woldemar et Henriette aident une petite fille à ramasser le contenu de son panier, qui vient de rouler à terre. Woldemar s'en trouve ému et serre Henriette contre lui. Lorsque celle-ci lui demande la raison de son trouble, il s'exclame : « o mon amie ! Cette cause c'est la vérité, c'est la réalité de ton existence. Je l'ai trouvé enfin, j'ai trouvé un être dont le cœur, comme le mien, s'ouvre sans réserve au sentiment à chaque instant de son existence, qui ne craint pas de faire seul ce que mille autres ne voudraient, n'oseraient pas faire […]. Oui, je l'ai trouvé en toi, cet être unique, *tout à moi* ».

p. [65]

(1) Référence à la formule de Fénelon sur laquelle s'achève le livre (*cf.* note suivante).

(2) Le *Woldemar* s'achève sur ces phrases : « dans toutes les occasions Woldemar répéta depuis qu'il voyait écrites sur ses murailles en lettres de feu, quoiqu'elles ne fussent visibles qu'à lui, ces paroles : *Celui qui se fie à son cœur est un insensé… Ne jugez pas !* Henriette disait au contraire qu'elle lisait sur tous ses murs, écrit aussi en lettres de feu, ce mot de Fénelon : *Fiez-vous à l'amour ; il ôte tout, mais il donne tout* » (JWA 7, 1, p. 467).

(3) En 1757, Lessing avait traduit et présenté une série de fables d'Ésope tirées de l'édition de Samuel Richardson. Johann Jakob Bodmer avait répliqué en 1760 par un ouvrage intitulé *Lessingische unäsopische Fabeln* (München, Saur, 1760). Bodmer considère que l'introduction d'une pointe d'esprit (*Witz*) dans les fables les rend moins naturelles.

(4) *Woldemar*, JWA 7, 1, p. 463 : « non, dit Woldemar, je ne puis vous l'épargner ; vous devez me couvrir de votre mépris … Si je m'étais détruit dans mon délire ! Si j'avais trouvé la mort que je cherchais ! ».

(5) *Woldemar*, JWA 7, 1, p. 415 : « Woldemar est un jouisseur intellectuel (*ein geistiger Wollüstling*), et quoique les jouissances qui l'attachent soient d'une nature plus noble, ce sont pourtant des jouissances, et celui qui ne vit que de jouissances est bientôt perdu ».

(6) JWA 7, 1, p. 371 : « cette volupté tranquille et réfléchie était d'autant plus du goût de Woldemar, qu'il croyait pouvoir, comme Xénocrate, posséder Laïs sans en être possédé ». Laïs est le nom de plusieurs hétaïres de l'Antiquité grecque. La plus célèbre, Laïs de Corinthe, fut liée à Aristippe (Holbein en fit un de ses plus célèbres tableau). Laïs d'Hyccara fut liée à Démosthène et à Diogène. Schlegel tient très probablement cette référence du très long article que lui consacre Pierre Bayle dans son *Dictionnaire historique et critique*.

p. [66]

(1) *Woldemar*, JWA 7, 1, p. 355 : « la céleste fille m'expliqua ce rêve d'une parfaite amitié, premier charme de mon existence ; elle l'aida à s'accomplir ; elle en fit une réalité ».

(2) *Woldemar*, JWA 7, 1, p. 417 : « il lui fallait une âme amie de la sienne et douée des mêmes sentiments pour qu'il pût s'assurer que *sa sagesse n'était pas un rêve*. Il réussit à se donner au moins une *apparence* de ce qu'il désirait, et il s'attacha à elle, comme au garant de sa *félicité*, de sa *valeur* et de sa véritable *existence* ».

(3) Jacobi dit pourtant explicitement dans la lettre à Humboldt du 2 septembre 1794 donner la préférence à Henriette et Alwina (*F. H. Jacobi's auserlesener Briefwechsel*, Bd. II, p. 178-179). Ce portrait d'un enfant gâté a sans doute valu aussi pour Jacobi lui-même, ainsi qu'en témoigne la princesse Gallitzin : « son défaut le plus essentiel, c'est-à-dire le plus ennemi de son propre bonheur […], c'est qu'adoré comme un dieu, et par un culte tout semblable, de toute une famille très aimable, il est un peu un enfant gâté » (lettre à Hemsterhuis du 23 juin 1780, cité par P. Brachin, *Le cercle de Münster (1779-1806) et la pensée religieuse de F. L. Stolberg*, Paris, IAC, 1951, p. 55). Il est à noter que la princesse appelle Jacobi … Woldemar (lettre à Hemsterhuis du 1er juillet).

(4) L'*Orbis sensualim pictus hoc est Omnium principalium in Mundo Rerum et in Vita Actionum, Pictura et Nomenclatura* (1658) est une œuvre de Johannes Amos Comenius. Au XVIIe siècle, cette méthode d'éducation illustrée destinée aux familles était devenue, après la Bible, l'ouvrage le plus répandu au monde. Dans le chapitre CXLIX, intitulé *Providentia Dei*, Dieu est représenté comme un œil ouvert au milieu des nuages, mais il ne s'y trouve aucun triangle.

(5) *Woldemar*, JWA 7, 1, p. 306 : « elles sont prises de si loin, si faibles, si équivoques, toutes ces idées que nous conservons et remisons en nous sur les avantages de la vertu, les plaisirs qui l'accompagnent et les mobiles de nos actions ! Ce ne sont, si je puis dire, que de vains reflets ».

p. [67]

(1) *Woldemar*, JWA 7, 1, p. 347-348. Jacobi a inséré dans la deuxième partie du *Woldemar* deux lettres où le personnage développe un sentiment de la nature dans l'esprit du *Sturm und Drang*. Il raconte que, près d'une chute d'eau, à l'heure du crépuscule, une vue enchanteresse s'était offerte à lui dans la courbe d'un fleuve : « des peupliers élancés et flamboyants se reflétaient en lui. Ils semblaient avoir plongé dans l'eau par plaisir et se laisser traverser par le doux effroi de la plus délicieuse sensation. Nous étions merveilleusement happés par l'agitation des feuillages. Nous nous sentions flotter dans le souffle des airs qui bruissaient à travers les branches, glissaient au-dessus du ruisseau et se délectaient avec toute

la nature. Les étoiles commencèrent leur descente. Le ciel se mit à nager à nos pieds. L'illimité s'étendit devant nous à même les buissons ».

(2) Dans l'*Entretien sur la poésie*, Schlegel s'est dit impressionné par les descriptions de la nature dans *Werther*. Si l'ensemble du roman a vieilli, « il contient pourtant quelque chose d'éternellement jeune, qui fait saillie hors de son contexte. C'est cette grande conception de la nature qu'on rencontre non seulement dans les passages apaisés, mais aussi dans les morceaux passionnés. Ce sont là des signes prémonitoires du *Faust*, il eût été possible, à partir des épanchements du poète, de prédire le sérieux de ses recherches ultérieures sur la nature » (*KFSA* II, 342 ; cf. *L'absolu littéraire*, p. 333).

(3) *Die Kunst des Guten*. Pour Jacobi, en effet, il existe un génie dans l'art mais aussi en morale : « c'est par le génie que la nature donne ses règles à l'art, tout autant à l'art du bien (*der Kunst des Guten*) qu'à celui du beau. Tous deux sont des arts libéraux (*freie Künste*), qui ne se plient pas aux lois du métier (*Zunftgesetze*) et qu'on ne peut ravaler au rang de ces métiers mécaniques soumis à des règles d'utilité purement matérielle » (JWA 7, 1, p. 249). Il en vient ainsi à définir l'attitude éthique comme « virtuosité » (*Virtuosität* : cf. *Werke* VI, 141) et à mettre sur le même plan l'artiste et « le génie moral de la liberté » (*Woldemar*, JWA 7, 1, p. 413 : « *das sittliche Genie der Freiheit* »).

(4) *Woldemar*, JWA 7, 1, p. 413 : « personne ne peut espérer la stabilité et la constance s'il ne les reçoit de Dieu. Tel est le témoignage que *Pétrarque* a rendu dans ses confessions. Ce témoignage, Woldemar ne l'a pas encore rendu, il n'a pas encore fait pareil aveu, il se fie à son cœur et il *s'égare* » et p. 467.

(5) L'esthétique de Jacobi heurte d'autant plus le sentiment de Schlegel que pour ce dernier la philosophie n'est qu'un moyen pour accéder à ce qu'est la poésie. La préface du *Woldemar* indiquait pourtant que, dans le présent livre, le propos philosophique n'était pas « *simplement* enveloppé dans une forme poétique » comme cela avait pu être le cas dans l'*Allwill* (JWA 7, 1, p. 207). Quelques années auparavant, Jacobi avait néanmoins reconnu devant Humboldt que, « dans le *Woldemar*, le poète est davantage au service du philosophe que le philosophe au service du poète » (lettre du 2 septembre 1794, *F. H. Jacobi's auserlesener Briefwechsel*, Bd. II, p. 177).

(6) En refusant à Jacobi tout sens de la beauté, Schlegel s'attaque ici directement au jugement de Humboldt, qui, dans sa recension, estimait que le *Woldemar* unit au sentiment moral le plus pur le sens le plus délicat de la beauté (*Gesammelte Werke*, Bd. I, p. 291).

(7) Jacobi anticipait ce genre d'attaques en rappelant la mise en garde de Boileau : « le vrai peut quelquefois n'être pas vraisemblable » (lettre à Humboldt du 2 septembre 1794, *F. H. Jacobi's auserlesener Briefwechsel*, Bd. II, p. 177).

p. [68]

(1) Probable référence au titre *Ein Stück Philosophie des Lebens und der Menschheit* que Jacobi a donné à la suite dialoguée ajoutée à son œuvre en 1779. Le titre original du *Woldemar* était *Freundschaft und Liebe*.

(2) *Allwill*, JWA 6, 1, p. 89. Cf. *Woldemar*, JWA 7, 1, p. 207.

(3) Dans plusieurs de ses fragments, Schlegel semble pourtant trouver positif le fait que l'individu de génie s'exprime à travers ses romans. *Cf.* le § 78 de l'*Athenäum* : « bien des romans, parmi les meilleurs, sont un compendium, une encyclopédie de toute la vie spirituelle d'un individu de génie. Lorsque des œuvres, même d'une forme toute différente comme *Nathan*, sont dans ce cas, elles prennent par là même une allure de roman. D'ailleurs tout homme cultivé ou en voie de se cultiver porte un roman en son for intérieur. Toutefois, le faire connaître et l'écrire n'est pas une nécessité » (*L'absolu littéraire*, p. 90). Jacobi fait donc

partie de ces écrivains dont le fragment 116 dit qu'ils « ne voulaient qu'écrire un roman et se sont présentés par hasard eux-mêmes ».

p. [69]

(1) Schlegel entend par caractère « l'élément qui persiste immuablement dans toutes les idées et toutes les aspirations » (*Über das Studium der griechischen Poesie*, *KFSA* I, 295).

(2) *Allwill*, JWA 6, 1, p. 141 : « sais-tu où le monde a commencé ? Moi, je le sais, mais ne puis le dire qu'à ceux qui le savent déjà. Je peux te le dire et te le souffler à l'oreille… M'as-tu entendu ? Et m'as-tu comprise ? ».

(3) *Woldemar*, JWA 7, 1, p. 414 : « comment sauver notre moi ? Comment sauver celui des personnes qui nous sont chères et avec lesquelles nous voudrions n'avoir qu'une âme et qu'un cœur ? Voilà ce que Woldemar s'est demandé depuis longtemps. Depuis longtemps il s'est lassé à chercher un chemin qui pût le conduire à cet asile de la sagesse où l'homme est constant dans ce qu'il veut et dans ce qu'il ne veut pas, dans ce qu'il cherche et dans ce qu'il évite, où il peut toujours tenir ce qu'il s'est promis à lui-même et aux autres. Aucune route battue n'y aboutissait; il s'en aperçut bientôt quoique des millions de voix lui criassent le contraire ».

(4) Cf. *L'odyssée* IV, 358 : Idothée indique à Ménélas comment il peut quitter l'île sur laquelle il se trouve prisonnier : « en cette île, fréquente un des Vieux de la Mer : c'est l'immortel Protée, le prophète d'Égypte, qui connaît, de la mer entière, les abîmes ; vassal de Poséidon, il est, dit-on, mon père, celui qui m'engendra… Ah lui, si tu pouvais le prendre en embuscade ! Il te dirait la route, la longueur des trajets et comment revenir sur la mer aux poissons ».

(5) Cf. *Philosophische Fragmente*, *KFSA* XVIII, 6 (Jacobi est un « sophiste mystique ») et 406. Jacobi reviendra plusieurs fois sur cette analyse et finira par s'y opposer : « c'est une étrange prétention que de rechercher la vérité de manière entièrement désintéressée. L'homme la recherche de façon désintéressée au sens où l'on dirait de l'animal qu'il cherche sa nourriture de façon désintéressée, en suivant seulement un instinct. L'homme cherche la vérité parce que la non-vérité le tue, et ensuite parce qu'il cherche un fondement à ses meilleurs sentiments et ses meilleurs désirs. L'homme veut accéder à la source du bien, du beau, de la vérité et de la vie » (*Fliegende Blätter*, *Werke* VI, 167). Sur la notion d'intérêt en philosophie, cf. *KFSA* XVIII, 516 : « un *intérêt non-philosophique* n'a absolument aucun droit de cité en philosophie ; il ne peut qu'être quelque chose d'individuel ou d'universellement subjectif, c'est-à-dire qu'il s'agit d'un intérêt qui doit avoir cours en tout sujet ».

(6) Cf. *Athenäum Fragmente*, *KFSA* II, 179 : « philosopher, non pour l'amour de la philosophie, mais pour l'utiliser comme moyen, c'est être un sophiste ».

(7) C'est une des formules les plus marquantes du texte. En novembre 1796, Baader l'emploiera encore et dira à Jacobi préférer son optatif à toute pensée prétendument éclairée (lettre du 19 novembre 1796, Franz von Baader, *Sämmtliche Werke*, F. Hoffmann (hrsg), Leipzig, Bethmann Verlag, 1854, Bd. XV, 169).

(8) *Über die Lehre des Spinoza*, JWA 1, 1, p. 13 : « je portais encore une robe polonaise que je commençais déjà à m'inquiéter des choses d'un autre monde. Vers huit ou neuf ans, la profondeur enfantine de mes réflexions m'apporta certaines intuitions étranges (je ne puis m'exprimer autrement) qui me sont restées à cette heure. Le désir nostalgique de parvenir à la certitude concernant les meilleures attentes de l'homme augmenta avec les années et devint le principal fil auquel devait se nouer ma destinée ». Cf. *Woldemar*, JW1 7, 1, 220 : « la vue d'une chose qui périt, quelque chétive qu'elle soit, sentir que sa fin est arrivée, que c'en est fait, peut me toucher jusqu'à la défaillance ».

(9) Cf. *David Hume*, JWA 2, 1, p. 41: « représentez-vous un jeune homme au cœur aussi enflammé que tendre, plein de timidité et de défiance en soi, et plein d'enthousiasme pour toute sommité de l'esprit ».

p. [70]

(1) *Allwill*, JWA 6, 1, p. 88-89.

(2) *Allwill*, JWA 6, 1, p. 227: « je veux garder la foi, l'amour, la pudeur, le respect, l'humilité ; je veux que la vision de l'éternité demeure profondément gravée dans mon œil, le sérieux et la solennité dans ma poitrine, des pressentiments toujours plus élevés dans mon esprit et la jouissance pleine et effective de l'invisible dans mon âme ».

(3) Cf. *David Hume*, JWA 2, 1, p. 39-49.

(4) *Über die Lehre des Spinoza*, JWA 1, 1, p. 13 : « mon état d'esprit originel et l'éducation que je reçus s'unirent pour me maintenir dans un méfiance de bon aloi à l'égard de moi-même et, par trop longtemps, dans une attente d'autant plus grande de ce que les autres pouvaient réaliser » et *David Hume*, JWA 2, 1, p. 40 : « on me reprochait constamment ma bêtise, et très souvent ma frivolité, mon obstination et ma malignité. Mais ni les paroles blessantes, ni les traitements les plus durs ne pouvaient me guérir de mon mal. On y gagna seulement de me faire prendre moi-même une très mauvaise opinion de mes aptitudes intellectuelles, qui m'accabla d'autant plus qu'elle était liée à l'aspiration la plus ardente à des vues philosophiques » et p. 41 : « je l'assurais que j'étais par nature l'homme le moins doué du monde et que c'était seulement par un travail obstiné que j'avais quelque peu surmonté ma sottise ».

(5) *Allwill*, JWA 6, 1, p. 89 : « j'invite le lecteur à se représenter l'auteur comme un homme qui, dès sa plus tendre jeunesse, dès son enfance même, avait fort à cœur que son âme ne fût pas une propriété de son sang, un souffle périssable. Cette préoccupation reposait si peu chez lui sur la simple pulsion vitale *ordinaire* qu'au contraire, la pensée que la vie présente puisse durer éternellement le remplissait d'effroi. Il aimait la vie du fait d'un autre amour et – une fois encore ! – vivre sans cet amour, même un seul jour, lui paraissait insupportable. Ainsi, dès l'enfance, cet homme était un enthousiaste, un visionnaire, un mystique, ou peu importe le nom qui convenait le mieux parmi tous ceux que je trouvais soigneusement définis dans maints nouveaux ouvrages et que je n'ai pas tous retenus. Justifier cet amour, voilà à quoi tendaient toutes ses pensées et tous ses efforts. Et ce fut uniquement le désir de recevoir plus de lumière sur cet objet qui le poussa vers l'art et la science avec une ardeur qui ne fléchit devant aucun obstacle ».

(6) Sa haine de la raison fait du *Schwärmer* un homme « trop paresseux pour marcher à la perfection par l'effort, par la lutte sans trêve contre les obstacles sans cesse renouvelés de la réalité, et qui préfère acheter tout de suite, en se désintéressant de toute réalité, un bonheur qui est du monde du rêve, et qu'il paye bon marché, mais on pourrait dire aussi bien cher » (*Der deutsche Orpheus. Ein Beitrag zur neuesten Kirchengeschichte* (1796), *KFSA* VIII, 10).

(7) *Cf.* Shakespeare, *Roméo et Juliette*, Acte III, scène 3 : « La corde pour ta philosophie ! / À moins que la philosophie puisse créer une Juliette » (*Œuvres complètes. Tragédies*, J.-M. Déprats (éd.), Bibliothèque de la Pléiade, Paris, Gallimard, 2002, p. 351). Toute sa vie Schlegel rendra hommage au génie de Shakespeare, mais, dès 1795, dans son étude sur la poésie grecque, il avait exprimé à son endroit une admiration qui semblait démentir l'affirmation réitérée du caractère indépassable de la poésie de Sophocle (*Über das Studium der griechischen Poesie*, complétée en 1797, *KFSA* I, 247-251, sur *Romeo et Juliette*, *cf.* I, 241). *Entretien sur la poésie* : le *Roméo* de Shakespeare est un « des foyers les plus lumineux de sa jeune fantaisie » (*L'absolu littéraire*, p. 305).

p. [71]

(1) Mais un philosophe peut-il vraiment avoir une philosophie propre ? *Cf.* le fragment 99 de l'*Athenäum* : « lorsqu'on entend dire Sa philosophie, Ma philosophie, on se souvient toujours de la réplique dans *Nathan* : "à qui Dieu appartient-il ? Quelle espèce de Dieu est-ce donc, qui appartient à un homme ?" ».

(2) Dans les *Choses divines*, Jacobi reprendra l'ensemble de ces critiques : « l'auteur de cette œuvre n'était un philosophe que *par nature ou par caractère*, un écrivain seulement par hasard ou *par occasion*, la science et la vérité n'avaient pas à ses yeux une valeur *inconditionnée* et pour cette raison son amour pour la science et la vérité était seulement un amour subordonné, *intéressé* et par conséquent *impur*, il lui manquait l'enthousiasme *purement logique*, c'est-à-dire l'amour de la vérité *parfaitement pur*, qui ne se soucie pas du résultat de la recherche, lequel représente la *moralité* propre à la pensée, sa tête ne faisait qu'un avec le cœur et était de ce fait nécessairement non philosophique ; et ce qui apparaît ainsi à la fin comme la somme des exposés et des doctrines de Jacobi, c'est seulement l'esprit d'une *vie individuelle* mis en concepts et en mots, celle de l'homme Friedrich Heinrich Jacobi » et finira par concéder : « ces jugements ne sont pas entièrement dépourvus de fondement, aussi durs qu'ils puissent sonner » (JWA 3, p. 337). Röschlaub dira que l'auteur des *Choses divines* aurait dû se nommer Friedr*ich* Heinr*ich* Jacob*ich* (J. N. Ringseis, *Erinnerungen*, Regensburg, Habbel, 1886-1892, Bd. I, p. 301).

(3) *Der Kunstgarten. Ein philosophisches Gespräch* (1781) est le nom d'une des premières moutures du *Woldemar*. L'ouvrage mettait déjà en scène Woldemar, Dorenbourg, Biederthal et Henriette (JWA 7, 1, 115-201). Le *Woldemar* est en effet le fruit d'une double réécriture : une première version, plus narrative, avait paru en 1777 dans le *Teutscher Merkur* sous le titre de *Freundschaft und Liebe. Eine wahre Geschichte* (*Amitié et amour. Une histoire vraie*), puis en 1779 à Leipzig sous le nom de *Woldemar. Eine Seltenheit aus der Naturgeschichte* (*Woldemar. Une curiosité de l'histoire de la nature*). Une deuxième version, plus philosophique, fut ensuite publiée en 1779 dans le *Deutsches Museum* avec pour titre : *Ein Stück Philosophie des Lebens und der Menschheit* (*Un morceau de philosophie de la vie et de l'humanité*), avant d'être à son tour réélaborée et de recevoir le titre de *Der Kunstgarten. Ein philosophisches Gespräch*.

p. [72]

(1) *Lettres sur Spinoza*, JWA 1, 1, p. 124.

(2) Il est manifestement ici question de Fichte.

(3) *Wechselerweis*. Le principe de la philosophie de Schlegel est que toute démonstration doit constituer une preuve réciproque : « dans mon système, le fondement ultime est en fait une preuve réciproque. Chez Fichte, c'est un postulat et un principe inconditionné » (*Zur Logik und* Philosophie, *KFSA* XVIII, 521). C'est pourquoi la philosophie doit toujours commencer par le milieu : « la philosophie doit reposer non seulement sur une preuve de réciprocité, mais aussi sur un concept de réciprocité (*Wechselbegriff*). Chaque concept de même que chaque preuve peuvent à leur tour être interrogés d'après un concept et une preuve de la même chose. C'est pourquoi la philosophie, comme le poème épique, doit commencer par le milieu, et on ne peut l'exposer en procédant par addition de morceaux successifs de façon à ce que le premier principe se trouve pleinement fondé et expliqué pour soi. La philosophie est un tout et la voie pour la connaître n'est donc pas une ligne droite, mais un cercle » (*Zur Logik und Philosophie* (1796), *KFSA* XVIII, 518). *Cf.* les fragments 43 et 84 de l'*Athenäum* et M. Frank, « Wechselgrundsatz : Friedrich Schlegels philosophischer Ausgangspunkt », *Zeitschrift für philosophische Forschung*, 1996, n° 50, p. 26-50.

(4) Cf. *David Hume*, JWA 2, 1, p. 33 : « sur quoi se fonde cette conviction [qu'il existe des choses hors de nous] ? En réalité sur rien sinon justement une révélation que nous ne pouvons qualifier autrement que de *vraiment miraculeuse*. – Mais du moins n'est-elle pas du tout *immédiate* ? – Immédiate à notre point de vue, puisque nous ne connaissons pas ce qui en elle est proprement médiat (*weil wir das eigentliche Mittelbare davon nicht erkennen*) ».

(5) Cf. *David Hume*, JWA 2, 1, p. 10-11. Cet avant-propos a disparu de l'édition des *Werke* et a été remplacée en 1815 par une préface aux œuvres complètes.

(6) Cf. *Allwill*, JWA 6, 1, p. 204-236; *David Hume*, JWA 2, 1, p. 55: «je puis parfaitement mettre en doute le fait que ce soit en vertu de ce qui m'apparaît comme une force en moi que j'étends la main, je remue le pied, je suis le fil de notre entretien présent et je participe à son orientation : car je ne suis à même de saisir la nature de ce que je tiens pour la cause, ni son lien avec le résultat; je puis douter de cela exactement comme du fait que je perçois quelque chose hors de moi. Si vous êtes capable de vous laisser troubler par de tels doutes, je ne vois plus ce que je pourrais faire pour vous. Mais je pense que votre *croyance* triomphe de cela aussi facilement que la mienne» et *Lettres sur la doctrine de Spinoza*, JWA 1, 1, 129 et 143 *sq*.

(7) *Allwill*, JWA 6, 1, p. 231 *sq*.

(8) *Allwill*, JWA 6, 1, p. 89 : « il cherchait à graver dans sa mémoire tout ce qu'il avait exploré par l'esprit, de sorte que cela demeure présent en lui. Ses plus importantes convictions reposaient toutes sur l'intuition immédiate et ses preuves et ses réfutations sur des faits auxquels, d'une part, on n'avait pas, semblait-il, prêté suffisamment attention et que, d'autre part, l'on n'avait pas encore assez comparés entre eux. Il devait donc, pour transmettre ses convictions aux autres, les exposer de manière représentative (*darstellend zu Werke gehen*) ».

p. [73]

(1) *Cf.* la première description de Woldemar : « tout ce qui pouvait l'émouvoir, son cœur le saisissait avec force et il s'en abreuvait à longs traits. Dès que son esprit put former des pensées, chaque sensation devint chez lui une pensée, et chaque pensée, à son tour, fit naître une sensation. Son âme s'abandonnait tout entière à ce qui avait quelque attrait pour elle » (JWA 7, 1, p. 216).

(2) On comprendra mieux ce rapprochement de Hemsterhuis (1721-1790) avec Platon en se reportant à un fragment contemporain de notre recension dans lequel Schlegel désigne cet auteur comme «le seul véritable penseur socratique de notre époque» (*Philosophische Fragmente* (1796), *KFSA* XVIII, 6). Dans son *Alexis ou de l'Âge d'or* (Riga, Hartknoch, 1787), que Jacobi avait aussitôt traduit en allemand, Hemsterhuis exprimait sa nostalgie platonicienne d'un âge d'or où nous vivions en communion avec l'univers. C'était d'abord par le sentiment que nous pouvions retrouver cette unité perdue. Aux yeux de Schlegel, Hemsterhuis l'emporte sur le plan littéraire : cf. *Fragmente*, *KFSA* II, 187 : « Hemsterhuis unit les beaux envols visionnaires de Platon à la gravité sévère du systématique. Jacobi n'a pas cet équilibre harmonieux des facultés spirituelles, mais une profondeur et une puissance qui agissent d'autant plus librement; l'instinct du divin leur est commun. Les œuvres de Hemsterhuis pourraient s'appeler des poèmes intellectuels. Jacobi n'a pas produit d'antiques achevés, irréprochables, il a donné des morceaux pleins d'originalité, de noblesse et d'intériorité. Peut-être l'exaltation d'Hemsterhuis agit-elle plus puissamment parce qu'elle se déverse toujours dans les limites du beau; au contraire la raison se cabre sitôt qu'elle prend conscience du caractère passionné du sentiment qui la presse ».

(3) En 1797, Schlegel consacre une étude entière à Lessing (*Über Lessing*, *KFSA* II, 100-125). Il y développe l'idée que l'auteur de *L'éducation du genre humain* n'a été que l'esquisse d'un grand philosophe : si l'on ne peut caractériser sa philosophie du point de vue du système

de ses pensées, on le doit d'autant plus du point de vue de la forme. En 1812, Schlegel dira de Lessing qu'il a été un authentique philosophe, plus précieux et plus vrai que tous les faiseurs de systèmes (*Der Philosoph Hamann*, *KFSA* VIII, 459; *cf.* par ailleurs *Geschichte der alten und neuen Literatur* (1812), *KFSA* VI, 388-389). On sait qu'il voyait aussi en lui « l'homme véritable de son temps et de la nation ». Schlegel a maintes fois opposé Jacobi à Lessing de manière à affirmer la supériorité de ce dernier (*KFSA* II, 107 [la philosophie de Lessing est bien davantage qu'un appendice à celle de Mendelssohn ou que l'occasion qui a donné le jour à celle de Jacobi] et 123 [Jacobi n'a pas compris le *Nathan*]).

(4) *Cf.* le célèbre fragment de l'*Athenäum* : « le génie est un système de talents » (*L'absolu littéraire*, p. 113).

(5) *Cf.* le fragment 65 du *Lycée* : « la poésie est un discours républicain, un discours qui est à lui-même sa propre loi et sa propre fin, et dont toutes les parties sont des citoyens libres ayant le droit de se prononcer pour s'accorder ».

(6) *Zufällige Ergießungen eines einsamen Denkers*, JWA 5, 1, p. 215 et *supra KFSA* II, 57. La deuxième lettre des *Zufällige Ergießungen* s'achevait sur évocation de la vraie religion, uniquement accessible au visionnaire inspiré.

(7) *Cf.* Spinoza, *Éthique* II, proposition 43, scolie : « comme la lumière se fait connaître elle-même et fait connaître les ténèbres, la vérité est norme d'elle-même et du faux ».

(8) Schelling reprend ce passage dans le *Denkmal* (cf. *supra* SW VIII, 106).

p. [74]

(1) *Ein verführerischer Geist vollendeter Seelenschwelgerei, einer grenzenlosen Unmäßigkeit*. Cf. *Allwill*, JWA 6, 1, p. 208 : « oui, Eduard, *théorie de l'intempérance* (*Unmäßigkeit*), *principes de la plus extrême débauche* (*Schwelgerey*) sont les *véritables* noms de ce que vous vous efforcez, avec tant de zèle, de raisonnement et d'ornement poétique, de mettre à la place de l'ancienne sagesse, et cela certes pas sur les conseils de votre cœur, qui est grand et noble, mais en raison de cette sensibilité à l'amour que vous confondez si volontiers, en employant les mots sensations et sentiments, avec votre propre cœur, comme tout un chacun est plus ou moins enclin à le faire. Le bien-être est cette nuée lumineuse sur laquelle descendent vers nous tous les dons du ciel, mais des exhalaisons venues des marécages et des abîmes n'ont rien d'une nuée céleste, quoiqu'elles montent par-dessus les collines et cherchent à capturer la lumière du soleil ».

(2) R. Haym estime sans doute à tort qu'avec cette définition, Schlegel reste encore dans le sillage des philosophies de la religion de Kant et Fichte (*Die romantische Schule*, Berlin, Weidmann, 1928, p. 538). Un an après cette recension, Schlegel écrira que la religion n'est pas un soutien de la morale mais sa récompense (*Rezension der vier ersten Bände von F. J. Niethammer*, *KFSA* VIII, 17).

(3) Ce refus de voir la religion jouer le rôle de moyen subordonné s'éclaire à partir d'un certain nombre de fragments dans lesquels le premier Schlegel attribue déjà à la religion le rôle de fin dernière : « la religion est le centre central », « la religion n'est pas un aspect de la culture, elle n'est pas une partie de l'humanité, mais le point central de tout » (*Philosophische Fragmente* (1799), *KFSA* XVIII, 313).

(4) *Allwill*, JWA 6, 1, p. 236 : « la foi est la sympathie avec l'être invisible, réel, vivant et vrai ». Cf. *David Hume*, JWA 2, 1, p. 400.

(5) *Lettres sur Spinoza*, JWA 1, 1, p. 158 : « IX. L'*existence* des natures raisonnables est, à la différence de toutes les autres natures, appelée *existence personnelle*. Celle-ci consiste dans la conscience qu'a l'être particulier de son identité, et elle est la conséquence d'un degré plus élevé de conscience en général : degré auquel la *réflexion* est liée. X. L'instinct naturel de l'être *rationnel*, ou encore le désir *rationnel*, tend donc nécessairement à élever le degré de la

personnalité, c'est-à-dire de l'existence vivante même. XI. Le désir rationnel en général ou l'instinct de l'*être rationnel* comme tel, nous l'appelons *volonté* » et p. 164 : « XXXIII. La volonté est l'auto-activité pure, élevée à ce degré de conscience que nous appelons raison. XXXIV. L'indépendance et la toute-puissance interne du vouloir ou la domination possible de l'être intellectuel sur l'être sensible, voilà ce que tous les hommes admettent *de facto* » et *Allwill*, JWA 6, 1, p. 90 n. : « dans la *plus haute* abstraction, si l'on met *entièrement* de côté ce caractère raisonnable et si l'on ne le considère plus en tant que *caractère* mais simplement pour lui seul, l'instinct d'une telle raison *pure* porte *uniquement* sur la *personnalité, à l'exclusion* de la *personne* et de l'existence, car *personne* et *existence* exigent l'individualité dont on fait ici nécessairement abstraction. On pourrait appeler *volonté pure* la pure efficacité de ce dernier instinct. Spinoza lui a donné le nom d'*affect* de la raison. On pourrait aussi l'appeler le *cœur* de la raison pure ».

p. [75]

(1) *Lettres sur Spinoza*, JWA 1, 1, 167 [la référence à laquelle renvoie Schlegel est fausse : il faut lire XLV et non XIV] : « si l'univers n'est pas un Dieu, mais une *création*, s'il est l'effet d'une intelligence libre, la tendance *originelle* de tout être doit nécessairement être l'expression d'une volonté divine » et 144 : « l'entendement humain n'a pas sa vie, sa lumière *en lui-même* et la volonté ne se développe pas par lui. Au contraire, l'entendement humain se développe par sa volonté qui est une étincelle de la pure lumière éternelle et une force de sa toute-puissance ». Cf. *Allwill*, JWA 6, 1, p. 232 : « nous savons toutefois qu'il est quelque chose qui existe, existait et existera – un créateur de cette activité naturellement non produite en nous, le noyau de notre existence, curieusement environné de choses périssables, enfoncé en elles, une graine qui va éclore. La vie éternelle est l'être même de l'âme et par là sa tendance inconditionnée. Et d'où lui viendrait la mort ? Non pas du père de la vie et de tout ce qui est bon, non pas de celui qui a mis au plus profond de notre cœur et de notre volonté la marque de son propre cœur et de sa propre volonté et qui ne pouvait rien y mettre d'autre ».

(2) Schelling cite ce passage dans l'Anti-Jacobi, p. 93 n.

(3) *Allwill*, JWA 6, 1, p. 90 n. : « on pourrait appeler *volonté pure* la pure efficacité de ce dernier instinct. Spinoza lui a donné le nom d'*affect* de la raison. On pourrait aussi l'appeler le *cœur* de la raison pure. Je crois que si, en philosophie, on suit cette indication, on trouverait le moyen de rendre pleinement compréhensibles un certain nombre de phénomènes difficilement explicables, tels que l'existence indiscutable d'un impératif catégorique de l'éthicité, sa *puissance* et son *impuissance*. Mais il nous faut en même temps être attentifs à la *fonction du langage dans nos jugements et déductions* afin de ne pas être induits en erreur ou découragés par des instances qui ne reposent que sur des *jeux de mots* difficiles à comprendre ».

(4) Les harmostes étaient les gouverneurs militaires que Sparte, sous l'égide de Lysandre, établit dans les villes conquises après la guerre du Péloponnèse. La plupart d'entre eux se comportèrent en tyrans et Schlegel dit même qu'ils firent régner la terreur (cf. *Studien des classischen Althertums*, *KFSA* I, 598).

(5) Sur l'origine et le sens de ce mot, *cf.* D. Thouard, *Symphilosophie. Friedrich Schlegel à Iéna*, Paris, Vrin, 2002, p. 32-33. L'expression renvoie aux *Prolegomena ad Homerum* (1795) d'August Friedrich Wolf (1759-1824) : « les diascevastes sont à penser non comme des auteurs inconnus de recensions critiques (on utilisait d'autres mots pour eux), mais comme des superviseurs ou des polisseurs qui interviennent dans la même tâche que Pisistrate, soit avec lui, soit un peu plus tard » (*Prolegomena ad Homerum*, Halle, Libraria Orphanotrophei, 1795, p. 152). Schlegel s'explique sur l'usage qu'il fait de cette expression dans *Über die homerische Poesie* (1796), *KFSA* I, 116-132 et dans des fragments consacrés à

sa diascevase des œuvres de Kant (*KFSA* XVIII, 67 et *L'absolu littéraire*, p. 155) : il s'agit d'ordonner différemment leurs parties et de corriger leur exposition, jugée confuse et dispersée, à la fois répétitive et incomplète. Voir également D. Thouard, *Critique et herméneutique dans le premier romantisme allemand*, *op. cit.*, p. 18 : on pourrait traduire le terme *diaskeuastai* par "réviseurs", "superviseurs" ou "polisseurs". Ces éditeurs d'Homère se crurent obligés de compléter et d'accroître le texte original en y insérant des transitions et des chevilles.

(6) Schlegel entend par « caractéristique » l'œuvre propre de la critique (*Zur Philosophie* (1797), *KFSA* XVIII, 99), à savoir le fait de comprendre intégralement une œuvre en en reconstruisant le processus et la structure (*Lessings Gedanken und Meinungen* (1804), *KFSA* III, 60). Seule une reconstruction réflexive peut en dégager les lois et le sens.

(7) On entend par dissertation sur la liberté un passage ajouté à la troisième édition des *Lettres à Moses Mendelssohn* qui discute les deux thèses opposées *L'homme est libre* et *L'homme n'est pas libre* (JWA 1, 1, p. 158-169; cf. *Le crépuscule des Lumières*, p. 43-50).

p. [76]

(1) Le motif du pur amour est un des plus récurrents chez Jacobi, qui l'emprunte bien sûr à Fénelon. *Cf.* ce jugement dans les *Philosophische Fragmente* : « le *Woldemar* est une exposition très impure de pur amour. Jacobi est davantage un moraliste qu'un homme religieux » (*KFSA* XVIII, 246).

(2) *Woldemar*, JWA 7, 1, p. 265. Ici, Jacobi fait dire que, du point de vue de Woldemar, la vertu peut accepter une inhibition (*Hemmung*) passagère de ses lois pour que ses principes soient maintenus. « Pour de telles exceptions, pour de telles *licences d'une haute poésie*, la grammaire de la vertu ne disposerait d'aucune règle définie et n'en ferait partant pas mention. Aucune grammaire, et moins encore une grammaire philosophique générale, ne pourrait saisir en soi ce qui appartient à une langue vivante et dire de quelle manière, à chaque époque, chaque dialecte devrait se former ». *Cf.* plus loin p. 413 : « de même que le génie des arts, par l'impression de ses ouvrages, donne aux arts des modèles et des lois, de même le génie moral en donne à la liberté ». Voir JWA 7, 1, p. 433: « la vertu est un art libéral ».

(3) Sylli Clerdon, née von Wallberg, est l'héroïne de l'*Allwill*. Elle est animée de cette tendance à l'amour mystique décrite dans le *Woldemar* et aspire à « devenir une corde toujours plus pure et plus harmonieuse sur la lyre de la nature, un organe toujours plus puissant dans le monde de celui dont l'amour embrasse tout » (*Allwill*, JWA 6, 1, p. 124). Une de ses amies lui écrit : « tu as le ciel dans le cœur, mais avec ton ciel, tu es en enfer » (JWA 6, 1, p. 126). Sylli ne dépeint pas seulement le monde comme effrayant, mais elle exprime, dans sa deuxième lettre, son ravissement devant la nature.

(4) *Woldemar*, JWA 7, 1, p. 411. Dans ce passage, Jacobi fait dire à Dorenbourg que la probité, l'abnégation et l'humilité sont aussi naturelles aux âmes féminines que l'orgueil, la dureté et l'injustice le sont au cœur des hommes.

(5) *Woldemar*, JWA 7, 1, p. 356 : « j'avais observé plus légèrement l'autre sexe et j'avais été bientôt d'accord avec moi-même sur son caractère qui me semblait avoir bien peu d'attributs bien décidés. Il me paraissait que chez ces créatures plus délicates les sensations et les idées, se mêlant et se confondant sans cesse, les premières ne pouvaient acquérir un certain degré de force, ni les autres une certaine clarté. J'en étais encore à chercher une âme féminine qui, dans quelque chose que ce fut, parut avoir un *goût* assuré, un goût à elle ; je n'en avais pas trouvé qui eût ce goût même en fait de formes et de parure, de toilette et d'ameublements. En revanche, je leur voyais le germe des *penchants* les plus aimables, une disposition admirable à l'oubli de soi-même, un plaisir céleste à ne vivre que pour la joie et le bonheur d'autrui ; et puis, cette beauté toute-puissante, ce charme victorieux qui nous entraîne et auquel nous ne

pouvons résister. Oui, disais-je quelquefois avec un sourire, elles nous surpassent infiniment nous autres hommes en fidélité, en dévouement, en amabilité; et à peine le cèdent-elles *au plus aimable des barbets* ».

(6) *Woldemar*, JWA 7, 1, p. 447.

p. [77]

(1) *Woldemar*, JWA 7, 1, p. 447 : « aussi est-ce un triomphe, est-ce le bien suprême pour l'homme, de sortir de lui-même par ses pressentiments, de s'élancer (chose inconcevable), avec un amour débordant, vers un objet lui-même débordant et invisible qui ne se fait connaître à lui que par l'influence de cet amour, d'un amour qui rend capable d'espérer et de croire avec confiance ce qui semblait impossible à la seule raison sensible ».

(2) Référence à Fénelon et à la citation sur laquelle se clôt le *Woldemar*.

(3) *Cf.* JWA 5, 1, p. 215 et *supra KFSA* II, 57. *Cf.* le fragment 18 du *Lycée* : « les romans terminent souvent comme commence le Notre-Père, par le règne de Dieu sur Terre » (*KFSA* II, 148).

(4) Dans un fragment un peu plus tardif, Schlegel parlera même à propos du *Woldemar* d' « épilepsie morale » (*Philosophische Fragmente* (1799), *KFSA* XIX, 248). Pour un même jugement à propos de la « débauche intellectuelle », cf. *Über die Grenzen des Schönen* (1794), *KFSA* I, 37.

Cousin. Sur les choses divines (1811)

p. [229]

(1) Tel quel dans le manuscrit.

p. [229/2]

(1) Dans le manuscrit : « le ».

p. [230]

(1) Nous pensons qu'il faut lire : « et s'il veut croire seulement à la *nature* ».

p. [231]

(1) Passage illisible. Sens très incertain.

(2) Cf. *Des choses divines*, JWA 3, p. 88 : « voilà où Kant est en désaccord avec lui-même, voilà où diffèrent *l'esprit* de sa doctrine et sa *lettre* : en tant qu'*homme*, il avait une confiance inconditionnée dans les révélations positives immédiates de la raison, dans ses jugements fondamentaux, et cette confiance il ne la perdit jamais, tout au moins jamais entièrement et de manière décisive; mais comme philosophe soutenant une doctrine, il tint pour nécessaire de transformer ce savoir purement révélé et autonome en un savoir dépendant appuyé sur des démonstrations et l'objet de la connaissance immédiate en objet de la connaissance médiate ».

(3) « Accoutumé » étant au masculin, nous croyons nécessaire d'insérer « Pour qui est ».

(4) La philosophie de la nature trouva en effet quelques prolongements en théologie. Le théologien Zimmer (1752-1820) enseigna par exemple la *Naturphilosophie* schellingienne en Bavière jusqu'en 1806, où Montgelas interdit ses cours et le fit congédier. Carl Daub (1765-1836) enseigna cette fois à Heidelberg une théologie inspirée des thèses schellingiennes, jusqu'à ce qu'il devienne le collègue de Hegel et subisse, autour des années 1816, son influence. Il faudrait également citer Anselm Rixner (1766-1838), Karl Christian Krause (1781-1832), Johann Sebastian Drey (1777-1853), mais aussi Philip Marheinecke (1780-1846), qui, en 1827, sous l'influence encore une fois de Hegel, supprima de la deuxième édition de ses *Grundlehren der christlichen Dogmatik als Wissenschaft* tous les éléments

schellingiens que contenait la première édition de 1819. Pour d'autres références *cf.* T. O'Meara, *Romantic Idealism and Roman Catholicism : Schelling and the theologians*, London, University of Notre Dame Press, 1982.

p. [231/2]

(1) Cousin ne sera pas loin de partager l'opinion de Jacobi au sujet de la philosophie de la nature. *Cf.* par exemple *Introduction à l'histoire de la philosophie*, Quatrième édition, Paris, Didier, 1861, p. 239-330 : « la philosophie de la nature a sur la philosophie de Kant et de M. Jacobi l'immense avantage d'être dogmatique, de croire à la raison, et c'est par là qu'elle m'attire. Mais, d'un autre côté, ce nom de philosophie de la nature me plaît assez peu ; il marque bien un retour vers la réalité, mais vers quelle réalité ! celle du monde. J'avoue que celle de l'âme et celle de Dieu m'importent bien davantage. On peut dans l'école révoquer en doute l'existence du monde, mais hors de l'école ce doute n'est qu'une chimère peu dangereuse [...]. Au dix-neuvième siècle, la philosophie de la nature de M. Schelling rappelle involontairement le *Traité de la nature* de Robinet, l'*Interprétation de la nature* de Diderot, et Dieu veuille que tout ce naturalisme n'aboutisse pas au *Système de la nature* du baron d'Holbach ! Il serait triste que cette philosophie allemande si vantée ne fût qu'un retour laborieux et ténébreux à la philosophie légère des encyclopédistes ».

(2) Cf. *Des choses divines*, JWA 3, p. 97 : « le naturalisme *franc, clair et nu*, celui qui n'induit pas en erreur, qui ne trompe pas, mais qui se reconnaît ouvertement comme tel ne prête pas davantage à la critique, en tant que *doctrine spéculative*, que ne le fait le théisme. Il peut repousser le théisme avec fierté et une âpre ironie, déclarer qu'il ne désire rien avoir à faire, rien avoir de commun avec lui, qui est seulement un fantôme et non un être vraiment *scientifique* : le sage n'en ressentira aucune colère à son égard. Seulement il faut que le naturalisme, s'il entend demeurer irréprochable, continue à tenir, lui aussi, le même langage sincère et hardi. Il ne doit jamais vouloir parler de Dieu et des choses divines, de la liberté, du bien et du mal moral, de la véritable moralité car, selon sa plus intime conviction, ces choses n'existent pas et parlant d'elles, il dit ce qu'en vérité, il ne pense pas. Mais qui agit de la sorte, ment ». On peut supposer que, pour Jacobi, ce naturalisme sincère n'est rien de moins que la doctrine de Spinoza, car il écrira encore en 1815 : « je ne fais pas la guerre, mais au contraire je conserve de loyales intentions pacifiques avec le naturalisme *à la manière de Spinoza*, parfait et pur, le franc fatalisme *non déguisé* qui se reconnaît lui-même pour ce qu'il est, et avoue délibérément qu'il rejette sans réserve le concept de liberté comme contraire à la raison » (*Einleitung zu den philosophischen Schriften*, JWA 2, 1, p. 429).

p. [232]

(1) Cousin écrit « scientifiquité ».

(2) Cousin se réfère ici à un passage des *Choses divines* consacré à Spinoza : « nulle part ce grand homme n'apparaît plus profond, plus sublime et plus aimable que là où il révèle, du plus intime de sa conscience, ce qu'est la certitude et comment l'âme peut y participer. Ici, non seulement il invoque Platon qui professe l'innéité des Idées et leur validité objective, mais encore il s'accorde avec lui de manière frappante ; et on trouve ici aussi, sous des noms semblables ou différents, comme *norma veritatis*, ce que le spinozisme moderne appelle *l'intuition intellectuelle de l'absolu*, expression qui, à mon jugement, n'est pas précisément absurde et condamnable. Il nous faut bien une expression particulière pour désigner le mode de conscience *dans* lequel le vrai, le bien et le beau en soi se rendent présents à nous et se révèlent comme quelque chose de surabondant, de premier et de suprême, qui ne peut se présenter en aucun phénomène, mais qui permet aux *Idées*, aux sentences suprêmes de la raison de passer dans l'entendement comme des connaissances *immédiates* excluant la

médiation préalable du sens ; de la sorte, il est indéniable que non seulement s'attache à ces connaissances le sentiment plein de vérité et de certitude qui accompagne les intuitions sensibles, mais encore c'est grâce à elles seulement que tout le cœur de l'homme en vient à participer, de manière inexprimable, à la certitude la plus parfaite du vrai ».

p. [233]

(1) Cousin considère en effet que c'est le nom qu'il faut donner à la doctrine de Schelling et que les deux plus grands livres de cet auteur sont (dans l'ordre) « *L'âme du monde* (1798) et la *Philosophie de la nature* (1797) » (*Fragments philosophiques*, Paris, A. Sautelet et compagnie, 1826, p. 71. Dans la quatrième édition, ce passage est remanié).

(2) Cf. *supra* SW VIII, 25.

(3) Sur tout cela SW VIII, 27.

p. [234]

(1) Cf. *supra* SW VIII, 96.

(2) Cf. *supra* SW VIII, 96 n.

Schlegel. Recension de Jacobi (1822)

p. [585]

(1) C'est sous ce nom que Schlegel désigne ses études des doctrines philosophiques.

(2) Cf. *Philosophie des Lebens*, *KFSA* X, 56 : « la philosophie que j'ai entrepris ici de développer, si on la considère dans son opposition avec le matérialisme et l'idéalisme, pourrait avec beaucoup de justesse recevoir la dénomination de spiritualisme. En effet, de même que l'âme est pour elle le principe et le commencement, elle tient l'esprit pour ce qu'il y a de plus haut : même pour ce qui est de sa doctrine de Dieu, elle s'oppose entièrement au rationalisme en tant qu'elle regarde et pose Dieu comme un Dieu vivant et personnel, non comme une raison absolue ou un pur ordre rationnel. Mais, puisque cette doctrine n'a rien de commun avec un tel système rationnel et qu'elle est une science de l'expérience intime que nous avons de l'ordre supérieur, il ne convient pas ou il est en tout cas superflu de la désigner comme un système. La dénomination la plus convenable pour elle est le nom modeste de *philosophie de la vie* ». Sur les rapports de ce spiritualisme chrétien au matérialisme et à l'idéalisme, cf. *Von der Seele*, *KFSA* VIII, 609-610 n. et cette autre précision importante : « de nos jours, l'opposition du spiritualisme et du matérialisme est l'idée dominante ou tout au moins commence-t-elle à le devenir. Par opposition à la philosophie de la nature purement dynamique, la *philosophie de Dieu*, la philosophie *chrétienne* repose sur cette opposition. Maintenant que la philosophie absolue a entièrement adhéré ou à l'*idéalisme* ou au *réalisme*, le spiritualisme doit d'autant plus adhérer au véritable dualisme. – La philosophie et l'esprit humain en général ne peuvent se libérer de la *dualité* » (*Zur Philosophie und Theologie* (1813), *KFSA* XIX, 311).

p. [586]

(1) Fichte est le philosophe que Schlegel a le plus longtemps et le plus intensément lu. Très tôt, il engagea son frère à distinguer la doctrine de Fichte de ses qualités personnelles et morales peu communes. Voir par exemple la lettre du 17 août 1795 : « le plus grand métaphysicien vivant est un écrivain très populaire [...]. Compare sa superbe éloquence dans les leçons sur la destination de l'homme aux exercices de déclamation stylisés que produit Schiller. Il est de ceux dont on peut dire, selon le vain soupir d'Hamlet, que tous les traits de sa vie publique paraissent proclamer : voici un homme » (*KFSA* XXIII, 248). De même, si

Spinoza a commis l'effroyable erreur de développer un système panthéiste, il s'est tout de même élevé à la religion la plus pure et développe le plus rigoureux sens moral « non pas dans son système, mais grâce à son sentiment de l'amour » (*Lessings Gedanken und Meinungen* (1804), *KFSA* III, 92-93 et *Die Entwicklung der Philosophie in zwölf Büchern*, *KFSA* XII, 270.

(2) Cette remarque sur la morale stoïcienne peut s'entendre en référence aussi bien à Jacobi, dont la proximité au stoïcisme apparaît tout autant dans les romans que dans les *Choses divines* ou les *Lettres sur la doctrine de Spinoza* (dans JWA 1, 1, p. 164-165), qu'à Kant : Schlegel écrit en effet dans l'*Histoire de la littérature ancienne et moderne* : « sa doctrine morale et juridique démontre d'une manière peut-être encore plus forte que l'exemple des stoïciens, qu'une doctrine morale et juridique uniquement dérivée de la raison pratique ne peut être qu'un système rigide, lorsqu'il ne s'y joint pas un autre élément, système qui non seulement ne satisfait pas l'homme intérieur, mais qui est même souvent inapplicable dans de nombreuses circonstances de la vie, et qui, s'il était poussé jusque dans ses dernières conséquences, entraînerait des résultats tout opposés et des plus bizarres » (*KFSA* VI, 398).

(3) À comparer avec ce passage de la *Philosophie de la vie* : « il faut veiller à employer ce mot [athéisme] là où l'on a affaire non pas à une dénégation brutale mais à une confusion tout à fait inexacte des concepts. Il faut tout au moins faire droit à cette confusion en utilisant la dénomination d'athéisme scientifique si l'on veut faire comprendre que ce blâme et cette dénomination ne valent que pour l'erreur que contient le système et non pour le caractère de la personne. Du reste, il est tout à fait possible d'associer un tel athéisme scientifique au stoïcisme le plus rigoureux moralement » (*Philosophie des Lebens*, *KFSA* X, 16).

(4) Cf. *Geschichte der alten und neuen Literatur*, KFSA VI, 398.

p. [587]

(1) *Herablassung*. Cf. *Philosophie des Lebens*, *KFSA* X, 98 : « le caractère particulier de l'activité divine et de son action sur la création et les êtres créés est un abaissement absolument incroyable en faveur de ses créatures et de l'homme en particulier ». Une des grandes nouveautés du *Monument de F. H. Jacobi* a justement été l'analyse de l'*Herablassen* divin (SW VIII, 71).

(2) *Cf.* ce qu'écrit Schlegel en 1813 : « Schelling a l'air de suivre des chemins tout autres et bien supérieurs, libre qu'il est désormais des chaînes de son ancien système » (*Über F. C. Weise : Die Architektonik aller menschlichen Erkenntnisse* (1813), *KFSA* VIII, 464). Schlegel a très tôt pressenti l'inflexion que Schelling fait subir à sa philosophie et qui le met sur la voie du positif et, jusque dans son bloc-notes, il se réjouit de le voir suivre un chemin si semblable au sien du réalisme à l'idéalisme, puis au spiritualisme (*Zur Philosophie und Theologie* (1816), *KFSA* XIX, 323).

(3) Cf. *Denkmal*, SW VIII, 81 : « un savoir immédiat d'un Dieu personnel ne peut être qu'un savoir lui aussi personnel, reposant comme tout savoir de cette sorte sur un commerce, sur une expérience réelle ».

p. [588]

(1) Cf. *Philosophie des Lebens*, *KFSA* X, 56: la philosophie chrétienne n'est « pas un système rationnel comme les autres mais une science empirique intérieure (*eine innere Erfahrungswissenschaft*) ». Quand il rencontre Cousin à Francfort, Schlegel lui livre cette analyse : « la vérité est qu'il y a un sens particulier des choses divines, un organe intérieur, une révélation immédiate des faits religieux. L'empirisme est le seul système raisonnable ; mais ce n'est pas l'empirisme de Locke et de Condillac : il y a un empirisme supérieur; il y a des visions de conscience extraordinaire qui donnent cette foi légitime et infaillible que ne peut

donner la raison. C'est ce sens qu'il faut dégager, ce sont ces visions qu'il faut éclaircir» (*Fragments philosophiques*, t. V, p. 59).

(2) Jacobi n'avait participé qu'indirectement, avec sa fameuse lettre verte, à la fameuse querelle de l'athéisme. La lettre avait d'ailleurs précisément pour but de laver Fichte de cette accusation. Au moment de ladite querelle, Schlegel entreprit de rédiger une défense publique du philosophe d'Iéna (*Für Fichte. An die Deutschen*, *KFSA* XVIII, 522-525). À l'époque d'Iéna, il insiste sur l'identité absolue entre l'idéalisme de Fichte et la religion : « la doctrine de Fichte est religion sous forme de philosophie. Il a découvert la religion au plus profond de l'esprit, en d'autres termes, il a découvert qu'elle était quelque chose de *libre* [...]. Chez lui, philosophie et religion se pénètre l'une l'autre jusqu'à saturation réciproque» (*Philosophische Fragmente* (1799), *KFSA* XVIII, 250). Enfin, il affirme dans la *Geschichte der alten und neuen Literatur* que le mérite de Fichte est d'avoir mené la pensée pure à sa limite, au point où elle se voit contrainte de faire retour à la révélation (*KFSA* VI, 389).

(3) Voir la même analyse dans la recension de 1812: «cette démarche propre à la philosophie de Jacobi, la manière qu'il a de livrer une lutte à mort avec la raison scientifique, sa façon qu'il a de vouloir alors suppléer par une révélation intérieure à ce que cette raison ne pouvait fournir et instituer cette révélation en source de la vérité, entretient néanmoins, malgré toutes les différences dans la forme extérieure, dans l'esprit et le caractère individuels des deux penseurs, une ressemblance frappante et qu'il ne faut pas méconnaître, avec la manière par laquelle *Kant*, dans le domaine spéculatif, attaque la raison d'abord avec ses propres armes et s'efforce de la détruire par elle-même, puis entend ensuite mettre à sa place, afin de combler cette énorme lacune, une nouvelle et singulière croyance rationnelle. Les deux philosophes ont également ceci de commun que la partie polémique, réfutative et destructrice de leur philosophie, est à tout point de vue la partie la plus forte et celle dont on reconnaît le plus l'excellence; mais leur philosophie se montre en revanche bien moins satisfaisante et bien plus faible au regard de ce qu'elle entreprend elle-même de construire ou de ce qu'elle veut mettre à la place pour remédier au mal» (*KFSA* VIII, 442). Sur cette proximité de Jacobi à Kant, voir aussi cette analyse que Cousin rapporte de sa première rencontre avec Schlegel : « on pouvait croire d'abord que Jacobi ne tomberait point dans le panthéisme, lui qui voulait substituer l'empire du sentiment à celui de la raison. Mais quand il a expliqué nettement ce qu'il entendait par le sentiment du divin, il s'est trouvé que ce sentiment des choses divines appartient à la raison, et que l'adversaire de Kant en est le disciple. Voilà donc Jacobi lui-même rationaliste, et s'il était conséquent devrait être panthéiste» (*Fragments philosophiques*, t. V, p. 59).

(4) La recension de 1812 proposait la même analyse, mais au sujet de Kant uniquement : « la *croyance rationnelle* kantienne, qui veut et doit croire et qui souvent aussi ne le peut et ne le veut pas vraiment, – un être rétif et abattu, ainsi qu'on appelle le cœur humain dans l'écrit – n'était en aucun cas en mesure de faire une entrée durable puis d'établir un fondement solide dans les esprits. Avec cette croyance il ne s'agissait manifestement de rien d'autre que de la raison elle-même, laquelle, après avoir été solennellement exclue du bâtiment central de la philosophie kantienne par la porte de devant, revint se faufiler par la porte de derrière (*jure postliminii*) sous le masque trompeur de la foi et de la religion et continua à sévir sous un nouveau nom» (*KFSA* VIII, 442). Sur ce point, Schlegel paraît en parfait accord avec son frère, qui confiait à Cousin : « nul argument ne prouve Dieu. Kant a rendu un immense service en délivrant à jamais la philosophie de toutes ces vaines argumentations pour ou contre Dieu ; mais la raison pratique ne donne pas plus Dieu que la raison spéculative, parce que c'est encore là de la raison. La foi seule peut mener à Dieu. Hemsterhuis et Jacobi l'ont bien vu, mais la foi de Jacobi est équivoque et l'on ne sait trop ce qu'il veut dire » (*Fragments philosophiques*, t. V, p. 60). *Cf.* aussi *Geschichte der alten und neuen Literatur*, *KFSA* VI, 398 :

« au lieu de reconnaître que la connaissance de Dieu ne peut s'acquérir que par une perception intime, que la philosophie supérieure est une science basée sur l'expérience, au lieu d'assigner ici aussi à la raison, dans le domaine de l'expérience suprasensible, une place subsidiaire mais utile, il la replaça sur le trône, quoique sous le masque de la foi qui ne lui convenait aucunement ».

(5) Cf. *Philosophische Vorlesungen*, Windischmann (hrsg), Bonn, Weber, Bd. II, S. 396 : « la foi est le concept suprême pour ce qui concerne toutes les activités de la pensée, du savoir et du vouloir ; … elle ne s'oppose pas au savoir, mais elle est seulement un mode particulier du savoir, un savoir qui se limite lui-même, qui demeure et se retient délibérément lui-même » (*cf.* p. 430). Cf. *Signatur des Zeitalters*, *KFSA* VII, 560 : « l'opposition inamicale de la foi et du savoir n'est en aucun cas une dissociation valable en soi et naturelle, qu'il faudrait admettre telle quelle, mais il s'agit d'une dissociation d'origine exclusivement protestante ».

p. [589]

(1) Cf. *Philosophie des Lebens*, *KFSA* X, 173 : « la foi vivante et le savoir vivant ne devraient jamais avoir à s'opposer, du moins jamais sur l'essentiel ». Seul le catholicisme donne accès à « l'unité fondée en Dieu de la foi et du savoir » (p. 180).

(2) Une des analyses les plus récurrentes de Schlegel est que le scepticisme moderne a une source kantienne. *Cf.* par exemple les *Philosophische Fragmente* (1796-1797), *KFSA* XVIII, 21 : « dans les écrits de Kant, se trouve seulement un germe, mais un germe *organique* du scepticisme mystique, qui *devait nécessairement* provenir de lui ». À ses yeux, la philosophie de Jacobi tend ainsi à être une religion sceptique. C'est lui qui a mis la philosophie moderne sur « la voie de l'inversion » (*Philosophie des Lebens*, *KFSA* X, 15).

(3) Cf. *Philosophie des Lebens*, *KFSA* X, 165 : « le principe de la raison dialectique trouble la vie et la détruit ; il doit être évité et réfuté par-dessus tout ».

p. [590]

(1) Cf. *Geschichte der europäischen Literatur* (1803), *KFSA* XI, 54 : « dans leur philosophie, les Grecs employaient avant tout la forme du développement dialectique et l'exposition historique, mais pas la forme démonstrative ou cette liaison intime des mathématiques et de la philosophie qui apparaît si fréquemment et à un si haut degré chez les modernes, par exemple chez Spinoza. Ce dernier traite de l'être suprême en termes de méthode géométrique et cherche à démontrer géométriquement tout le reste en partant d'une intuition fondamentale comme d'un premier principe. Quant à Fichte, il diffère seulement de Spinoza pour autant que sa méthode est davantage algébrique, puisque chez lui, dans ses éclaircissements, de nouveaux problèmes se succèdent sans fin en une chaîne ininterrompue, de sorte que toute sa philosophie est en règle générale une tentative pour parler de la conscience en termes algébriques ».

(2) Référence à la « condition subjective de tout philosopher authentique » de la *Recension du Woldemar* (*KFSA* II, 69).

(3) Cf. *Philosophie des Lebens*, *KFSA* X, 10 : « la méthode que réclame notre philosophie doit présenter un tout autre caractère [que purement mathématique] : elle doit être plus subtile, plus intérieure ; et pour en donner une image ressemblante, c'est dans la nature de la vie qu'il faudrait chercher une comparaison, non dans les mathématiques ». Dans son *Von der Seele*, Schlegel définira la philosophie comme une « pensée vivante » distincte aussi bien de la « réflexion commune » que de cette « pensée pure » qui repose sur la séparation de la spéculation et de la vie (*KFSA* VIII, 600). Dilthey reprendra mot à mot l'idée que l'on n'accède à la connaissance de la vie que par la vie elle-même (*Gesammelte Schriften*, Berlin, Teubner, 1914, Bd. VII, 136 et VIII, 121).

(4) Sur la philosophie comme forme organique et vivante, cf. *Kölner Vorlesungen über die Philosophie* (1804-1806), *KFSA* XIII, 263 : « toutes choses se trouvent organisées en une solidarité organique; rien dans la chaîne infinie des êtres n'est mort et mécanique; tout est animé et pénétré par le même esprit de vie. Partout se manifestent, à un degré moindre ou plus élevé, la puissance et l'activité infinies qui assemblent le tout en un grand système et se trouvent à l'œuvre dans l'individu particulier comme dans la totalité. Nulle part de coupure ou de point d'arrêt, partout règne la solidarité la plus intime, une unité dans la réciprocité d'influence qui se poursuit dans une éternelle harmonie. Et ce qui s'applique aux objets doit aussi s'appliquer au domaine des concepts. Eux aussi doivent former une solidarité organique, constituer une totalité organique; ils ne doivent pas être assemblés et ordonnés selon un ordre et une disposition extérieurs et mécanique; ils doivent être liés par la vertu d'une unité intime véritablement vivante ». Cf. *Philosophie des Lebens*, *KFSA* X, 7.

(5) Dans la *Philosophie des Lebens*, Schlegel parlera encore du « *selbstgemachten Glauben* », de la foi que la philosophie allemande s'est créée de toutes pièces (*KFSA* X, 15).

(6) Félicité Robert de Lamennais (1782-1854), prêtre et philosophe français, ami de Pierre Leroux, fondateur d'une des formes les plus influentes du catholicisme social. En 1822, Schlegel écrit à son propos qu' « il est pris dans une querelle pour laquelle à vrai dire ses forces ne suffisent pas : il veut fonder la loi de la foi sur l'anéantissement de toute science, comme cela se fit chez nous aussi à une époque antérieure d'une autre manière, plus morale, par Kant, Jacobi et leurs partisans, de sorte qu'il s'exprime souvent à cet égard comme un kantien inconscient, bien que ce soit avec une intention catholique » (cf. *Geschichte der alten und neuen Literatur* (1822), *KFSA* VI, 344). *Cf.* de même V. Cousin, *Fragments philosophiques*, t. V, p. 61.

p. [591]

(1) Kant n'a pas su tirer les conséquences de sa légitime critique de la raison : la partie critique de sa doctrine aurait dû lui faire admettre que la raison, en soi vide, ne pouvait connaître les choses suprêmes que par une révélation divine. La croyance rationnelle qu'il développe n'a en fait été qu'un moyen pour la raison de revenir par la petite porte et de se maintenir (*Geschichte der alten und neuen Literatur, KFSA* VI, 397-398 et *Philosophie des Lebens*, *KFSA* X, 15). Cf. *Geschichte der alten und neuen Literatur*, *KFSA* VI, 399 : « la prétendue connaissance rationnelle pure que Kant avait voulu détruire, se relève sous une double forme comme œuvre de l'égoïté et comme connaissance mondaine inconditionnée. Cela arrive tout naturellement du fait que Kant avait non seulement laissé intacte la source de toute vérité supérieure, mais n'était pas même parvenu au fondement dernier et à la source du mal dans la découverte de la contradiction interne et du vide absolu de la raison, qu'il combattait dans ses prétentions à la domination exclusive. Que si Jacobi ne s'est pas moins expressément déclaré contre le vide de la croyance rationnelle que contre la divinisation absolue de la nature, dont on ne peut cependant accuser avec justice les meilleurs philosophes naturalistes, il faut tomber entièrement d'accord avec lui sur ce point. Cependant sa révélation intérieure de la conscience ou du sentiment moral, sans une foi assurée et claire, n'est pas satisfaisante, parce qu'il n'a jamais pu ou voulu pénétrer jusqu'au positif divin du christianisme. Cet état sceptique du sentiment individuel, de la volonté incertaine et de la conscience doutant d'elle-même, n'est que la contrepartie de la pensée d'entendement sceptique de Kant, sans qu'il en donne une meilleure solution ».

(2) Dans la *Philosophie der Sprache und des Wortes*, Schlegel donne une extension plus grande encore à cette idée lorsqu'il répond à la question jacobienne de savoir comment l'homme peut reconnaître une vérité qui lui a été donnée et s'en faire le juge : « parce que l'image divine en lui n'a pas été effacée » (*KFSA* X, 478).

(3) Cf. *Die Entwicklung der Philosophie in zwölf Büchern* (1805), *KFSA* XII, 258 : « *la plus haute philosophie* ne peut être autre chose que la *science de la réalité suprême*, c'est-à-dire la science de la divinité, de sa nature et de ses rapports. Mais c'est précisément là de la théosophie et cette science ne peut exister *indépendamment de la révélation*. C'est pourquoi, dans la plus haute philosophie, en tant qu'elle aspire au *savoir* de ce qui représente à proprement parler la véritable essence et le fondement de toute religion, la religion et la philosophie sont nécessairement liées [...]. L'idéalisme conduit toujours à la théosophie comme au principe suprême de l'esprit ».

p. [592]

(1) Cf. *Von der Seele*, *KFSA* VIII, 604 : « l'entendement et la volonté, la raison et l'imagination, tels sont les quatre termes opposés de notre scission intérieure sous ses différentes formes, les quatre facultés fondamentales qui constituent toute notre force de penser et de vouloir, les éléments de notre essence actuellement morcelée (*zerstückten*), autrement dit les quatre côtés ou les quatre contrées de notre monde humain intérieur ». À chaque époque, une de ces quatre forces élémentaires prédomine : au Moyen Âge l'imagination, dans la période moderne la raison (*Geschichte der alten und neuen Literatur, KFSA* VI, 258).

(2) Cf. *Philosophie des Lebens*, *KFSA* X, 22 : « l'homme, s'il est triple dans sa nature, est quadruple dans sa conscience ; car l'esprit et l'âme se divisent en deux autres facultés qui sont pour le premier, l'entendement et la volonté, et pour l'autre, la raison et l'imagination. Ces quatre facultés forment comme les quatre régions ou les quatre points cardinaux du monde de la conscience humaine. Les autres puissances, tant de l'esprit que de l'âme se rattachent à ces premières, comme des rameaux aux branches principales d'un arbre ».

(3) Cf. *Geschichte der alten und neuen Literatur, KFSA* VI, 412 : « Fichte serait de tous les philosophes allemands celui que je pourrais citer avec le plus d'avantages pour montrer combien la raison libre de toute entrave, dominant et agissant inconditionnellement, peut, lorsqu'elle est dirigée vers l'intérieur, s'épuiser elle-même, se tromper, se détruire et tirer sans cesse du néant de nouvelles constructions intellectuelles, non seulement à cause de la puissance d'invention et du talent supérieur dans tous les arts de la pensée qui lui sont propres à un si haut degré, mais aussi parce que, méprisant la nature et ayant peu d'égard pour ses devanciers, il a voulu tirer entièrement de lui-même la matière de ses pensées ».

(4) Ici, il faut manifestement entendre « pensée dynamique » en un sens positif, contrairement à la p. 596 et cela conformément à la distinction que Schlegel opère dans le fragment suivant : « le spiritualisme peut seul s'unir à la *véritable* méthode *dynamique*. Il en est même inséparable quand il est achevé et il la porte déjà *implicite* en soi. Du point de vue de la pensée dynamique ordinaire, la vie dynamique se trouve entièrement hors de nous, dans l'objet et dans la nature pensée ; du point de vue de la véritable pensée dynamique, nous sommes nous-mêmes un membre de la chaîne dynamique, un élément du procès » (*Zur Philosophie und Theologie* (1813), *KFSA* XIX, 309.

(5) Dans un certain nombre de fragments, Schlegel développe l'idée selon laquelle la philosophie chrétienne n'a d'autre tâche que de mettre un terme à cette division intérieure à la conscience. *Cf.* ce fragment de 1816 : « s'il faut qu'il y ait une philosophie chrétienne en général, il doit aussi y avoir une véritable *logique chrétienne*. – La *forme de penser*, la logique ou la méthode *chrétienne* serait celle qui conduirait à la *renaissance* de la conscience et donc qui non seulement édifierait la *conscience positive, vivante et organique* à l'intérieur de la conscience divisée et abstraite mais l'y engendrerait, l'y implanterait et l'y produirait *organiquement* ». C'est sur cette base qu'il faut comprendre les derniers développements de la philosophie moderne : « ces *quatre éminents scolastiques – Kant, Fichte, Jacobi, Schelling –*

sont en même temps les quatre *plus grands penseurs encore pris dans la conscience abstraite et divisée* » (*Zur Philosophie und Theologie*, *KFSA* XIX, 324). Mettre fin à la scission qui entache la condition de l'homme déchu, c'est au final « fondre les différents éléments de la culture en une unité complète et harmonieuse » (*Über die neuere Geschichte* (1810), *KFSA* VII, 185).

p. [593]

(1) Cf. *Von der Seele*, *KFSA* VIII, 601 et 614.

(2) Schlegel répètera dans la recension de Rhode de 1819 que l'homme n'est pas qu'esprit, mais âme et esprit d'un seul tenant (*Über J. G. Rhode : Über den Anfang unserer Geschichte und die letzte Revolution der Erde*, *KFSA* VIII, 501). À partir de là, la tâche de la philosophie chrétienne est d' « appréhender dynamiquement le mystère de la Trinité », c'est-à-dire de remonter de l'Esprit au Fils, qui unit au Père (*Zur Philosophie und Theologie* (1813), *KFSA* XIX, 313).

(3) Cf. *Philosophie der Sprache und des Wortes*, *KFSA* X, 458 : « le critère d'exactitude scientifique de la véritable méthode de pensée, qui prétend être une méthode vivante, est d'ordre intérieur ». La « restauration intégrale de la conscience » est le but que la *Philosophie der Geschichte* assignera à la science (*KFSA* IX, 5).

p. [594]

(1) Cette formule renvoie au titre *Christianity as old as the creation, or the Gospel of the religion of nature* (London, 1730 ; London, Routledge, 1995) de Matthew Tindal (1657-1733), un disciple de Locke. Il s'agit d'un des livres classiques du déisme anglais, traduit en allemand dès 1741. Le grand angliciste que fut Schlegel ne pouvait manquer de le connaître.

(2) Sur la philosophie platonicienne comme « introduction scientifique à la révélation chrétienne et à la connaissance des choses divines », cf. *Philosophie der Geschichte* (1828), *KFSA* IX, 193. Le platonisme tire sa grandeur du fait qu'il admet une connaissance supérieure à la raison, mais il reste une propédeutique qu'il faut dépasser. La doctrine de Platon est « une aurore de la philosophie chrétienne » (*Rezensionen aus den Heidelbergischen Jahrbüchern* (1808), *KFSA* VIII, 92). *Cf.* également *Zur Philosophie* (1806), *KFSA* XIX, p. 173 : « le christianisme doit aussi être considéré comme *l'accomplissement de la philosophie antique* ; que l'on sépare la religion de la philosophie et l'on tombe inévitablement dans une molle exégèse ou dans la religion subjective et orgueilleuse du sentiment ».

(3) *Wiedergeburt*. Dans la *Philosophie de la vie*, Schlegel définit la philosophie chrétienne comme « un effort vivant et un savoir pensant en vue de la restauration (*Wiederherstellung*) de la conscience corrompue et dépravée dans son unité simple et originaire » (*KFSA* X, 89).

(4) *Geschichte der alten und neuen Literatur*, *KFSA* VI, 401 : « en vain chercherait-on aujourd'hui à ressusciter la secte des kantiens sous une nouvelle forme ; le temps des formules creuses est révolu. Fichte et Jacobi n'ont jamais eu qu'un très petit nombre de partisans, et par la nature même de leur système, ils ne pouvaient jamais former secte. Vouloir faire revivre l'un ou l'autre de ces systèmes sous une forme nouvelle serait également inutile. Ils ont disparu comme des erreurs passagères, ou bien ont servi de degré à un petit nombre de penseurs pour s'élever davantage vers la vérité. Déjà parmi les philosophes naturalistes, chacun suit une route à lui ; aussi ne peut-on pas les considérer comme faisant secte ».

p. [595]

(1) Cf. *Anfangspunkte des christlichen Nachdenkens*, *KFSA* VIII, 549 : « loin de nous l'idée d'émettre ici des jugements peu amènes sur ces hommes extraordinaires et à leur manière grandioses car leur effort, qui dépasse de loin la commune mesure, leur force et le

sérieux avec lequel ils ont cherché la vérité, imposent bien plutôt le respect et puisque leurs erreurs elles-mêmes ont pu indirectement ramener, précisément par contraste, une partie de notre époque vers la vérité ou ont pu tout au moins tirer de quelques degrés cette vérité de l'abîme de l'incroyance, et que c'est effectivement à cela qu'elles ont conduit». Schlegel ne reviendra plus sur cette appréciation d'ensemble de la modernité, même si sa vision de l'histoire de la philosophie moderne connaît un grand nombre de variations dans les détails. Pour ce qui est de Jacobi par exemple, certains fragments lui attribuent une position intermédiaire entre Spinoza et Leibniz (*KFSA* XVIII, 115 et 198), d'autres le placent entre Kant et Schelling (*KFSA* XVIII, 478).

(2) *Gesteigert.* Ce terme appartient au vocabulaire schellingien. Schelling entend par *Steigerung* à la fois "élévation" et "intensification". *Cf.* SW VII, 296, 306, 522 et 531

(3) Si Schlegel modère les appréciations qu'il porte à l'endroit de Jacobi, de Schelling et même de Fichte, il condamne cependant sans nuance la doctrine de Hegel. Il l'accuse de porter à l'extrême le « feu dévorant du délire de la raison » (*Zur Philosophie und Theologie* (1815), *KFSA* XIX, 319) et de prouver par sa seule existence que « la raison vide est le mauvais esprit » (*Zur Philosophie* (1805), *KFSA* XIX, 54). *Cf.* de même la *Philosophie de la vie*, *KFSA* X, 16 (si Fichte et Schelling ont affirmé l'absoluité de la raison, Hegel l'a « idolâtrée »). Schlegel ira jusqu'à parler à son propos de « satanisme philosophique » (*KFSA* XIX, 327).

(4) Alors que le premier Schlegel parlait de Spinoza comme du « meilleur mystique que nous ayons eu avec Fichte » (*KFSA* XVIII, 5) et qu'il voyait en lui « non pas la vérité, mais le commencement et la base de la vérité » (*KFSA* XVIII, 402), la pensée du grand hollandais est désormais caractérisée comme une doctrine «pleine des plus violentes erreurs» en tant qu'elle a donné au panthéisme une forme scientifique (*Geschichte der alten und neuen Literatur*, *KFSA* VI, 355-357). Toutefois, la pire faute de Spinoza est encore le *mos geometrico*, qui le conduit à comprendre la vérité philosophique sous la forme d'une certitude mathématique et à confondre philosophie positive et philosophie négative. Quelques jours avant sa mort, dans son dernier cours, Schlegel disait que le poison que distille le spinozisme, pour dangereux qu'il soit, contient quelque chose de tonique pour l'esprit fort capable de l'assimiler (*Philosophie der Sprache und des Wortes*, *KFSA* X, 472-473). Cf. *Zur Philosophie* (1804), *KFSA* XIX, 126 : «cet homme a souvent conduit à la vérité par cela même qu'il a *poussé l'erreur à bout*». Il mérite d'être dit athée au pire sens du terme puisque la substance qu'il prend pour fondement est précisément le mauvais principe.

(5) Voir l'appréciation d'ensemble que Schlegel porte sur Luther dans sa *Philosophie de l'histoire* : «une grande tâche reposait sur cet homme, dont l'apparition est, sous tous les rapports, comme un point cardinal dans la marche des temps et de l'humanité. L'œuvre de cette époque eût été en effet d'amener par un accommodement et une médiation pacifique à une solution claire et chrétienne, la malheureuse confusion des idées pratiques, c'est-à-dire la complication des rapports ecclésiastiques et religieux, et des rapports politiques et séculiers, qui avaient été trop souvent confondus, grâce à la situation générale des affaires en Europe, et même aux premiers développements de la culture matérielle et intellectuelle de l'Occident; il s'agissait en un mot d'apaiser la vieille querelle de l'Église et de l'État. Si cette tâche eût été remplie dès lors, on eût vu d'une part la vraie piété chrétienne et l'humble dévouement dont la chaleur existait partout, mais comme par fragments, et comme un miroir brisé; de l'autre la science européenne, toujours progressive, aidée des nouveaux points d'appui qu'elle avait reçus, et qui la mettaient sur la voie des découvertes; on les eût vus prendre de concert une activité chaque jour plus étendue et plus vive : heureux mouvement qui fut empêché et entravé par la guerre civile générale entre les deux partis religieux, et qui ne put obtenir que d'autant plus tard un essor puissant et libre ». « Le génie de Luther, abstraction faite de l'usage auquel il l'appliqua, et bien qu'il ressemblât à une comète dont l'éclat, quelque grand qu'il soit,

remplirait-il la moitié du ciel, ne peut jamais être assimilé à la chaleur bienfaisante et vivifiante du soleil [...]. On trouve bien dans ces écrits, dans ceux de Luther par exemple, un mysticisme profondément senti, une pensée et une parole pleines d'une hardiesse spontanée ; mais en général on ne peut regarder le caractère entier de cette époque comme heureux pour l'esprit, ni comme approprié ou égal à la tâche que ce siècle avait à remplir » (*Philosophie der Geschichte*, *KFSA* X, 349 et 352). *Cf.* par ailleurs *Zur Philosophie* XII, 126, *KFSA* XIX, 217 : « Luther a placé la foi si haut qu'il s'y est même presque détruit ». Schlegel ne regardait d'ailleurs pas Luther comme le plus grand génie du protestantisme (*Philosophische Fragmente* (1797), *KFSA* XVIII, 93) et lui déniait même le titre de philosophe (*KFSA* XVIII, 211). La *Geschichte der alten und neuen Literatur* parlait encore de la « nature sublime » de Luther (*KFSA* VI, 362).

(6) Le regard porté par Schlegel sur la philosophie de la nature schellingienne est finalement assez nuancé. Si elle s'est corrompue, c'est parce qu' « en vérité, ce n'était pas la nature mais le fantôme Raison, établi comme sa base, qui fut érigé en principe suprême et divinisé » (*Philosophie des Lebens*, *KFSA* X, 16). Aussi les leçons sur l'histoire de la littérature de 1812 ne manquent-elles pas de critiquer en passant le « panthéisme raffiné » de Schelling, tout en relevant que sa philosophie suit un développement nouveau et que son esprit a changé : même si « le vieil édifice du système d'autrefois est demeuré debout », une autre intention la dirige (*Geschichte der alten und neuen Literatur*, *KFSA* VI, 407).

p. [596]

(1) Dans la recension de 1812, Schlegel appelle « confusion babylonienne des langues » le renversement par rapport à la tradition qu'ont subi les termes de raison et entendement dans la philosophie critique (cf. *KFSA* VIII, 456 et ici *supra* SW VIII, 98).

(2) Pour Schlegel, la philosophie de la nature schellingienne se réduit à un jeu de polarités et de points d'indifférence et n'est qu'un « paganisme scientifique » (*Von der Seele*, *KFSA* VIII, 610 n.) ou une « régression de la science au paganisme » (*Philosophie des Lebens*, *KFSA* X, 198). Cf. *Geschichte der alten und neuen Literatur*, *KFSA* VI, 407 : « en philosophie, le plus grand nombre ne s'est approprié de Schelling que sa cosmogonie si prompte et un jeu dynamique avec toutes sortes de systèmes de la nature toujours modifiés. Mais il y en aura peu qui prendront ce qu'il y a de vrai dans le développement nouveau et dans la direction tout à fait changée de l'esprit dans son intérieur. Ils sont toujours satisfaits de l'écorce, de la forme extérieure et, comme le vieil édifice du système d'autrefois est demeuré debout, ils n'aperçoivent point qu'un tout autre esprit y réside ».

(3) *Gottesphilosophie*. Sur cette philosophie chrétienne de la nature, *Philosophie der Geschichte*, *KFSA* IX, 73-74. Sur la proximité de Schlegel avec les théories de Baader et Schubert, *cf.* J.-J. Anstett, *La pensée religieuse de F. Schlegel*, p. 314-315. Cf. *Geschichte der alten und neuen Literatur*, *KFSA* VI, 402 : « le vain jeu de formules absolues [dont ont usé Fichte et Jacobi] disparait de plus en plus devant la plénitude du positif qui ressort chaque jour plus clairement des mystères de la nature et de l'abîme de la révélation. La connaissance de celle-ci et la compréhension du christianisme deviennent un besoin toujours plus général, de sorte qu'il ne faut plus désormais que quelques pas de plus en avant pour voir s'écrouler tous les vains systèmes antérieurs ».

BIBLIOGRAPHIE

Toutes nos références à l'œuvre de Schelling renvoient à *Friedrich Wilhelm Joseph von Schellings sämmtliche Werke*, K.F.A. Schelling (hrsg), Stuttgart/Augsburg, Cotta, Bd. I-XIV, 1856-61 (abrégé en SW), à moins que l'œuvre mentionnée figure dans les volumes déjà parus de l'*Historisch-Kritische Ausgabe*, W.G. Jacobs, H. Krings, M. Durner, Stuttgart, Frommann-Holzboog, 1980-2009.

Dans notre travail, nous nous sommes également servi de l'édition des *Schriften zum Streit um die göttlichen Dinge und ihre Offenbarung*, W. Jaeschke (hrsg), Hamburg/Stuttgart, Meiner/Frommann-Holzboog, 2000.

Pour les œuvres de Schlegel, nous renvoyons systématiquement à la *Kritische Friedrich-Schlegel-Ausgabe*, E. Behler (hrsg), Paderborn, Schöningh Verlag, 1958-1980.

Œuvres de Schelling

Ausgewählte Schriften, M. Frank (hrsg), Frankfurt, Suhrkamp, 1985.

Conférences de Stuttgart. Stuttgarter Privatvorlesungen, M. Vetö (éd.), Paris, L'Harmattan, 2009, p. 243.

Die Weltalter. Fragmente. In den Urfassungen von 1811 und 1813, M. Schröter (hrsg), München, Ch. Beck, 1946.

Initia philosophiae universae, H. Fuhrmans (hrsg), Bonn, Bouvier, 1969.

Philosophie der Offenbarung 1841-1842, d'après la copie Paulus: *Die endlich offenbar gewordene Philosophie der Offenbarung*, M. Frank (hrsg), Frankfurt, Suhrkamp, 1977.

Philosophische Entwürfe und Tagebücher 1809-1813, L. Knatz (hrsg), H.J. Sandkühler, M. Schraven, Hambourg, Meiner, 1994.

Schelling im Spiegel seiner Zeitgenossen, X. Tilliette (hrsg), Milano, Mursia, 1974.

Schellingiana rariora, L. Pareyson (hrsg), Torino, Bottega d'Erasmo, 1977.

Schellings und Hegels erste absolute Metaphysik (1801-1802), K. Düsing (hrsg), Köln, Dinter Verlag, 1998.
Schriften 1804-1812, S. Dietzsch (hrsg), Berlin, Union Verlag, 1982.
System der Weltalter. Münchener Vorlesung 1827-28 in einer Nachschrift von E. von Lasaulx, S. Peetz (hrsg), Frankfurt, Klostermann, 1990.

Correspondance

Aus Schellings Leben. In Briefen, G.L. Plitt (hrsg), Leipzig, G. Hirzel, 1869-1870.
Briefe und Dokumente, H. Fuhrmans (hrsg), Bonn, Bouvier, 1962.
Schelling und Cotta. Briefwechsel 1803-1849, H. Fuhrmans et L. Lohrer (hrsg), Stuttgart, Ernst Klett, 1965.

Œuvres de Jacobi

Die Bibliothek Friedrich Heinrich Jacobis. Ein Katalog, Bearbeitet von K. Wiedemann, Stuttgart, Frommann-Holzboog, 1989.
Die Denkbücher Friedrich Heinrich Jacobis, 1 Aufl., I. Radrizzani (hrsg), Stuttgart, Frommann-Holzboog, 2004, non encore paru. Cité d'après P.P. Schneider, *Die "Denkbücher" F.H. Jacobis*, Stuttgart, Frommann-Holzboog, 1986.
Werke, Roth und Köppen (hrsg), Leipzig, G. Fleischer und Jüng, 1812-1825.

Correspondance

Aus F.H. Jacobis Nachlaß, R. Zoeppritz (hrsg), Leipzig, Engelmann Verlag, 1869.
Briefe von Benjamin Constant, M. Isler (hrsg), Hamburg, Meissner, 1879.
Briefe von Wilhelm von Humboldt an Friedrich Heinrich Jacobi, A. Leitzmann (hrsg), Halle, Niemeyer, 1892.
Briefwechsel zwischen Goethe und Jacobi, M. Jacobi (hrsg), Leipzig, Weidmann, 1846.
F.H. Jacobi's auserlesener Briefwechsel, F. von Roth (hrsg), Bern, Herbert Lang, 1970.
F.H. Jacobi's Briefe an F. Bouterwek aus den Jahren 1800 bis 1819, W. Mejer (hrsg), Göttingen, 1868.
FRIES J.F., *Aus seinem handschriftlichen Nachlasse*, E. Henke (hrsg), Leipzig, F.A. Brochlaus, 1867.
K.L. Reinholds Leben und literarisches Wirken. Nebst einer Auswahl von Briefen Kants, Fichtes, Jacobis, E. Reinhold (hrsg), Jena, Frommann, 1825.
Lettres inédites de F.H. Jacobi, J.T. de Booy et R. Mortier (éd.), Genève, Institut et Musée Voltaire, 1966.
Lettres inédites de Franz von Baader, E. Susini (éd.), Paris, Presses Universitaires de France, 1967.

Œuvres de Victor Cousin

Cours d'histoire de la philosophie, Œuvres de Victor Cousin, Bruxelles, Société Belge de Librairie, 1840.
Fragments philosophiques, Paris, A. Sautelet et compagnie, Première édition, 1826.
Fragments philosophiques, Genève, Slatkine Reprints, 1970.

Œuvres de Schlegel

L'absolu littéraire, Ph. Lacoue-Labarthe et J.-L. Nancy (éd.), Paris, Seuil, 1978.
Philosophische Vorlesungen aus den Jahren 1804 bis 1806, K.J.H. Windischmann (hrsg), Bonn, Weber, 1836.

Correspondance

BOISSERÉE S., *Briefwechsel*, Göttingen, Vandenhoeck und Ruprecht, 1970.
Krisenjahre der Frühromantik. Briefe aus dem Schlegelkreis, J. Körner (hrsg), Leipzig, Rohrer Verlag, 1937.

Œuvres citées dans les textes

BACON F., *Essais de morale et de politique*, trad. A. de La Salle, Paris, l'Arche, 1999.
BODMER J.J., *Lessingische unäsopische Fabeln*, München, Saur, 1760.
DANTE, *La Divine Comédie*, trad. A. Pézard, Bibliothèque de la Pléiade, Paris, Gallimard, 1965.
D'HOLBACH P.-H., *Système de la nature ou des lois du monde physique et du monde moral*, London, 1770 (Genève, Slatkine, 1973).
EUCLIDE, *Les éléments*, trad. B. Vitrac, Paris, Presses Universitaires de France, 1990.
HAMANN J.G., *Hamann's Schriften*, F. Roth (hrsg), Berlin, Reimer, 1821.
HEGEL G.W.F., *Foi et savoir*, trad. A. Philonenko, Paris, Vrin, 1988.
– *Gesammelte Werke*, H. Buchner und O. Pöggeler, Hamburg, Meiner, 1968.
HERDER J.G., *Metakritik zur Kritik der reinen Vernunft*, Leipzig, Hartknoch, 1799.
HOMÈRE, *L'Iliade et l'Odyssée*, trad. R. Flacelière et V. Bérard, Bibliothèque de la Pléiade, Paris, Gallimard, 1955.
HORACE, *Art poétique*, trad. F. Villeneuve, Paris, Les Belles Lettres, 1989.
KANT, *Qu'est-ce que s'orienter dans la pensée ?,* trad. A. Philonenko, Paris, Vrin, 1988.
KEPLER J., *Harmonices mundi*, Linz, Tampach, 1619.
KLEUKER J.F., *Platos Werke*, Lemgo, Meyerschen Buchhandlung, 1778-1797.
LESSING G.E., *Lessings Werke*, Stuttgart, Göschen, 1869.
– *L'éducation du genre humain*, trad. M. de Launay, Paris, Findakly, 1999.

LUTHER M., *Die Werke Martin Luthers*, K. Aland (hrsg), Göttingen, Ruprecht, 1983.
– *Propos de table*, trad. L. Sauzin, Paris, Aubier, 1992.
NICOLAI F., *Beschreibung einer Reise durch Deutschland und die Schweiz im Jahre 1781*, Berlin, édité par l'auteur, 1783-1795.
RABENER G. W., *Satiren*, Wien, Edlen von Traffnern, 1772.
ROUSSEAU, *Émile ou de l'éducation*, Paris, Garnier-Flammarion, 1966.
SCHLEGEL A.W. et F., *Charakteristiken und Kritiken*, Königsberg, Friedrich Nicolovius, 1801.
SCHNEIDER C., *Platonis Opera*, Leipzig, Teubner, 1830.
SCHLEIERMACHER D.F.E., *Platons Werke*, Berlin, Realschulbuchhandlung, 1804-1807.
SHAKESPEARE, *Œuvres complètes. Tragédies*, J.-M. Déprats (éd.), Bibliothèque de la Pléiade, Paris, Gallimard, 2002.
SOPHOCLE, *Ajax, Œdipe Roi, Électre*, trad. P. Mazon, Paris, Les Belles Lettres, 1989.
STOLBERG C. Graf. zu, *Sophokles*, Hamburg, Perthes, 1823.
STOLBERG Fr. Leo Graf. zu, *Auserlesene Gespräche des Platon*, Königsberg, Fr. Nicolovius, 1796-1797.
TINDAL M., *Christianity as old as the creation, or the Gospel of the religion of nature* (1730), London, Routledge, 1995.
VOLTAIRE, *Épîtres, satires, contes, épigrammes*, Paris, Garnier, 1874.
VOSS J.H., *Homers Werke*, Altona, Hammerich, 1743.

Œuvres des contemporains de Schelling citées dans les commentaires

BAADER F. von, *Sämmtliche Werke*, F. Hoffmann (hrsg), Leipzig, H. Bethmann, 1851-1860.
BOUTERWEK F., « Rezension von Schellings Denkmal », *Göttingische gelehrte Anzeigen*, Göttingen, 4 mai 1812, Bd. II, p. 713-720.
CLAUDIUS M., *Sämtliche Werke*, J. Perfahl (hrsg), München, Winkler Verlag, 1968.
FICHTE J.G., *Écrits de philosophie première*, trad. A. Philonenko, Paris, Vrin, 1987.
– *Gesamtausgabe,* R. Lauth und H. Gliwitzky (hrsg), Stuttgart-Bad Cannstatt, Frommann-Holzboog, 1977.
– *La querelle de l'athéisme*, trad. J.-C. Goddard, Paris, Vrin, 1993.
FRIES J.F., *Von deutscher Philosophie, Art und Kunst. Ein Votum für F.H. Jacobi gegen F.W.J. Schelling (1812), Sämtliche Schriften,* Bd. XXIV, *Polemische Schriften,* G. König und L. Geldsetzer (hrsg), Aalen, Scientia Verlag, 1978.
GOETHE J.W., *Goethes Briefe. Hamburger Ausgabe*, K.R. Mandelkow (hrsg), Hamburg, Wegner Verlag, 1964.
– Goethe, Schiller, *Correspondance*, trad. L. Herr, Paris, Gallimard, 1994.
– *Goethes Werke*, Hamburg, Christian Wegner Verlag, 1958.
– *Poésie et vérité*, trad. Pierre du Colombier, Paris, Aubier, 1941.

HAMANN J.G., *Aesthetica in Nuce et autres textes*, trad. R. Deygout, Paris, Vrin, 2001.
– *Briefwechsel*, Ziesemer und Henkel (hrsg), Frankfurt, Insel Verlag, 1955-1979.
HEGEL G.W.F., *Correspondance*, trad. J. Carrère, Paris, Gallimard, 1962.
– *Les orbites des planètes*, trad. F. de Gandt, Paris, Vrin, 1979.
HUMBOLDT W. von., *Gesammelte Werke*, A. Leitzmann (hrsg), Berlin, Behr Verlag, 1903-1938.
– *Wilhelm von Humboldts Briefe an Karl Gustav von Brinkmann*, A. Leitzmann (hrsg), Leipzig, Hiersemann Verlag, 1939.
HEMSTERHUIS F., *Alexis ou de l'Âge d'or*, Riga, Hartknoch, 1787.
KÖPPEN F., *Schellings Lehre oder das Ganze der Philosophie des absoluten Nichts. Nebst drei Briefen verwandten Inhalts von F.H. Jacobi*, Hamburg, Perthes, 1803.
OETINGER F.C., *Öffentliches Denkmal der Lehrtafel einer weil. Wirttembergischen Prinzessin Antonia in Kupfer gestochen*, Tübingen, Bauhof und Franck, 1763.
SALAT J., *Erläuterung einiger Hauptpunkte der Philosophie*, Landshut, Thomann, 1812.
STAËL G., *De l'Allemagne* (1810), Paris, Garnier-Flammarion, 1968.
STEFFENS H., *Was ich erlebte*, Breslau, Joseph und Max Komp, 1843.
WOLF A.F., *Prolegomena ad Homerum*, Halle, Libraria Orphanotrophei, 1795.
WOLFF C., *Theologia naturalis*, Hildesheim, Olms, 1978-1981.

Commentaires

Études sur Schelling

CIANCIO C., *Il dialogo polemico tra Schelling e Jacobi*, Torino, Filosofia, 1975.
FISCHER K., *Schellings Leben, Werke und Lehre*, Heidelberg, C. Winter, 1899.
HARTMANN E. von, *Geschichte der Metaphysik*, Leipzig, H. Haacke, 1899.
HEIDEGGER M., *Schelling. Le traité de 1809 sur l'essence de la liberté humaine*, trad. J.-F. Courtine, Paris, Gallimard, 1977.
JANKELEVITCH V., *L'odyssée de la conscience dans la dernière philosophie de Schelling*, Paris, L'Harmattan, 2005.
O'MEARA T., *Romantic Idealism and Roman Catholicism: Schelling and the theologians*, London, University of Notre Dame Press, 1982.
TILLIETTE X., *Schelling. Une philosophie en devenir*, Paris, Vrin, 1992.
WEISCHEDEL W., *Jacobi und Schelling, Eine philosophisch-theologische Kontroverse*, Darmstadt, Wissenschaftliche Buchgesellschaft, 1969.
ZICHE P. (hrsg), *Sygkepleriazein. Schelling und die Kepler-Rezeption im 19. Jahrhundert*, Stuttgart, Frommann-Holzboog, 2007.

Articles

D'HONDT J., « Première vue française sur Hegel et Schelling (1804) », *Hegel-Studien Beiheft*, Bonn, Bouvier Verlag, 1980, n° 20, p. 45-58.

JANTZEN J., « "Das räthselhafte Aristotelische σωτηρία". Bemerkungen zu einem Billet von Schellings Hand », frommann-holzboog.de./site/download, p. 285-291.

Études sur Jacobi

BAUM G., *Vernunft und Erkenntnis. Die Philosophie F.H. Jacobis*, Bonn, Bouvier Verlag, 1969.

BAUS L., *Woldemar und Allwill alias Johann Wolfgang Goethe*, Homburg, Asclepios edition, 1989.

BECHMANN F., *Jacobis Woldemar im Spiegel der Kritik. Eine rezeptionsästhetische Untersuchung*, Frankfurt, Peter Lang, 1990.

BOSSERT T., *Friedrich Heinrich Jacobi und die Frühromantik*, Stuttgart, Carl Hammer, 1926.

DONOVAN S., *Der christliche Publizist und sein Glaubensphilosoph*, Würzburg, Königshausen und Neumann, 2004.

HOMANN K., *F.H. Jacobis Philosophie der Freiheit*, München, Verlag Karl Alber, 1973.

JAESCHKE W., *Der Streit um die Göttlichen Dinge (1799-1812)*, W. Jaeschke (hrsg), Hamburg, Meiner, 1999.

– *Die Vernunft in der Religion. Studien zur Grundlegung der Religionsphilosophie Hegels*, Stuttgart, Frommann-Holzboog, 1986.

SANDKAULEN B., *Grund und Ursache. Die Vernunftkritik Jacobis*, München, Wilhelm Fink Verlag, 2000.

TAVOILLOT P.-H., *Le crépuscule des Lumières*, Paris, Cerf, 1995.

Articles

BAUM G., « Freundschaft und Liebe im Widerstreit von Ideal und Leben. F.H. Jacobis Moralphilosophie in ihrem ideengeschichtlichen Verhältnis zu Arthur Schopenhauer », *Schopenhauer-Jahrbuch*, vol. 66, 1985, p. 103-114.

BRÜGGEN M., « Jacobi, Schelling und Hegel », *Friedrich Heinrich Jacobi. Philosoph und Literat der Goethezeit*, K. Hammacher (hrsg), Frankfurt, Klostermann, 1971, p. 209-236.

FINERON A., « Goethe's Response to Jacobi's Von den göttlichen Dingen und ihrer Offenbarung and the Influence of Hamann », *German Life and Letters*, 1997, vol. 50, p. 283-306.

HAMMACHER K., « Jacobi und das Problem der Dialektik », *Friedrich Heinrich Jacobi. Philosoph und Literat der Goethezeit*, K. Hammacher (hrsg), Frankfurt, Klostermann, 1971, p. 119-163.

JAESCHKE W., « Zwischen Wissen und Wissenschaft. Ein Beitrag zur Nachgeschichte des Streits um die Göttlichen Dinge », *Fichte-Studien*, Bd. XIV, 1998, p. 139-152.

KAUTTLIS I., « Von "Antinomien der Überzeugung" und Aporien der modernen Theismus », *Der Streit um die Göttlichen Dinge (1799-1812),* W. Jaeschke (hrsg), Hamburg, Meiner, 1999, p. 1-34.

VERRA V., « Esperienza filosofica nel romanzo epistolare Dalle Carte di Edward Allwill di F. H. Jacobi », *L'avventura della conoscenza. Momenti del Bildungs-roman dal Parzival a Thomas Mann,* R. Ascarelli (a cura di), Napoli, Guida Editore, 1992, p. 27-42.

Études sur Schlegel

ANSTETT J.-J., *La pensée religieuse de F. Schlegel*, Paris, Les Belles Lettres, 1941.

CIANCIO C., *Friedrich Schlegel. Crisi della filosofia e rivelazione,* Milano, Mursia, 1984.

NÜSSE H., *Die Sprachtheorie Friedrich Schlegels*, Heidelberg, C. Winter, 1962.

THOUARD D., *Critique et herméneutique dans le premier romantisme allemand,* Villeneuve d'Ascq, Presses Universitaires du Septentrion, 1996.

– *Symphilosophie. Friedrich Schlegel à Iéna,* Paris, Vrin, 2002.

Article

CIANCIO C., « Friedrich Schlegel e Jacobi », *Giornale di Metafisica*, 1983, n° 2, p. 281-316.

FRANK M., « Wechselgrundsatz : Friedrich Schlegels philosophischer Ausgangs-punkt », *Zeitschrift für philosophische Forschung,* n° 50, 1996, p. 26-50.

MILLÀN-ZAIBERT E., « Romanticismo e postmoderno : variazioni incomprese sulla critica della modernità », *Prospettive sul postmoderno. Profili epistemici,* L. Pastore (a cura di), Milano, Mimesis, 2005, p. 29-62.

OESTERREICH P., « Schlegel's Theory of History and his Critique of Idealistic Reason », *The Discovery of Historicity in German Idealism and Historism,* Berlin, Springer, 2005, p. 9-22.

Divers

BLUM J., *La vie et l'œuvre de J. G. Hamann*, Paris, Alcan, 1912.

BRACHIN P., *Le cercle de Münster (1779-1806) et la pensée religieuse de F. L. Stolberg,* Paris, IAC, 1951.

CICERON, *De l'orateur*, trad. E. Courbaud, Paris, Les Belles Lettres, 1950.

COULOMBEAU Ch., *Individu et vérité. Le philosophique chez Gotthold Ephraïm Lessing,* Wiesbaden, Harrassowitz, 2005.

DILTHEY W., *Gesammelte Schriften*, Berlin, Teubner, 1914.

DIETZSCH W., *Das Problem des Glaubens in der Philosophie des deutschen Idealismus,* Nendeln, Kraus Reprint, 1979.

GRAFTON A., *Les origines tragiques de l'érudition. Une histoire de la note en bas de page,* trad. P.-A. Fabre, Paris, Seuil, 1998.

HAYM R., *Die romantische Schule*, Berlin, Weidmann, 1928.

PINDARE, *Olympiques*, trad. A. Puech, Paris, Les Belles Lettres, 1999.
PLUTARQUE, *Vies parallèles*, trad. A.-M. Ozanam, Paris, Gallimard, 2001.
RINGSEIS J. N., *Erinnerungen*, Regensburg, Habbel, 1886-1892.
SUETONE, *Vies des douze Césars*, trad. H. Ailloud, Paris, Les Belles Lettres, 1993.
TILLICH P., *Gesammelte Werke*, E. Sturm (hrsg), Berlin, de Gruyter Verlag, 1999.
WALZEL O., *Deutsche Romantik*, Leipzig, Teubner, 1923.

INDEX DES CITATIONS BIBLIQUES

INDEX DES NOMS
(PRÉSENTATION ET COMMENTAIRES)

INDEX DES NOMS (TEXTES)

INDEX ANALYTIQUE DES MATIÈRES

Monument de l'écrit des Choses divines

GLOSSAIRE

All : tout.
Allheit : totalité.
Anschauung : intuition.
Aufsteigend : évolutif.
Ausbildung : formation.

Bestehen : subsister.
Beweisgrund : fondement de la démonstration.

Darstellend : descriptif.
Darstellung : exposition.

Einerleiheit : indistinction.
Erste (Das) : le premier principe.
Erzeugung : engendrement.

Für sich : pour soi, pris isolément.
Fürwahrhalten : assentiment.

Grund : fondement.
Grundlage : soubassement.
Grundsatz : principe.

Lebendigkeit : vitalité.

Herablassung : abaissement.
Herz : cœur.

Machtspruch : assertion.
Mittelpunkt : centre.
Moralität : moralité.

Schwärmerei : exaltation mystique.
Sittlichkeit : éthicité.

Trieb : tendance.

Vereinigen : unir.
Verhältnis : relation.
Vermögen : faculté.
Vernunft : raison.
Verstand : entendement.

Wahrnehmung : perception.
Wesen : essence.
Wiedergeburt : régénération.

TABLE DES MATIÈRES

À LA MÊME LIBRAIRIE

Textes de Schelling

Du rapport des arts plastiques avec la nature et autres textes (1807-1808), introd., trad. et annotation par P. Cerutti, 2010, 116 p.

Exposition de mon système de philosophie. Sur le vrai concept de la philosophie de la nature. Suivi d'un texte de FICHTE, *Sur l'exposition du système de l'identité de Schelling,* trad. fr. par E. Cattin, 2000, 192 p.

Introduction à la philosophie, trad. fr. par P. David et M.-C. Challiol- Gillet, 1996, 186 p.

La liberté humaine et Controverses avec Enschenmayer. Réponse à Eschenmayer sur la philosophie de la nature. Philosophie et religion. Recherches philosophiques sur l'essence de la liberté humaine et les questions connexes. Objections d'Eschenmayer contre les Recherches et réponses de Schelling, trad. fr. par B. Gilson, 1988, 272 p.

Le monothéisme, trad. fr. par A. Pernet, 1992, 144 p.

Autour de Schelling

COURTINE J.-F., *Schelling, l'abîme de la liberté humaine. Histoire et préhistoire de la conscience,* 2012.

FISCHBACH F., *Du commencement en philosophie. Étude sur Hegel et Schelling,* 1999, 386 p.

MARQUET J.-F., *Restitutions. Études d'histoire de la philosophie allemande,* 2001, 304 p.

MARQUET J.-F. et COURTINE J.-F. (éd.), *Le dernier Schelling. Raison et positivité,* 1994, 186 p.

PLANTY-BONJOUR G. (dir.), *Actualité de Schelling,* 1979, 108 p.

ROUX A. (dir.), *Schelling en 1809. La liberté pour le bien et le mal,* 2010, 352 p.

TILLIETTE X., *Schelling. Une philosophie en devenir,* 2 vols, 1992, 1212 p.

Imprimé en France - JOUVE, 1, rue du Docteur Sauvé, 53100 MAYENNE
N° 890470N - Dépôt légal : mai 2012